イラストと写真で基礎から解説

釣って楽しく
食べておいしい
アジのポイントから
釣り方までこれでOK

コスミック出版

CONTENTS

グラビア アジングってこんな釣り

ようこそアジングの世界へ …… 6
ジグヘッド単体で狙う小型・中型のアジ …… 10
ジグヘッド単体で狙う大型のアジ …… 14
フロートリグのアジング …… 18
メタルジグのアジング …… 22

アジの楽旨クッキング

アジの三枚おろしと刺身 …… 26
アジの白ネギ鍋・南蛮漬け・押し寿司 …… 28

第1章 アジング簡単マニュアル 準備編

釣り場に出向くその前に
道具や結び方の下準備

01 まずはタックルをそろえよう …… 32
02 タックルの各部位の名称を知ろう …… 34
03 釣り方に合ったロッドを選ぼう …… 36
04 予算に合わせてリールを選ぼう …… 38
05 ラインの特徴を知ろう①エステルライン …… 40
06 ラインの特徴を知ろう②PEライン …… 42
07 ラインシステムの役割を知ろう …… 44
08 必須のノットを覚えよう①電車結び …… 46
09 必須のノットを覚えよう②トリプルエイトノット …… 48
10 必須のノットを覚えよう③FGノット …… 50
11 必須のノットを覚えよう④クリンチノット …… 52
12 各種装備と周辺グッズをそろえよう …… 54

第2章 アジング簡単マニュアル ルアー編

アジを誘って食わせに持ち込む
アジングの主役はこんなルアー

01 ワームを選ぶときのポイントは? …… 58
02 目的に合わせてジグヘッドを使い分けよう …… 60
03 ハードルアーの爽快感を体験しよう …… 62

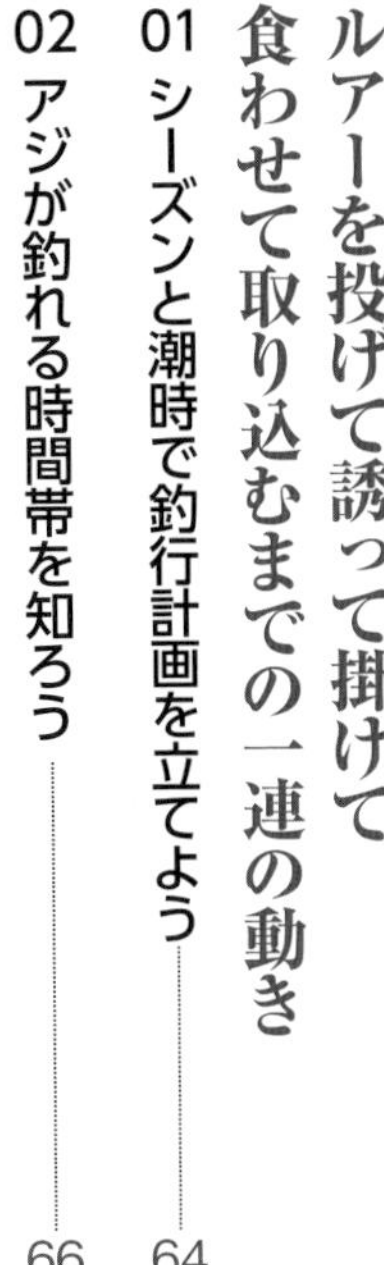

第3章 アジング簡単マニュアル 実践編

ルアーを投げて誘って掛けて食わせて取り込むまでの一連の動き

01 シーズンと潮時で釣行計画を立てよう……64
02 アジが釣れる時間帯を知ろう……66
03 アジが釣れるポイントを絞り込もう……68
04 ルアーを投げてアジを実際に釣ろう……72
05 釣ったアジを的確に処理しよう……76
06 各種装備と安全対策を整えよう……78

第4章 ポイント別 アジング攻略

アジが釣れるさまざまなポイント ここに目をつけこう歩く

01 漁港のアジング①おおまかな釣り方……82
02 漁港のアジング②常夜灯を極める……86
03 人の少ない磯場のアジング……90
04 広いサーフでのびのびアジング……94
05 意外な穴場!? 河川内のアジング……98
06 堤防で船釣り!? 釣り公園のアジング……102

第5章 アジング春夏秋冬

季節に応じたこんなアジはここに隠れてこう食ってくる

01 大風を逆に利用する春のアジング …… 106
02 数もサイズも好きに楽しめる夏のアジング …… 110
03 あの手この手で爆釣をめざす秋のアジング …… 114
04 シンプル志向で寒さを乗り切る冬のアジング …… 118

第6章 一歩進んだこんなアジング

さまざまなスタイルやルアーで新たなアジングを切り開く

01 ワームのタイプ別使い分け …… 122
02 表層のアジを重いジグヘッドで攻略しよう …… 126
03 アジングバラシゼロ計画 …… 130
04 ヘビージグ単で大型アジを攻略する …… 134
05 メタルジグとサビキを足したらジグサビキ …… 138
06 プラグで狙う磯場の大型アジ …… 142
07 ベイトフィネスのアジング …… 144

第7章 覚えておきたいアジング用語

知らなければ悩みは続くが知れば即座に解決する！ …… 147

ようこそアジングの世界へ！

お手軽簡単！ 誰でも楽しめる究極のレジャーフィッシング

日本全国どこにでも生息するアジは、エサ釣りの対象魚として古くから親しまれていたが、これをルアーで狙うという釣りがアジングだ。シンプルな道具立てと仕掛けで楽しめるアジングの世界を、まずは垣間見てみよう。

おなじみのアジは、実はルアーの対象魚でもある。甲殻類にも小魚にも見える軟質プラスチック製のルアー・ワームを使って、昼間の漁港で釣れたアジ。

アジングってこんな釣り

一番釣りやすいのが、20㎝前後の小型・中型。このサイズであれば、塩焼きでおいしくいただける。

静かな漁港や堤防が、定番の釣り場。エサが入ってくる場所なら、アジはどこでも釣れる。

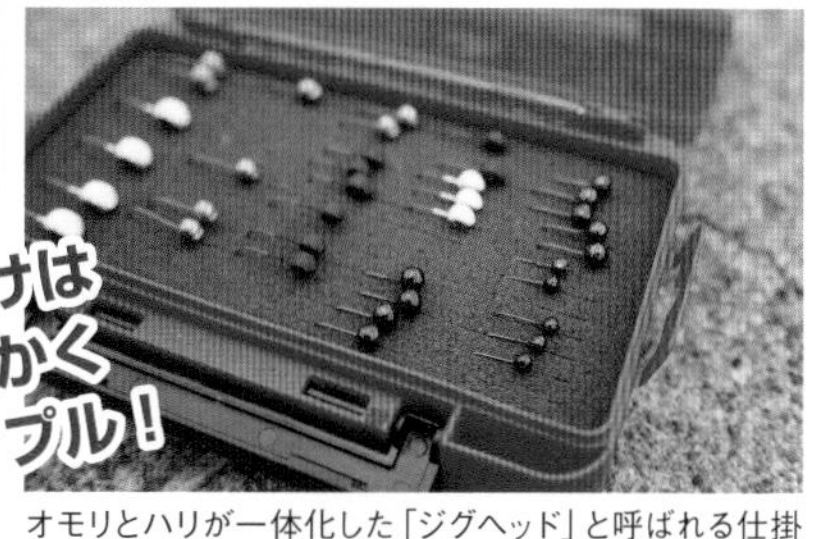

オモリとハリが一体化した「ジグヘッド」と呼ばれる仕掛けを使うのが、最も一般的な釣り方だ。

安全な釣り場で、仲間同士で楽しく釣る。合間合間の写真撮影で「撮れ高」もばっちり。

アジ＋ルアー＝アジング

日本の沿岸部に広く分布し、食材としても親しまれているアジを、ワームやプラグ、メタルジグといった各種ルアーで狙う釣り、それがアジングだ。

アジは、そのおとなしそうな外見に反して、生きている小動物を積極的に追い回して捕食する、どう猛な肉食魚である。つまり、そのエサに大きさや動き、見た目を似せたルアーを使えば釣れるということだ。

流れのなかで漂う、プランクトンや甲殻類といった小さく弱々しいものから、流れを横切って力強く泳ぎ回る小魚まで、アジのエサとなる小動物の種類は多い。これら多くの種類のエサに合わせ、ルアーの種類や大きさ、釣り方などを工夫するのも、アジングの楽しみのひとつといえよう。

街中にあるこんな小場所でも、アジが釣れるチャンスはある。

▶荷物はショルダーバッグ、腰には落水時に備えた救命具。ここまではほかのルアーフィッシングと一緒だが、ロッドホルダーの機能も兼ね備えたタックルボックスを手に持って釣り歩くのは、アジングならではの光景だ。

ビルの明かりが水面を照らす都市部の釣り場でも、エサさえいればアジは入ってくる。

都会でも自然の釣り場でも

アジは、エサとなる小動物が集まるところへ、群れを作って回遊してくる。前述のように、エサの種類は多彩なため、当然アジもいろいろな場所へ集まってくる。こじんまりとした漁港や堤防が定番の釣り場とされているが、オフィスビルや住宅街の明かりが水面を照らす都市部でも、外洋に近く荒々しい景色の岩場がすぐ近くにあるような堤防でも、アジが釣れるチャンスはある。

仕事や学校の帰り、近場の漁港や堤防へふらりと立ち寄って、夕食のおかずを確保してもいい。その一方で、旅支度をしっかり整え、数日にわたるような遠征計画を組んでもいい。お手軽に楽しんでもいいし、本格的に取り組んでもいい。自分の好みと都合で好きなように楽しめる、これもアジングの魅力だ。

アジングってこんな釣り

メタルジグと呼ばれる金属製のルアーを使い、40cm以上の大型を狙うアジングもある。このサイズになれば、刺し身でもおいしくいただける。

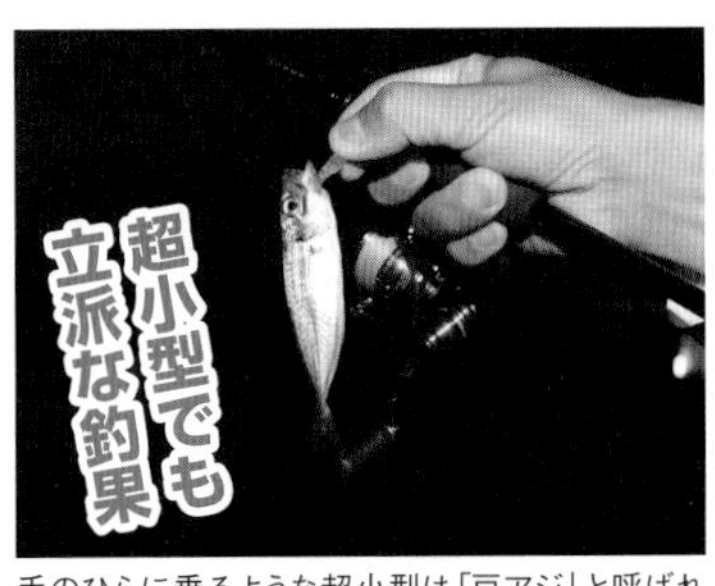

手のひらに乗るような超小型は「豆アジ」と呼ばれる。このサイズでも、南蛮漬けや唐揚げでおいしくいただけるので、丁寧に釣って持ち帰ろう。

▶一般的な釣り場で一般的な仕掛けを使っているかぎり、取り込みの際に苦労するような大型は来ない。30cm前後までのアジなら、このように片手で一気に水面から取り込める。

楽しく釣って
おいしく
いただき
ましょう！

もちろん最後は、おいしくいただいて終了。超小型から大型まで、どんなサイズでも手軽においしくいただけるのは、アジならではの強みといえる。

▶外洋に面した漁港では、足元から深く広々とした水面に向け、大きく重いルアーを投げる釣りがメインとなる。

みんなで仲良く釣れる釣り

海のルアーフィッシングには、アジ以外にも人気の魚種が多いが、これらを狙う釣りにはない、アジングならではの魅力がある。それは「釣り場にいる全員が楽しめる可能性が高い」ことだ。

群れを構成するアジの個体数は、とにかく多い。少なくとも数千、場合によっては数万尾を超える規模になることもある。釣り人が何人いようが、一人一本のサオを使って釣っているかぎり、とても釣りきれる量ではない。

少数の魚をめぐって場所の取り合いをしたり、我先に仕掛けを投げる必要はない。アジの群れがその場にいるかぎり、各自のペースで思い思いに釣ればいい。その場にいる釣り人全員が、仲良く楽しめる釣り、それがアジングである。

ジグヘッド単体で狙う小型・中型のアジ

これを知ったらもうやめられない！

まだ明るい時間帯の漁港で、シンプルな仕掛けとシンプルなルアーを使ってアジを釣る。楽しいアジングのダイジェスト版ともいえる釣り方が、ジグヘッド単体の釣りだ。

アジングの基本がここに詰まっているまずはこれから始めよう！

ジグヘッドと呼ばれる仕掛けにワームをセットし、その仕掛け単体でアジを狙う釣りは、準備が手早く終わり、またすぐ結果が出るため、アジングの楽しみをとりあえず体験したいという方にもおすすめだ。

アジングの魅力を凝縮

オモリとハリがセットになった「ジグヘッド」にワームを刺しただけという、きわめてシンプルな構造のリグ（仕掛け）が、ここでご紹介するジグヘッドリグだ。ジグヘッドだけを使うことから「ジグヘッド単体」、さらにそれを略した「ジグ単」と呼ばれることもある。

仕掛けを飛ばして沈め、泳ぎを演出してアジを誘うという、ルアーに求められるあらゆる役割を、このジグヘッドは一手に引き受けている。よって、ジグヘッドをイトに結び、ワームをハリ部分に刺すだけで準備は完了だ。あとはポイントに向かって投げて沈め、引いてくればアジが釣れる。仕掛けだけでなく、釣り方も実にシンプルなジグヘッドリグの釣りには、アジングの魅力がぎゅっと詰まっているといっていいだろう。

日が完全に落ち、外灯の明かりが水面を照らすようになった。この明暗の境目にアジは潜んでいる。

漁港は足場も安全で、明るい外灯もあちこちに設置されているため、アングラーの安全を確保しつつ、アジのポイントを探るのに最適だ。

こんなポイントで狙う！

広すぎない漁港、堤防がオススメ

一般的な漁船が発着したり係留されているような漁港であれば、安全な立ち位置からジグヘッドが届く範囲で、さまざまなポイントを探ることができる。

昼間から夕方にかけての明るい時間帯であれば、係留船や堤防の陰になっている、暗い部分を狙ってみよう。また暗くなったら、明かりが水面を照らし、明暗の境目を作り出しているところがオススメだ。いずれの場合も、アジは暗がりに身を隠していることが多い。

明るいうちは、少しでも陰になっている場所を狙う。

日没前後から常夜灯が点灯し、水面を照らすようになる。完全に暗くなってからがチャンス。

近距離の釣りに最適

ジグヘッドの重さは、軽ければ軽いほどルアーの泳ぎが自然になるため、よりアジが釣れやすくなる。その一方で、重ければ重いほど飛距離が伸び、また沈めやすくなるため、より遠く、より深くまで探れるようになる。ルアーの泳ぎを保ちつつ、最低限の飛距離と沈みを確保するために必要なジグヘッドの重さは約1g。たいていの釣り場では、この1g前後のジグヘッドがあれば通用する。

1gというと、実に軽いものに思えるかもしれないが、その重さは比重の高い金属によって得られたものだ。実際に投げてみると、半径20m前後の範囲内であれば、意外と簡単に届くことに気づくだろう。ジグヘッド単体の釣りは、こういった近距離を狙うのに最適だ。

こんな道具を使う！

5ft 前後のロッドが基本

軽い仕掛けで近距離を探る釣りなので、ロッドはあまり長すぎるとかえって使いにくい。5ft 前後、長くても 6ft 前後の「ジグヘッド単体用」と銘打ってあるものを選ぼう。

リールは、小型のスピニングリール一択となる。これに、よく見えるカラーが着色されたラインを巻いたのち、先端にリーダーを装着する。このラインとリーダーを組み合わせる目的については、40 ～ 45 ページも併せてごらんいただきたい。

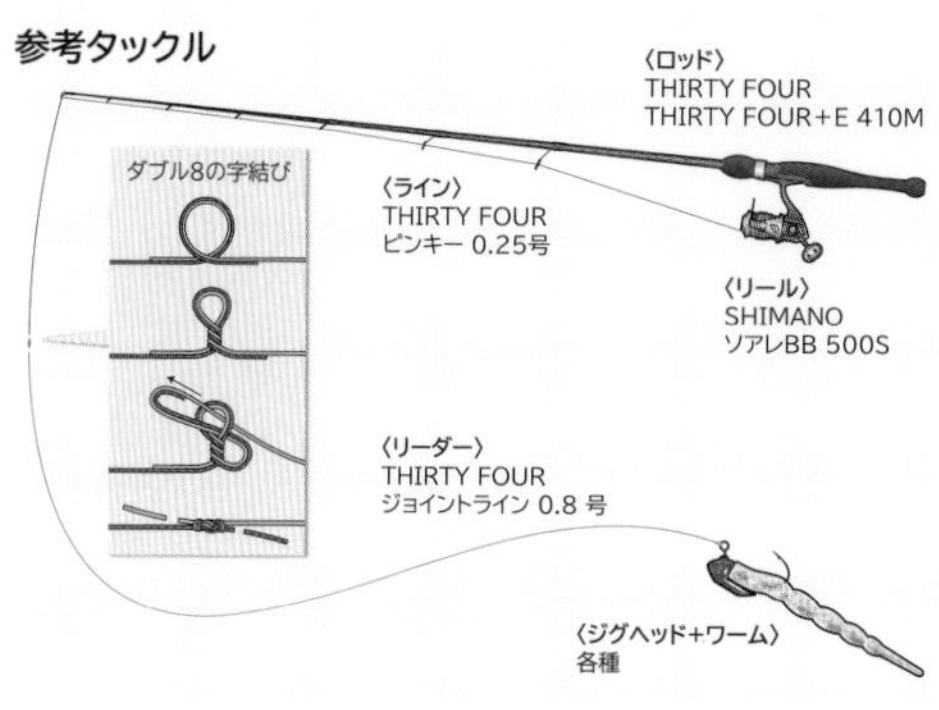

片手で扱える短めのロッドが、ジグヘッドを扱うにはちょうどいい。

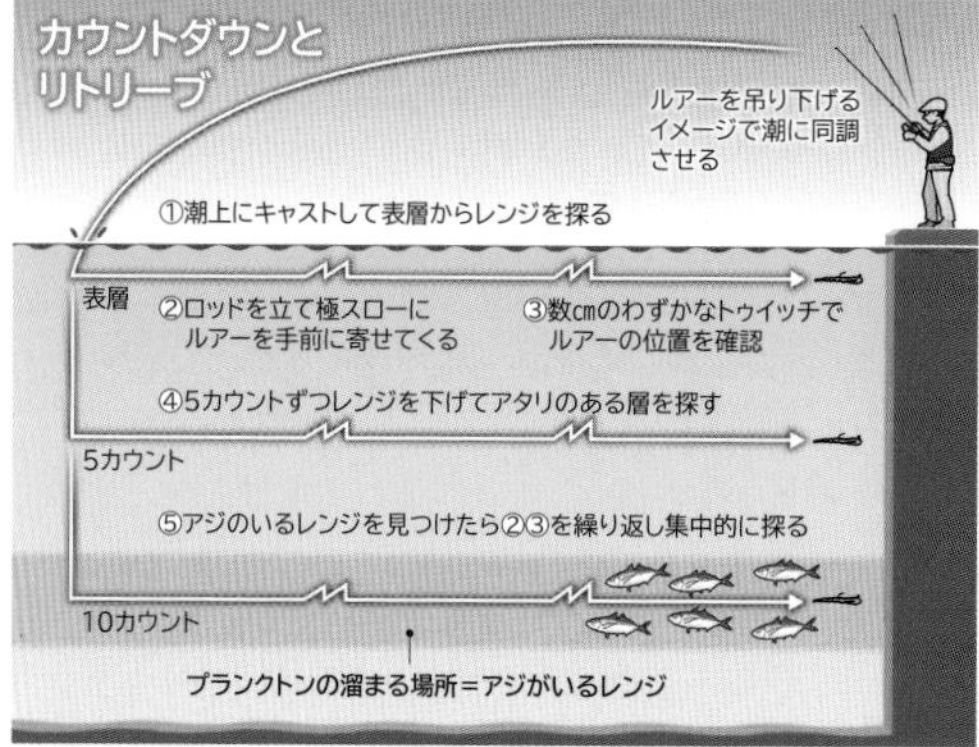

ジグヘッドの釣りにおける基本となるのが、カウントダウンでアジの居場所までルアーを沈めることと、リトリーブで巻いてくる動作のセットだ。

▶水中でもどこにラインがあるのかわかるよう、見やすく派手な色が着色されている。この先に、水中では見えにくい色のリーダー（先糸）を接続する。

まずはカウントダウンから

基本的に、投げて巻いてくるだけで釣れるジグヘッドリグだが、そのためには、アジがいる深さまでルアーを沈める必要がある。この深さは「泳層」「レンジ」「タナ」と称されることもあるが、全部同じ意味であることを覚えておこう。

アジはその日・そのときによって、居場所となる深さを変える魚なので、仕掛けを表層から順に沈めていき、反応のある深さを探り当てる必要がある。着水後、数を数えていき、どこまで数えたときに反応があったかわかったら、次のキャスト時は、反応があったときの数になるまでルアーを沈めていく。このように、ルアーを沈めて上から探っていく動作を「カウントダウン」と呼ぶ。数を数えることで、正確に深さを刻むことがその由来だ。

こんなルアーを使う！

1g前後のジグヘッド＋柔らかいワーム

本文中でも触れたとおり、ジグヘッドを単体で扱う場合の基本は、1g前後の重量となるが、これにセットするワームは、なるべく柔らかい素材のものを選びたい。アジはエサを待ち構えて、吸い込むように捕食する魚なので、ルアーに食いつく際、ワームを折り曲げるようにして口に入れてくる。この際、素材が柔らかければ柔らかいほど、よりスムーズにワームが折れ曲がり、口中に入ってハリ掛かりしやすくなるからだ。

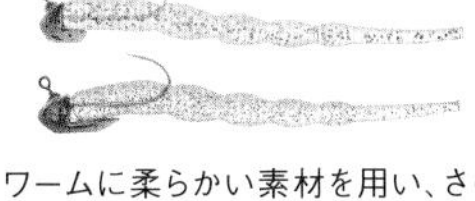

ワームに柔らかい素材を用い、さらに節のある形状にすることで、アジの口中にスッポリと収まるようになる。

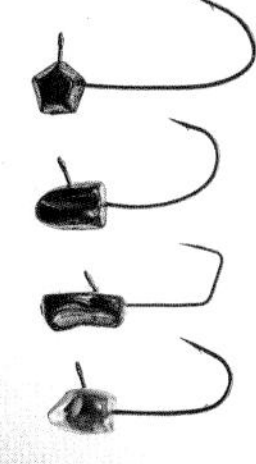

さまざまな形状を持つジグヘッド。写真左側が頭部となるが、ここで水流を受けることで、自然な泳ぎを演出する。

▶ワームは種類、サイズ、カラーごとに、小分けにしてケースに収納しておく。

▼漁港でのジグヘッド狙いでは、このサイズがたくさん釣れる。まずは小型・中型を数多く釣ることで、アジングの基本と楽しさを覚えておきたい。

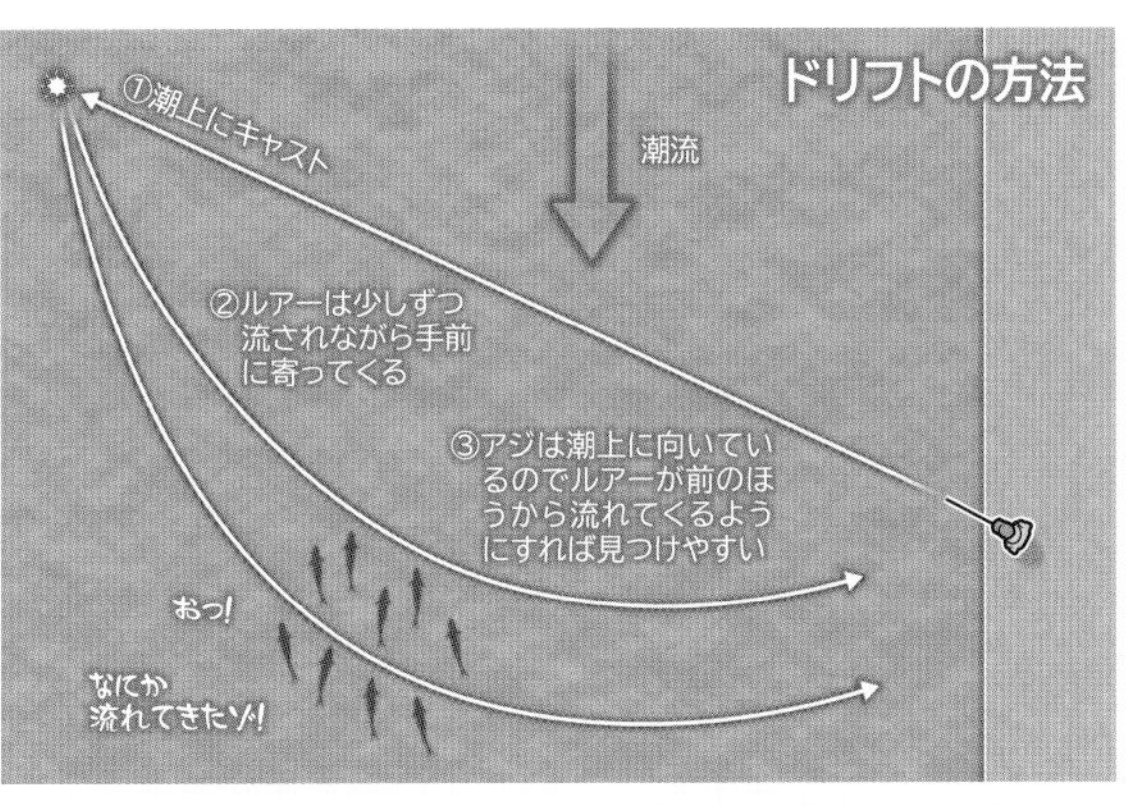

潮が流れてくる方向に向けてルアーを投げて沈め、そこから潮に乗せて流したり、ときおり引いて変化をつけるのが、ドリフトと呼ばれるテクニックだ。

巻いてくる？ それとも流す？

カウントダウンでアジがいる泳層までルアーを沈めたら、いよいよアジを誘う動作の開始だ。基本となるのは、ロッドを一定の角度で構え、リールを巻いてくることでルアーを泳がせる「リトリーブ」という動作になる。ジグヘッドリグは、オモリの金属部分やセットされたワームの柔らかい部分が水流を受けて動くため、リトリーブだけでも自然な動きを出すことができるのだ。

リトリーブで反応が鈍くなったら、次はルアーを巻くだけでなく、潮の流れに乗せて流してみよう。弱々しく漂うルアーを、絶好のエサと勘違いしたアジが食ってくることがあるのだ。このように、ルアーを流して食わせるテクニックを「ドリフト」と総称する。慣れてきたら、積極的に取り入れていきたい。

レギュラーサイズのアジとは、明らかに面構えが違う。アジも30㎝を超えたあたりから、どう猛な肉食魚としての本性が明るみに出てくる。

小型や中型の数釣りをするだけが、ジグヘッドのアジングではない。いつものポイントの少し沖や、より強く潮が当たっている場所、あるいは特定のタイミングで、30㎝を超える大型のアジを釣るチャンスも生まれるのだ。

めざせ「尺超え」ゲット!!

20㎝前後がアベレージサイズとされるアジだが、それ以上に成長する個体も、もちろん存在する。全長が1尺、つまり約30・3㎝を超えたアジは「尺アジ」と呼ばれるが、この尺アジを釣ることが、アジングにおけるひとつの目標とされることも多い。

大型アジの実績が高いフィールドに遠征して釣るのが理想だが、そうもいかないアングラーがほとんどだろう。というわけで、手近なエリア、よく行くポイントで、大型アジが釣れる可能性を見つけていくのが、現実的な手段といえる。

まずは、気になるポイントに通い詰め、サイズを問わずアジを釣っていこう。ここでデータを蓄積することが、結果的に一番の近道となることが多いのだ。

明るいうちの下見は欠かせない。足元近くの水面を、アジが群れを作って泳いでいるようなら、その一帯は有望だ。

暗闇にぽつんと灯った明かりを目安に、アジは岸近くに寄ってくる。周囲が暗ければ、この程度の弱い明かりでも十分な効果がある。

こんなポイントで狙う！

潮が動くかどうか確認しよう

大型アジを狙うなら、沖から新鮮な海水が常に供給されている、いわゆる「潮通しがいい」と表現されるポイントが、まず挙げられる。またこういったポイントは、高確率で足元から水深があったり、もしくはキャストで届く範囲に深場があることが多い。大型アジは、明るい時間帯は深場にいて、夕マヅメになると岸沿いに回遊してくるのだ。堤防の先端付近、堤防と隣接する磯場や砂浜が、こういった条件を満たすことが多い。

流れの方向や塩分濃度、水温が違う潮同士がぶつかると、このように水面の色がまだらになる「潮目」と呼ばれる現象が発生する。これも潮通しがいい証拠のひとつだ。

堤防のすぐ隣には、このように比較的足場のいい磯が広がっていることがある。アジにかぎらず、大型狙いにはもってこいのポイントだ。

大型が好む条件を知ろう

現地に着いたら、まずはルアーを投げる予定の一帯に、潮がしっかり流れているかを確認する。潮の流れは水を強くかき混ぜ、水中の溶存酸素量を大きく上げる。アジにかぎらず、魚は大型になるほど必要な酸素量が増える。つまり十分な酸素量が確保されているポイントほど、大型が寄りやすくなるのだ。

またポイントによっては、大型アジが回遊する「潮のタイミング」というものがある。特に、下げ潮・上げ潮のどちらで回遊してくるかは、必ず把握しておきたい。これは現地に通い詰めてデータを集めるか、そのポイントに詳しい、ほかのアングラーとの情報交換で見極めるのが確実だ。テクニックだけでなく、コミュニケーション能力も問われる釣り、それが大型狙いのアジングである。

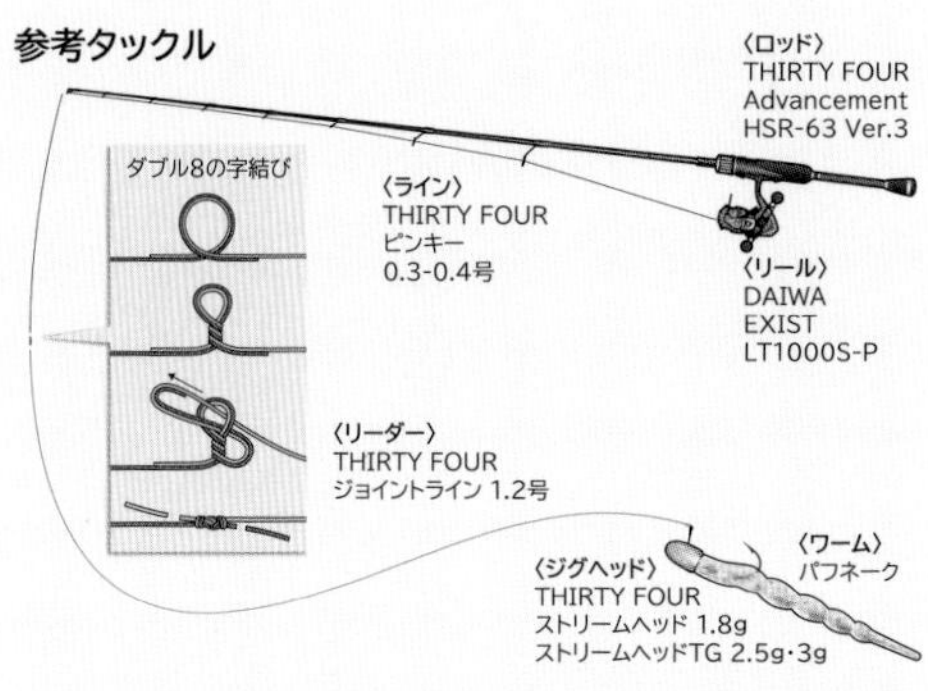

こんな道具を使う！

バットのパワーに注目

尺オーバーやさらなる大型のアジを相手にするのであれば、サオの根元部分である「バット」にパワーを持たせたロッドを用意するのが望ましい。また、やや重めのジグヘッドを用いることも多いため、全体的にパワーが強めのものを選ぶといいだろう。

ラインは、レギュラーサイズ狙いと同様、0.3～0.4号のエステルラインでいいが、リーダーはやや太めの1.2号を接続しておこう。これだけで、仕掛けの信頼度が格段に増す。

マヅメのルアー操作

※シャクリは強め！
①フリーフォールで狙いのレンジまで落とす
③ラインを張ってテンションフォールで食わせる
②強めのトゥイッチでアピール
④ロッドでサビいて水平移動

沈めてただ引くだけのレギュラーサイズ狙いと違い、大型狙いはメリハリのある動きが要求される。小刻みな動きと、ゆったりとした動きの緩急で誘う。

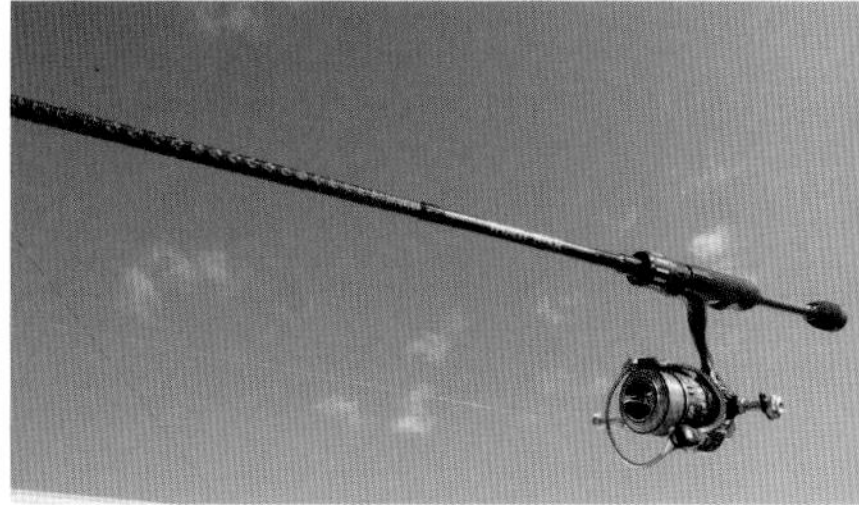

Advancement HSR-63 Ver.3（THIRTY FOUR）。重めのルアーの扱いはもちろん、軽量ジグ単の操作性にも長けた一本。

ロッドの根元部分である「バット」は、アジングに限らず、大型狙いでそのパワーが問われる部分だ。

大型は小魚を好む

甲殻類、ゴカイやイソメといった多毛類、それに小魚と、アジが捕食するエサの種類は多彩だが、アジは大きくなればなるほど、小魚を好んで捕食するようになる。大きな体を維持するためには、小魚を食べるのが一番効率がいいからだ。

前述した潮の当たり具合、潮時などを見極めてから現地に出向いたら、アジがどんなエサを食べているのか、可能なかぎり調べておこう。日中の水面近くを、指先サイズの黒い影が群れを作って泳いでいるようなら、それは高確率でアジのエサにもなる小魚だ。日没前後、昼と夜の境目にあたる「夕マヅメ」と呼ばれる時間帯や、完全に暗くなったのち、外灯の明かりが水面を照らすようになったら、その周辺を改めて探ってみよう。

40㎝、堂々のサイズがこちら。その気になればエリアによっては50㎝以上の可能性もある。大型狙いの奥は深い。

こんなルアーを使う！

重めのジグヘッド＋ボリュームのあるワーム

潮の流れが強く、また強い風のなかで釣ることも多い大型狙いでは、ジグヘッドのサイズをまず検討しよう。レギュラーサイズ用の１ｇ前後では、流れの速い潮にあっという間に流され、狙ったコースを引いてくることが難しくなる。よって通常の倍、２～３ｇのものが中心となる。

重めのジグヘッドに合わせるワームも小魚を模したやや大きめ、ボリュームのあるものを選ぼう。

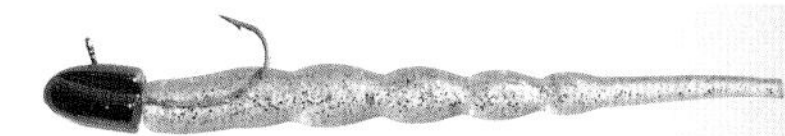

ストリームヘッドTG＋パフネーク2.2in（ともにTHIRTY FOUR）。重いジグヘッド＋やや大きめのワームという組み合わせは、小魚をエサとする大型アジ狙いに欠かせない。

ストリームヘッドTGには、大型アジ用の2.5gと3gがラインナップ。末尾の「TG」は、鉛より比重の高いタングステンを素材に使っている証。より遠くに飛び、より早く沈む。

チャンスは一日2回!?

実績のあるポイントの潮がよく当たる一帯に、小魚と思われる小さな生物が群れを作って泳いでいたら、大型アジまではあと一歩だ。チャンスが来るまで、じっくり腰を据えて待とう。

大型アジのチャンスタイムは、一般的には一日に2回訪れる。前述した昼と夜の境目にあたる夕マヅメ（朝マヅメ）と、日没後に外灯が点灯し、水面を明かりを照らすようになってからしばらくたったタイミングだ。

回遊を待つ間、水面に特に動きがなければ、レギュラーサイズを狙うときと同様、反応がある深さまでルアーを沈め、リトリーブで引いてくる。一方、明かりで照らされた水面にライズ（アジの捕食行動）が確認できたら、ルアーはあまり沈めず、表～中層をテンポよく探るといいだろう。

フロートリグのアジング

軽いジグヘッドを遠くへ飛ばす秘密の道具とは!?

遠くのアジもこれで逃さない！

アジを釣ったアングラーの右手に注目。これがこの項の主役、フロートだ。

ジグヘッドは軽ければ軽いほどアジが釣れやすいが、軽いジグヘッドは遠くへ飛ばせない。ならば、遠投するための重さを確保する別の道具を、ジグヘッド以外に用意すればいい。それが、ここでご紹介するフロートリグだ。

軽さと飛距離は両立しない

アジングで使うジグヘッドの重量が1g前後なのは、20m前後の近いポイントへ届かせるためにはこれで十分だからということは、前項で述べたとおりである。

だがアジングのポイントは、そんな近場だけではない。20mのさらに向こうの30m、50m、ときには100m近い遠距離まで仕掛けを飛ばさないと、アジの居場所に届かないこともある。

まず思いつく解決法は、ジグヘッドを重くすることだ。だが、あまりに重いジグヘッドはルアーの動きを損ね、せっかく興味を持って寄ってきたアジを散らしてしまいかねない。流れの速い場所で大型を狙う際、3g前後までジグヘッドを重くすることがあるが、ジグヘッド単体の釣りとしては、これが限界だろう。

こんなポイントで狙う！

広く浅い場所で本領発揮

飛距離を稼ぐための重みが乗っているフロートだが、その名のとおり、たいていのモデルは水に浮く。砂利浜の海岸や大規模河川の河口付近など、放っておくとジグヘッドが引っかかってしまうような浅場が広がっているポイントでも、ジグヘッドの沈みを抑えながら引いてくることができる。もし水深がある場所で、ジグヘッドを速く沈めて使いたいときは、浮力のないスプリットリグ、もしくはキャロリグを使うといいだろう。

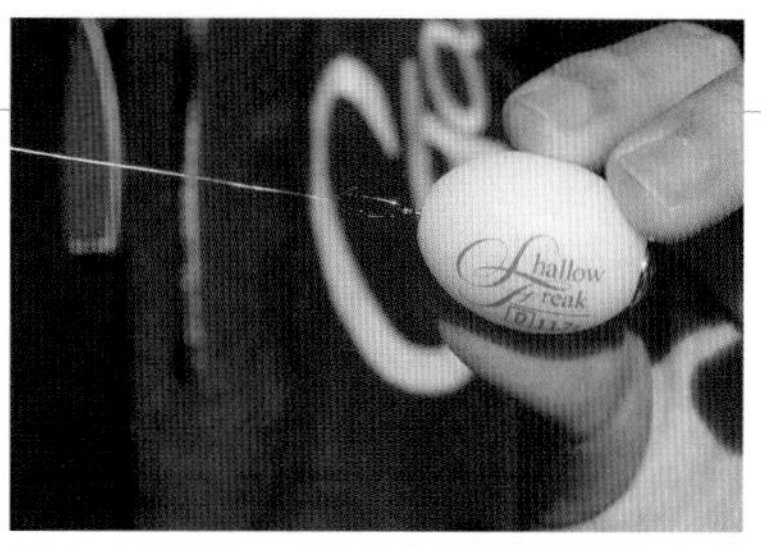

フロートをジグヘッドの前方に装着することで、仕掛け全体の重量を増やして飛距離を確保しつつ、ジグヘッドの沈みを抑えて長距離を引いてくることが可能になった。

◀護岸されていない天然の海岸は、はるか沖まで砂利や石が敷き詰められた浅場が広がっていることがある。こういった障害物の上でも、フロートリグなら安心して引いてこられる。

大きな河川の河口部付近は、川というより海に近い広さと塩分濃度になっている。数本先の橋ゲタ近くを探りたいとき、フロートリグでの遠投が有効になる。

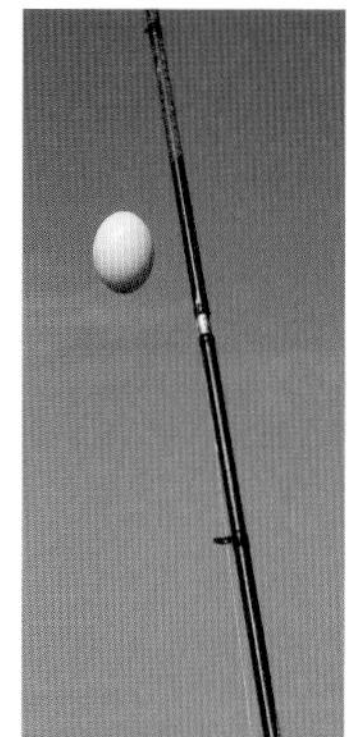
▲こちらは、フロートをリーダーに中通しするのではなく、別のイトで枝分かれするような形で装着した「Fシステム」と呼ばれる派生系。基本コンセプトや目的は、通常のフロートリグと同じだ。

▼フロートの大きさは、ウズラの卵よりほんの少し大きい程度のものが多い。このように、ポーチやケースなどに入れて持ち運ぶ。

重さは別に確保する

ジグヘッド単体を重くする手が使えなければ、次の手段。ジグヘッド以外に重さを確保するパーツを用意し、その重みでジグヘッドを遠投するという手だ。ここで、本項でご紹介する「フロートリグ」の出番である。

フロートリグは、リーダーへ「フロート」と呼ばれる中通し式のウキを通してから、ジグヘッドを接続する。ちょうどジグヘッドの前に、オモリとウキの機能を兼ね備えたパーツが入る形だ。

このフロートの重量は、市場に多く出回っているもので3～20gと、ジグヘッド単体よりはるかに重い。この重量があるため、1gを切るようなきわめて軽いジグヘッドを、50m前後まで飛ばせるようになるのだ。

こんな道具を使う！

意外と使える「汎用タイプ」

フロートとジグヘッドの重量を合計した仕掛けを投げる必要があること、また仕掛けの全長も長くなるということから、ロッドはジグヘッド単体で使うものより、1～2ランク長く、そして太いものを使用する。

長さ6～7ft台、適合ルアーウエイトが最大で18g前後のロッドが適しているが、「ライトゲーム汎用タイプ」と銘打ってあるものは、この条件を満たしている場合が多い。迷ったら、この汎用タイプを選ぶといいだろう。

ジグヘッド単体と違い、フロートとジグヘッド、重量が2カ所ある仕掛けをスムーズに投げるには、このようにロッドが後方に十分しなるまで振りかぶるのがコツ。

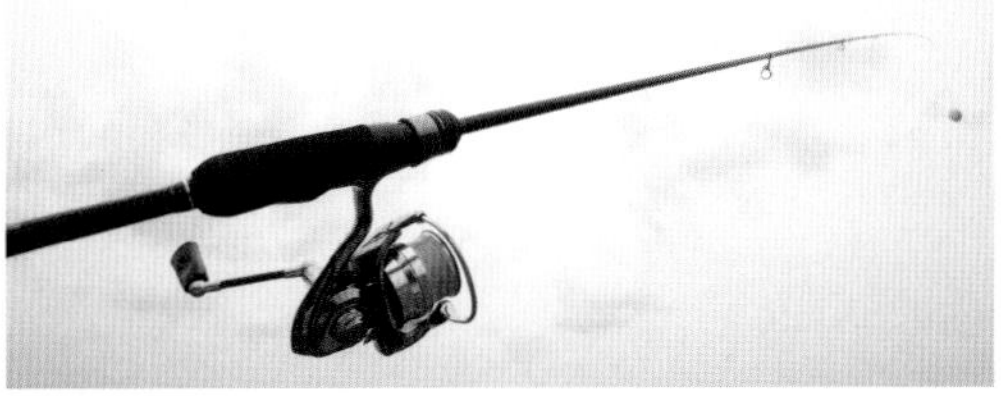

Luxxe 宵姫 爽 S78M-solid（がまかつ）。長さ7ft8in、適合ルアーウエイト最大で16gと、ジグヘッド単体用のロッドに比べて長く、そして太い。この長さとパワーで、重みのあるフロートを自在に操作する。

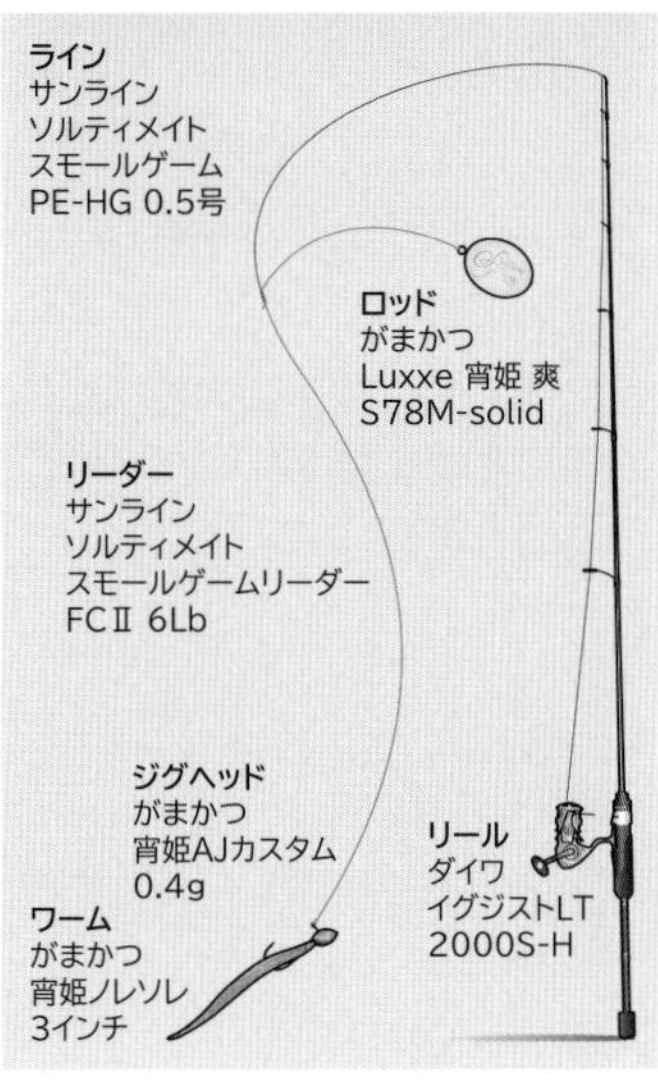

ロッドに重量がかかったのを確かめたのち、後方に振りかぶったロッドを、前方に向けて振り抜く。こうすることで、フロートとジグヘッドが絡まずに飛んでいく。

フロートの重量は自由自在!?

フロートリグの飛距離は、フロートの重さや大きさ、形状に左右される。つまりフロートをしっかり選んでおけば、その先につなぐジグヘッドの重さは関係ない。20gのフロートともなれば、50mはおろか、慣れれば100m近い飛距離すら出せる。50m先の遠くのポイントを、近場で使うような軽いジグヘッドで探れるわけだから、これが釣れないわけはない。

またフロートリグ以外にも、浮力を持たないオモリを同じようにリーダーへ接続して飛距離を出す「キャロリグ」というものもある。バスフィッシング用の「キャロライナリグ」という仕掛けを、アジやメバル用にアレンジしたものだ。狙うポイントによって、フロートリグと使い分けるといいだろう。

こんなルアーを使う！

ノレソレ 3インチ（がまかつ）。抵抗を抑えた細身のボディで、水中での安定した姿勢を目指したタイプ。

軽いジグヘッドが必須

　ワームとジグヘッドは、ジグヘッド単体で釣るときと同じものでいい。ただしジグヘッドの重量は、最大でも１ｇ、できれば0.4ｇ前後の、きわめて軽いものを使いたい。水中でワームの姿勢を安定させるための、最低限の重量があれば、それで足りる。

　フロートは、使用するロッドの最大ルアー重量を超えない範囲で、いくつかバリエーションをそろえておきたい。重いものは遠く、軽いものは近くを、それぞれ得意とするからだ。

このようにしなやか素材を使っているため、アジが食いついたとき素直に折れ曲がり、口のなかにスッポリと入ってくれる。

シャローフリーク（アルカジックジャパン）。写真はより深場に対応するため、フロート自身が沈むD（ダイビング）タイプ。これ以外にも、水中で浮きあがるF（フローティング）タイプも用意される。

それなりの準備が必要

　いいことばかりのように見えるフロートリグだが、もちろん課題はある。まず、仕掛けの重量がジグヘッド単体のときに比べて格段に重くなるため、ロッドなどの道具をすべて見直す必要がある点だ。重さだけでなく、フロートとジグヘッドの間にある程度間隔を空ける必要があるため、仕掛けの長さも増す。つまり、ジグヘッド単体で釣っていたときより、長くパワーのあるロッドが必要となってくる。

　また、フロートとジグヘッド、重心が複数ある仕掛けを投げることになるため、慣れないうちはジグヘッドがリーダーに絡まるなどのトラブルも、多少は覚悟する必要がある。だが、こういったデメリットを補ってあまりあるメリットを持つのが、フロートリグなのだ。

メタルジグのアジング

ジグヘッドよりさらにシンプル⁉
金属製ルアーの意外な使いみち

昼の釣りならジグヘッドより釣れる⁉

速い動きを得意とするメタルジグは、明るい時間帯でもアジの目を惑わし、エサと勘違いさせて食わせるのにも適している。

あらゆるルアーのなかで最も遠くへ飛び、最も速く沈む金属製ルアー・メタルジグ。スピードのある回遊魚に最適のルアーだが、実はアジもこの回遊魚の一種。つまりメタルジグも、アジングにおける有力ルアーなのだ。

メタルジグって釣れるの⁉

鉛や真ちゅう、タングステンといった金属を小魚のような形に成形したのち、塗装や樹脂によるコーティングを施し、最後にフックをつけて完成したルアーを「メタルジグ」と呼ぶ。金属製ということで比重が高く、よく飛びよく沈むこと、また速く引いてもきっちりと水流を受けて泳いでくれることなどから、ブリやカンパチといった回遊魚を釣るのによく用いられるルアーだ。

このメタルジグは、実はアジングにも有効だ。アジは、スマートながら筋肉が詰まった体型と、速い泳ぎに適した鋭い切れ込みのある尾ビレを持っている。つまり、回遊魚の一種でもあるのだ。特に、小魚を好んで捕食するようになった大型のアジは、メタルジグで釣るには恰好の相手といえるだろう。

これはもう
アジングとは
別世界!?

40㎝を超えたアジは、ブリやカンパチといった回遊魚と同様、大型のメタルジグでもよく釣れる。一般的なアジングとは別ジャンルといえる釣りのため、本書ではこれ以上は省略するが、こういうアジングもあるということは、知っておいて損はないだろう。

こんなポイントで狙う！

ジグヘッド狙いのときと同じ

マイクロショアジギングでアジを狙うなら、漁港や堤防といった、ジグヘッドで釣るときと同じポイントでいい。ただし、ジグヘッドよりさらに遠く、さらに深いポイントを探れることや、速い動きでアジをはじめとする魚を惑わせることが可能なことから、明るく釣りやすい昼間をメインにするといいだろう。

意外と見落としがちなのが、堤防の足元だ。足元に小魚が群れを作っているようなら、探ってみる価値はある。

ポイントは、ジグヘッドで釣るときと同じと思っていい。

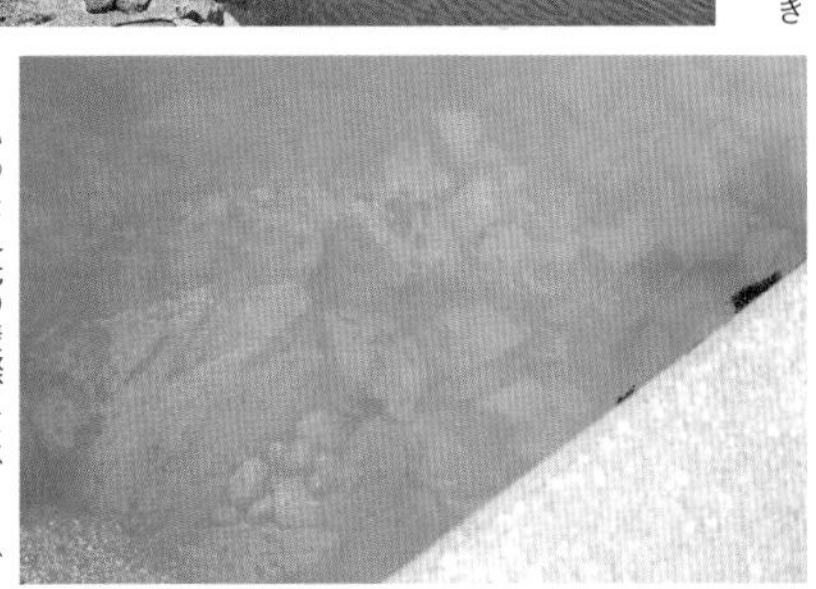

こういった足元の壁際には、さまざまな魚がエサを求めて身を潜めている。

超大型を釣るのに最適

このメタルジグを使って、前述したブリやカンパチなどを狙う釣りを「ジギング」と呼ぶ。なかでもショア（岸釣り）で釣るジギングは「ショアジギング」と呼ばれる人気のジャンルだ。

前述のように、成長して小魚を好んで捕食するようになったアジも、このショアジギングの対象魚である。30㎝からさらに成長し、40㎝・50㎝にもなった超大型のアジは、エサの好みだけでなく、そのスピードやパワーも、ブリやカンパチに引けを取らないものになってくる。

まさにモンスターといえるこれらの超大型アジを狙うには、それなりのパワーを持ったタックルを用意したうえで、速い動きと深い泳層にもらくらく対処できる、メタルジグが必要になってくるのだ。

グランデージエクストラ フィネススイーパーリミテッド 65 金丸カスタム(アピア)。こちらはマイクロメタルジグ専用に設計されたロッドだが、長さとパワーが同じようなものであれば、たいていそれで事足りる。

少しこだわるのであれば、ロッドを曲げた際、先のほうが大きく曲がる「ファストテーパー」と呼ばれる仕様のものを選ぼう。メタルジグをより機敏に動かすのに適している。

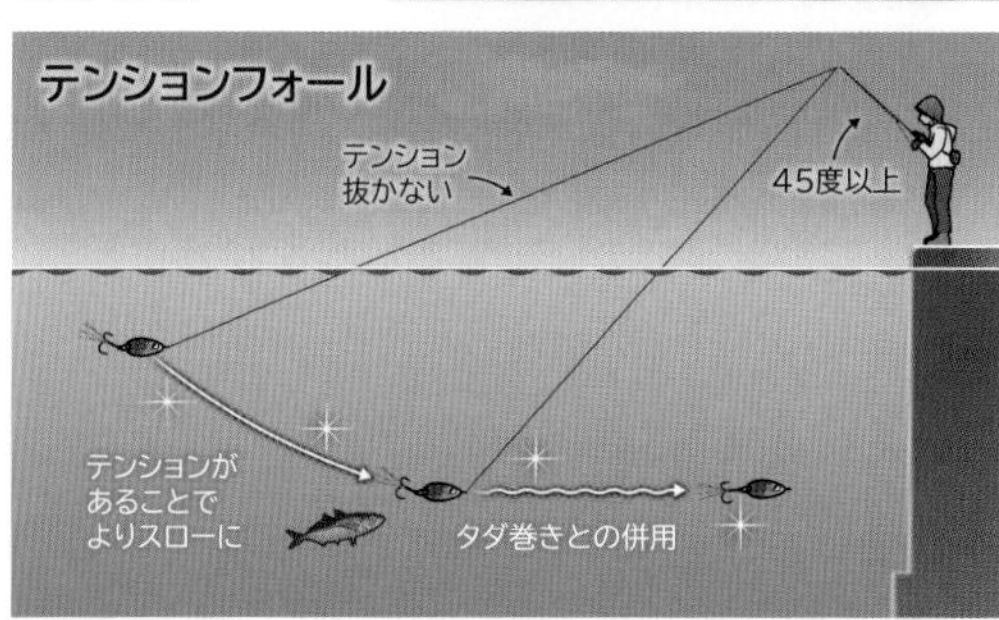

着水後、ラインを張った状態でメタルジグを沈ませると、カーブを描くような軌道で沈んでいく。ラインテンションを保った状態で沈めることから、テンションフォールと呼ばれるこのテクニックは、アジをはじめとするさまざまな魚種に有効だ。

こんな道具を使う!

強めのメバリングロッドを流用可能

1g前後のメタルジグであれば、ジグヘッド用に使っていたアジングロッドを流用できるが、3〜7gとさらに大きなメタルジグを使うケースも多いため、ジグヘッド用ロッドより1ランク強く長い、フロートリグ用などのロッドのほうが適しているといえる。

長さ6〜7ft前後、適合ルアー1〜7g前後のロッドは、アジやメバルのフロートリグ用、あるいはライトゲーム汎用ロッドと銘打って、各社から豊富なラインナップが出揃っている。

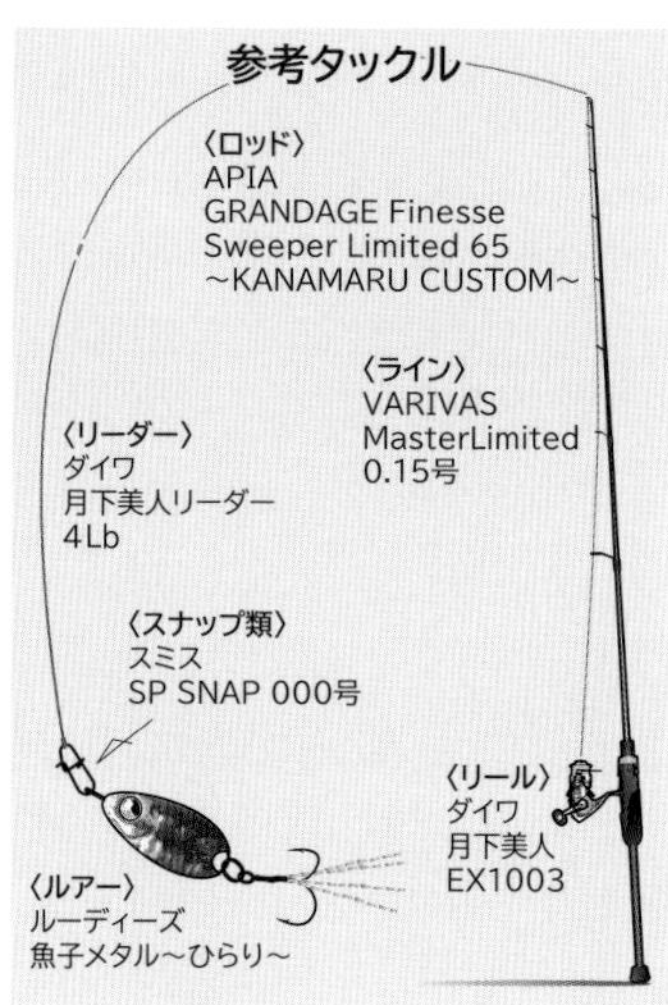

お手軽な釣りでも使える

メタルジグは、超大型と真剣勝負をするだけでなく、お手軽にレギュラーサイズを狙う釣りでも使える。

メタルジグには、何十gもあるような大型のものから、1gを切るような超小型のものまである。1gといえば、アジングで使う標準的なジグヘッドと同じ重さだが、こういった超小型のメタルジグを使う釣りを「マイクロショアジギング」と呼ぶ。マイクロ、つまり超小型のメタルジグを使ったショアジギングというわけだ。

このマイクロショアジギングは、アジ以外のさまざまな魚種も釣れることから、お手軽な釣りとして人気だ。しいて難点を挙げるとすれば、あまりに多くの魚種が釣れるため、アジ「だけ」を狙って釣ることには適していない、という点だろう。

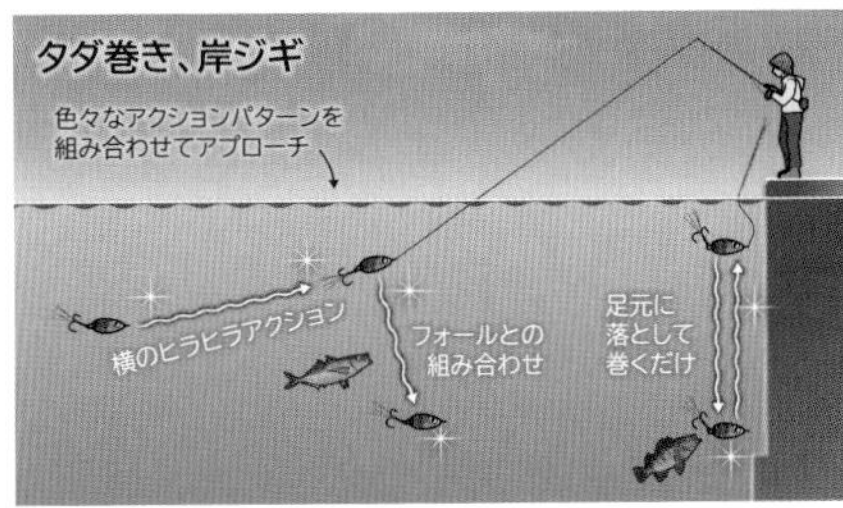

ジグヘッドのように、少し沈めてから巻き、また沈めて巻いてくるという使い方もできる。また岸際にまっすぐ沈め、足元を垂直に探る「岸ジギ（岸壁ジギング）」と呼ばれるテクニックでは、アジ以外の魚もよく釣れる。

フリーフォール
テンション張らない
高アピール。リアクションバイトに期待
タダ巻き
再度フリーフォール

着水後、ラインをわざとたるませてメタルジグを沈ませると、ラインに引かれない自由落下で沈んでいく。このフリーフォールは、アジが深場にいるときに使うテクニックだ。

こんなルアーを使う！

1～5ｇ前後のマイクロメタルジグ

平均10～20ｍと、ジグヘッドより少し長い程度の距離で扱うことを前提としたマイクロメタルジグは、短い距離・遅い巻きスピードでもきっちりと泳ぐように設計されているものがほとんどだ。横幅は広め、厚さは薄めのものを選んでおけば、まず間違いはない。まっすぐな板状ではなく、微妙に湾曲しているものであれば、さらにあやしい動きを演出できるようになる。サイズは１ｇ前後をメインに、５ｇ前後までそろえておくといいだろう。

魚子メタルひらり（ルーディーズ）。その名のとおり、水中をヒラヒラと落ちて魚を誘う。湾曲したボディにより、水中でよりあやしげな動きを出す。

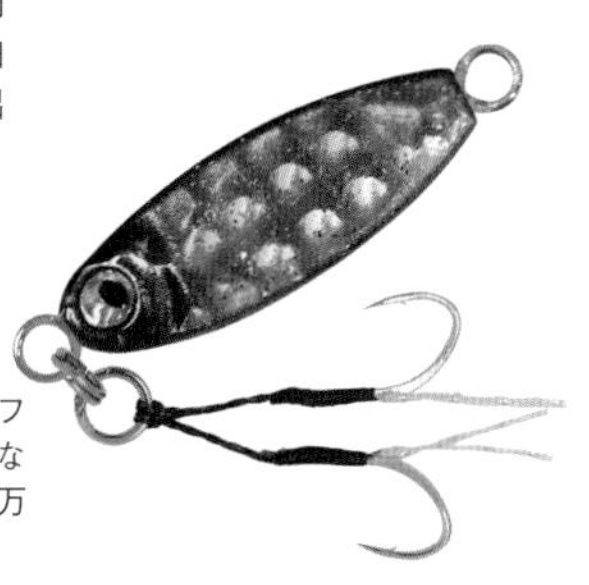

魚子メタル（ルーディーズ）。フックがついているほうが前になる。投げても沈めても使える万能タイプ。

メタルジグの形と付属品

メタルジグはその形状によって、どこでどう使ったらいいかという特性を、それぞれ持っている。

外洋に面した釣り場で、超大型のアジを狙うのであれば、飛距離が出て沈むのも速く、また超高速の泳ぎにも対応できる、細身で後部に重心のあるタイプが適している。一方、静かな漁港でアジを含めた五目釣りをするのであれば、スローでもきっちり水流を受けてヒラヒラと舞うように泳いでくれる、薄めで幅広の形状を持ったものがオススメだ。

また、フックに「ティンセル」と呼ばれるキラキラした糸が巻きつけられているもの、水流を受けて回転する「ブレード」と呼ばれるパーツが付属しているものは、さらに強力なアピールができる。いろいろ試してみるといいだろう。

アジの三枚おろしと刺身

アジ料理の基本にして最終目標!? ついでにさばき方も覚えちゃおう!

アジングの楽しみとしては、持ち帰っておいしくいただける点も見逃せない。まずは、新鮮なアジを入手できるという釣り人の特権を生かした刺身にチャレンジ。三枚におろしてしまえば、ほかのメニューへの応用も効く。

アジの刺身

さばき方

START!

1 頭を落としてワタを取る。

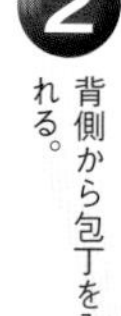

2 背側から包丁を入れる。

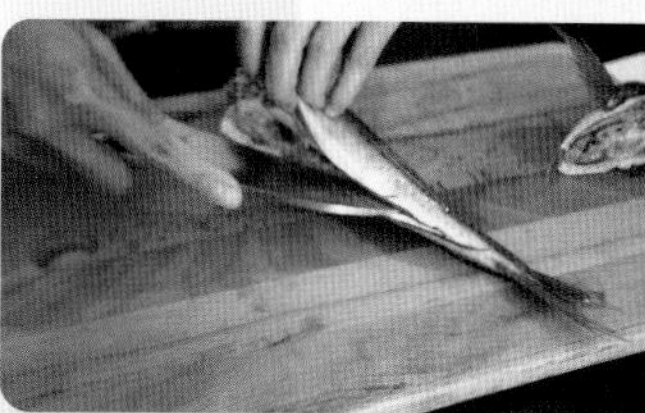

3 腹側からも包丁を入れる。

4 尻尾側は切り離さず、包丁の刃を頭側に向けて入れる。

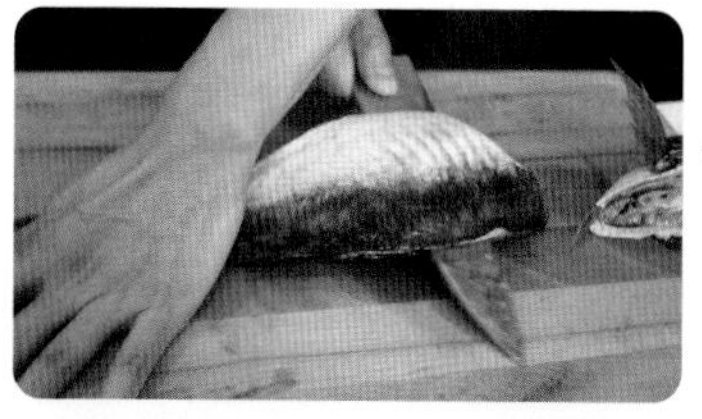

5 骨に沿うように身を切り離していく。

6 続いて尻尾側に刃を向けて切り離す。

7 アジの半身。

8 同様にもう片身も背から包丁を入れる。

9 腹側からも包丁を入れる。

●ワンポイントアドバイス

魚の皮は包丁で削ぐのが一般的だが、アジなどの皮が剥ぎやすいタイプの魚の場合は、包丁を使わず指でつまんで剥がしたほうがうまくいく。特に尻尾近くのゼイゴのあたりは、ビリビリと気持ちよくきれいに剥がれる。

10 身と骨の間に包丁を入れて切り離す。

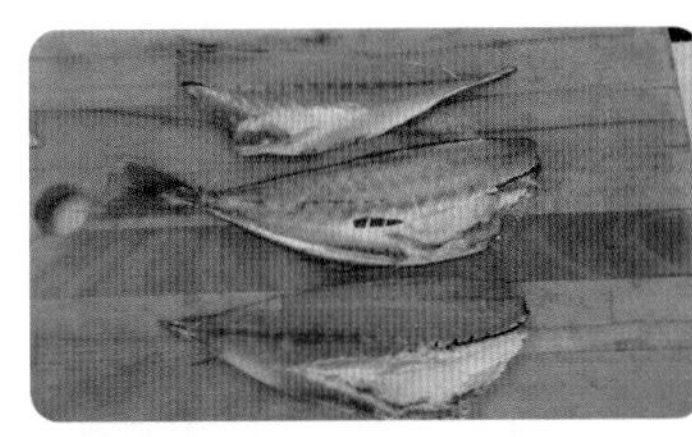

11 三枚おろしの完成。

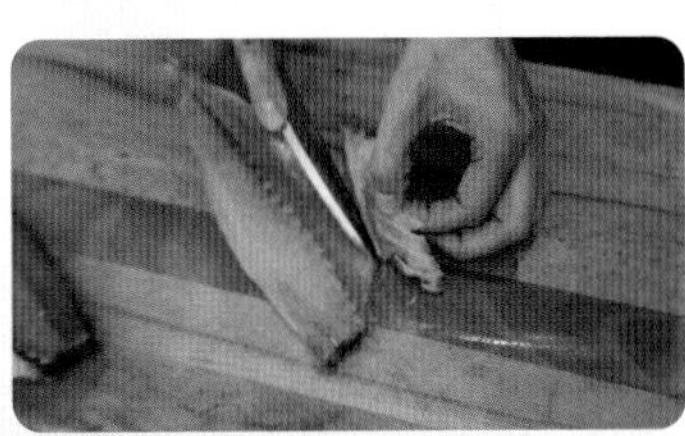

12 腹骨を削ぎ切る。

13 皮を剥ぐ。

14 手でやるとゼイゴがうまく剥がれる。

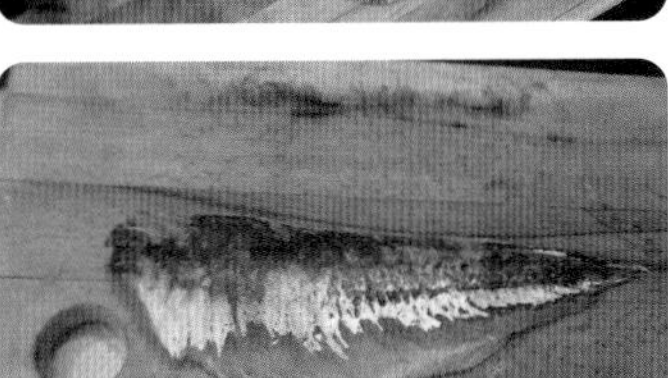

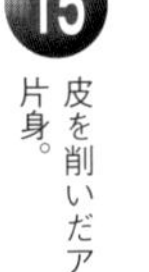

15 皮を削いだアジの片身。

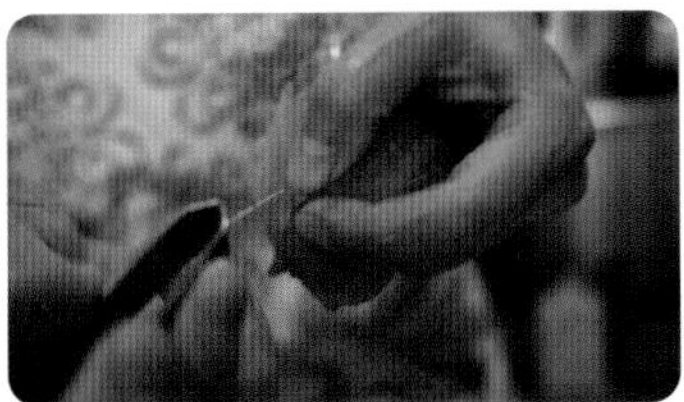

16 骨抜きで中骨をていねいに抜く。

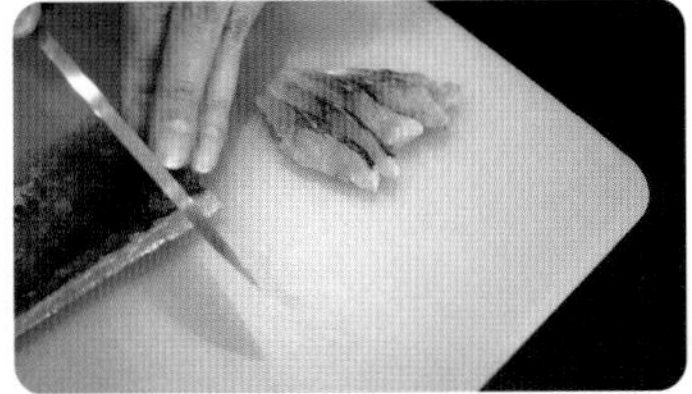

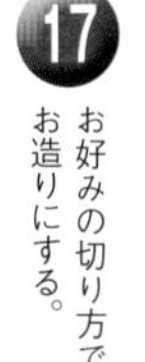

17 お好みの切り方でお造りにする。

豪快に盛り付けて完成！

アジの白ネギ鍋・南蛮漬け・押し寿司

豆アジも大型もまとめて調理！ 簡単便利な３つのメニュー

刺身作りで三枚におろす基本を覚えたら、ほかのメニューにも生かしてみよう。まずは刺身のバリエーションともいえる白ネギ鍋から、アジ料理の定番・南蛮漬け、そして押し寿司で、持ち帰ったアジをおいしくいただこう。

アジの白ネギ鍋 作り方

START!

1 アジを少し小さめの切り身にする。

2 ポン酢を入れる。

3 万能ネギとゴマを入れる。

4 薄切りにしたネギを添えてスタンバイ完了。

5 ダシの中にネギを入れる

6 熱を加えたたっぷりのネギをアジにからめていただく！

【材料】 2人前

●アジの身：200g

〈タレ〉

めんつゆ2／酢1.5／みりん1／砂糖1の割合で調合

ピーマン・タマネギ・ニンジンなどお好みの野菜の千切り

タカノツメ

1 START!

三枚おろしにしたアジの身を一口大に切り、片栗粉にまぶす。

2

サラダ油でカラッと揚げる。

3

作っておいたタレに揚げたての身を入れ、冷蔵庫に入れて1時間ほど漬け込む。

●ワンポイントアドバイス

作例では食感を重視し、大きめのアジを切り身にしたものを使ったが、小さなアジの場合は、皮も剥がずゼイゴも取らず、そのまま片栗粉をまぶしてから揚げてもいい。これだけで、豆アジがぐっとおいしい食材になる。

豆アジは南蛮漬けのほか、次ページで紹介する押し寿司でもおいしくいただける。

アジの押し寿司 作り方

【材料】2人前

●豆アジ:100g

〈酢飯〉

ごはん:2パック(2合)/酢:40cc/砂糖:20g/塩:10g/すりごま:適宜

〈薬味〉万能ネギ:適宜/大葉:適宜

1 START!

豆アジを三枚におろす。魚ッ平(さかなっぺ)のような専用器具を使うと便利。

2

おろしたアジの身を酢に漬けて冷蔵庫で10分寝かせる。

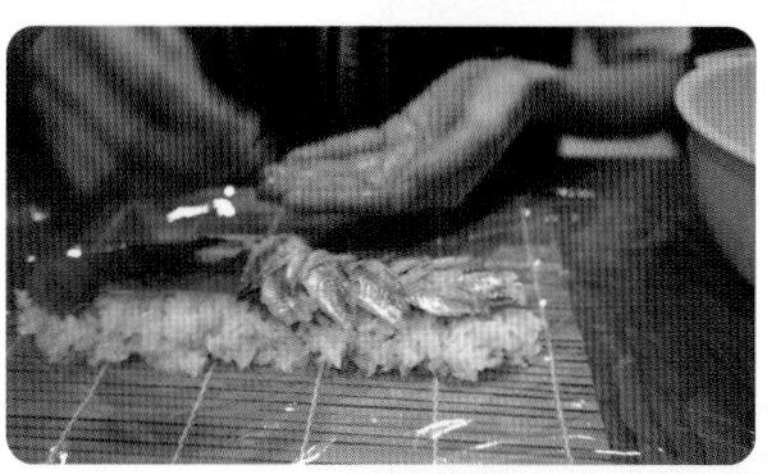

3

ラップを敷いた巻きすの上に、すし飯、大葉、アジの身を載せて形を整える。

4

形を整えたら、ラップを巻いたまま、食べやすい大きさに切り分ける。

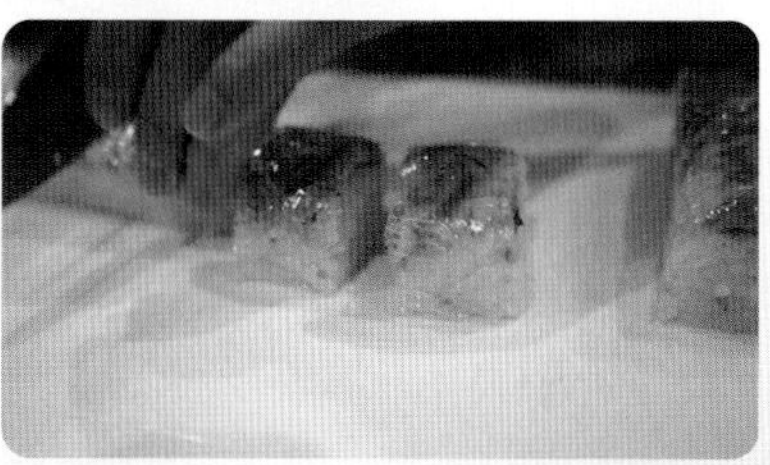

●ワンポイントアドバイス

アジの身を酢に漬け込むことで、旨味を残したまま、さっぱりとした食感も付け加えることができる。豆アジは小さく薄いため、酢に漬け込む時間が5〜10分と、短く済むのもうれしい。釣ったその日の夕食にもオススメ。

違うメニューを一緒に作れば、家族から「飽きた」と言われることもないはず!?

さっぱりとした食感に抜群の旨味!

GOAL!

5

ラップをはがして盛り付けたら完成!

第1章
アジング簡単マニュアル
準備編

釣り場に出向くその前に 道具や結び方の下準備

釣り場ですぐ釣りを始められるよう、ロッド、リール、ラインにルアーなどの、最低限そろえておきたいタックル（道具）をご紹介する。また、仕掛けを作る際に必要とされるイトの結び方も、あわせてごらんいただきたい。

CONTENTS

01 まずはタックルをそろえよう
02 タックルの各部位の名称を知ろう
03 釣り方に合ったロッドを選ぼう
04 予算に合わせてリールを選ぼう
05 ラインの特徴を知ろう①エステルライン
06 ラインの特徴を知ろう② PE ライン
07 ラインシステムの役割を知ろう
08 必須のノットを覚えよう①電車結び
09 必須のノットを覚えよう②トリプルエイトノット
10 必須のノットを覚えよう③ FG ノット
11 必須のノットを覚えよう④クリンチノット
12 各種装備と周辺グッズをそろえよう

シンプルな仕掛けが用いられることが多いアジングだが、それはあくまでほかの釣りに比べてシンプルという意味であって、いくつかの道具を組み合わせて使う必要があることに変わりはない。

01 まずはタックルをそろえよう

ロッド、リール、ラインにリーダー、そしてルアーと、まずは最低限のタックルを入手するところから始めよう。カタログやパッケージの「ここ」に注目することで、必要なタックルをすぐ選べるようになるはずだ。

カタログやパッケージのここに注目

タックルってなんだ!?

釣り道具一式を総称して「タックル」と呼ぶ。本書では以後、この表記を用いることを、まずはお断りしておこう。

このタックルを入手するところからアジングはスタートするわけだが、その際に注目すべき点を、それぞれのタックルごとに紹介したので、ぜひ参考にしていただきたい。

ここに書いたいくつかのチェック項目に注目し、だいたいの目安を覚えておけば、的はずれな買い物をすることもなくなるはずだ。36ページ以降もあわせてお読みいただくことで、必要なスペックがどのくらいのものなのか、さらに詳しくおわかりいただけるだろう。

ここに注目! ロッドの選び方

長さとパワーは必須項目

【紹介サンプル：月下美人アジング 510UL-S（ダイワ）】

アジングで用いられるロッドの長さは、5～7ft であることが多い。詳細はのちほど解説するが、ジグヘッド単体の釣りか、フロートリグやキャロリグの釣りかで、適切な長さとパワーは微妙に違ってくる。

ロッド選びの際は、まずは自分のやりたい釣りに合う長さとパワーであるかどうか、その確認から始めよう。パワーの基準は、どのくらいの重さのルアーが合っているかという「適合ウエイト」、どのくらいの強さのラインが合っているかという「適合ライン」に注目したい。

ここに注目! リールの選び方

「X000番」という サイズ表記

【紹介サンプル：ヴァンフォード C2000SHG（シマノ）】

リールの場合、ロッドのように長さやパワーといった共通単位ではなく、「1000」「2000」といった4ケタの数字でサイズが表記されることが多い。これも詳細は後述するが、アジングでは1000番、2000番台が多用される。

気になる製品があったら、それがどのくらいのサイズに相当するのか、この4ケタの数字を見て判断しよう。この大きさを表す数字以外についているアルファベットは、さまざまな付加価値があるという意味だ。これについても、のちほど詳しく解説したい。

ここに注目! ラインの選び方

太さ、強度、長さをチェック

【紹介サンプル：弾丸ライトゲーム AJI ポリエステル（メジャークラフト）】

ラインは太さを表す「①号数」、どのくらいの負荷をかけたら切れるかという強度の目安「② Lb（ポンドテスト）」、そしてそのパッケージにどのくらいの長さが入っているかという「③長さ」が選ぶ基準となる。

ここに注目! リーダーの選び方

ラインと同じ チェックポイント

【紹介サンプル：弾丸ライトゲーム FC フロロカーボン（メジャークラフト）】

リーダーもラインと同様「①号数」「② Lb（ポンドテスト）」「③長さ」が選ぶ基準となる。また、どんな素材を使っているかも明記されていることが多い。「FC」は最も一般的なフロロカーボンを使用しているという意味だ。

ここに注目! ワームの選び方

サイズだけは 見落とさない

【紹介サンプル：アジ職人 アジマスト（エコギア）】

ワームを選ぶ際は、まず「①サイズ」に注目したい。アジングでは2インチを基準に、1.2～2.5インチのワームが多用される。サンプルの「1.6"」は、1.6インチという意味だ。一方「②カラー」は、見た目と表記で判断しよう。

ここに注目! ジグヘッドの選び方

重さとフック サイズはマスト!

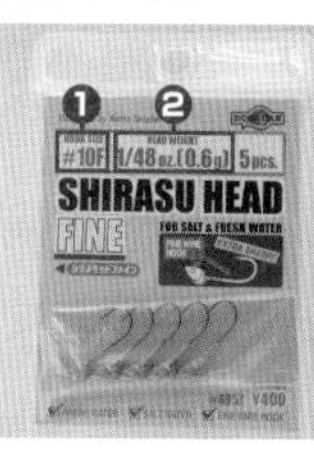

【紹介サンプル：シラスヘッドファイン（エコギア）】

ジグヘッドは「①フックサイズ」と「②重さ」に注目して選ぼう。フックサイズは、アジングでは＃12～8が多用される。数字が小さければ小さいほどサイズは大きくなる点に注意しよう。

タックルの各パーツの名称と役割を知れば、こんな写真一枚で、今どういう状況にあるのか、どう動くべきなのかが瞬時に判断できるようになる。

02

タックルの各部位の名称を知ろう

ルアーフィッシング用のタックルを説明したり紹介する場合、カタカナの専門用語が多用される。これらはたいてい、タックルそれぞれの特定の部位を表す名称だ。これがわかれば、解説記事もぐっとわかりやすくなる。

ロッド、リール、ルアーのこの部分をこう呼ぶ

ロッド各部の名称

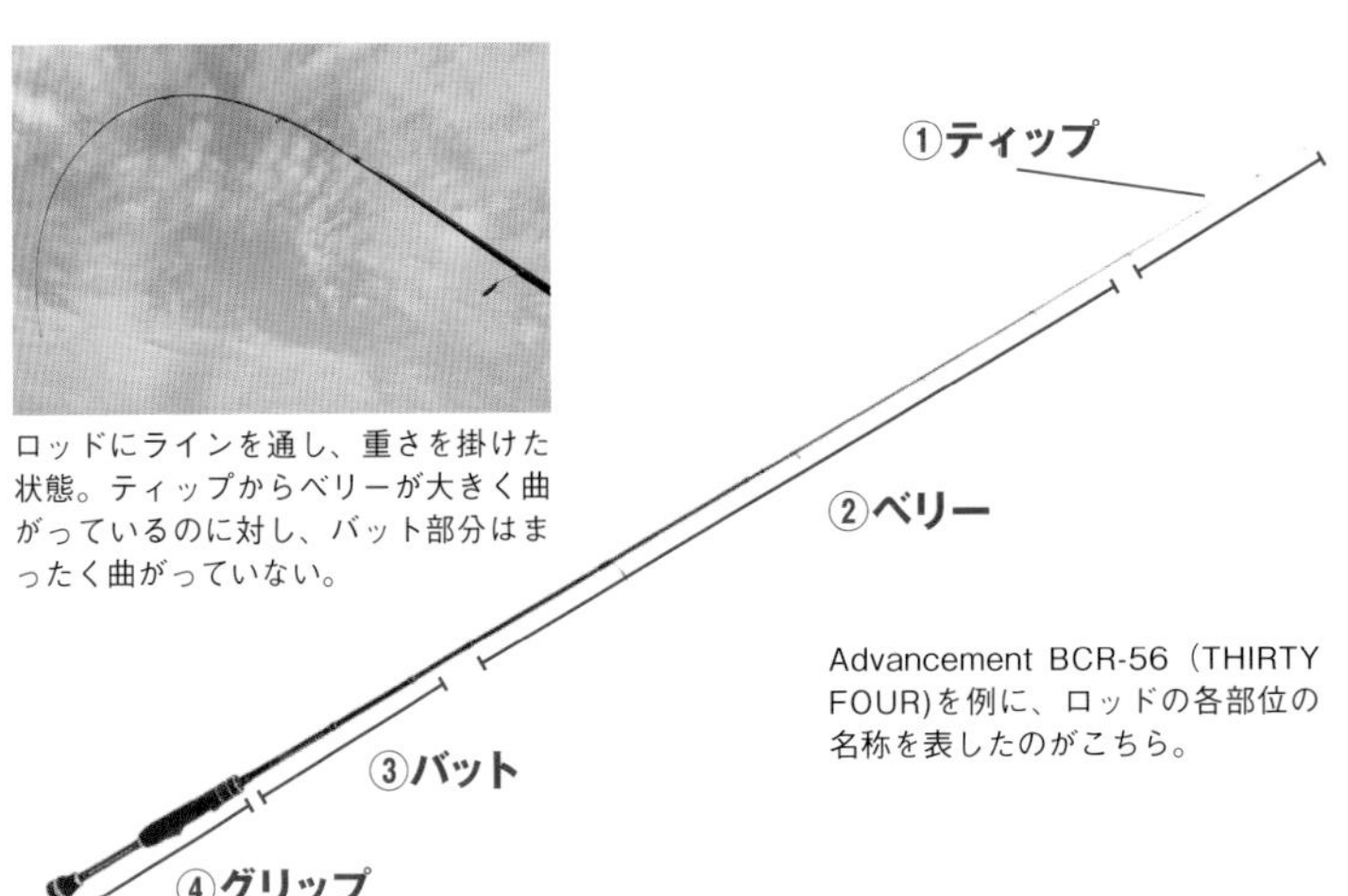

ロッドにラインを通し、重さを掛けた状態。ティップからベリーが大きく曲がっているのに対し、バット部分はまったく曲がっていない。

Advancement BCR-56（THIRTY FOUR)を例に、ロッドの各部位の名称を表したのがこちら。

それぞれが違う役割を担当する

ロッドの各部位は、先端から①ティップ、②ベリー、③バット、④グリップと、おおまかに４つに分けられる。

ティップは、ルアー操作の味つけをしたり、魚からのアタリを感知する役割を持つ。そこに続くベリーは、キャストの際に大きくしなってロッドに反発力を蓄積し、ルアーを遠くへ飛ばすのがおもな役割だ。そしてロッドの根元近くにあたるバットは、魚が掛かったあとのやり取りの際、魚をこちらに寄せるためのパワーの源となる。大型狙いには、ここのパワーが問われる。

最後に、一番手元部分のグリップ。ここは持ち手であり、リールを装着する箇所でもある。ここの材質や重量で、ロッド全体の使い心地は大きく左右される。

第1章

リール各部の名称

2カ所だけ覚えておけばOK

アジングで多用されるスピニングリールは、ラインを巻いておく①スプールと、それを出し入れする半円形のフレームである②ベールの2つが、根幹となるパーツといえる。ルアーの投げ方や巻き方、魚がかかったあとのやり取りのコツを解説する際、この2カ所はよく出てくるので覚えておこう。

③リールフットをロッドに装着してからラインをセットし、④ハンドルを握れば準備完了だ。

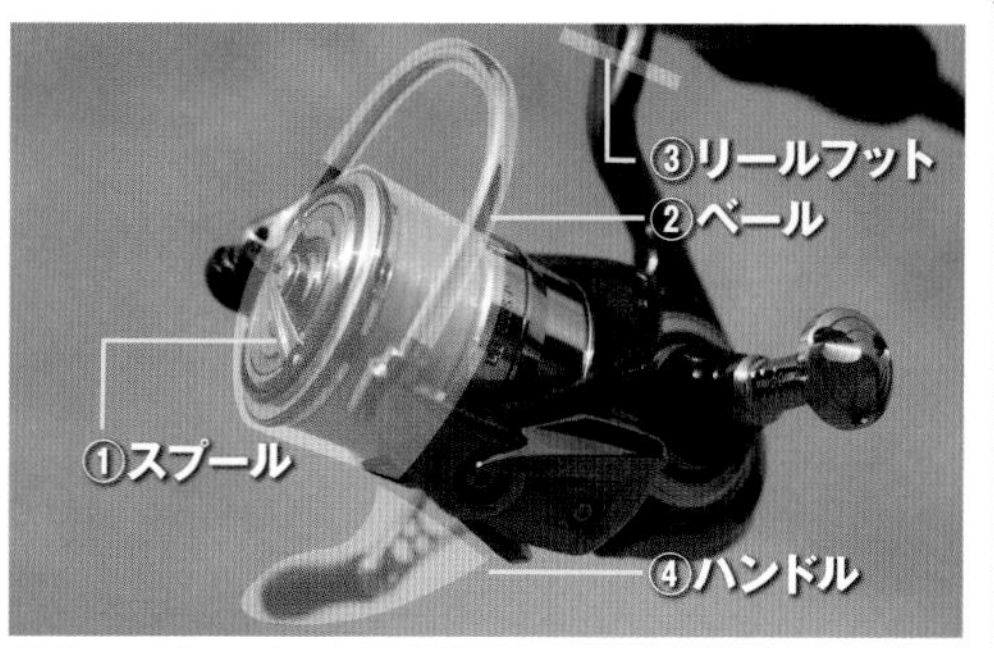

スピニングリールは、ラインを巻いたスプールではなく、その回りを回転するベールによってラインが巻き取られる構造になっている。

ジグヘッドリグ各部の名称

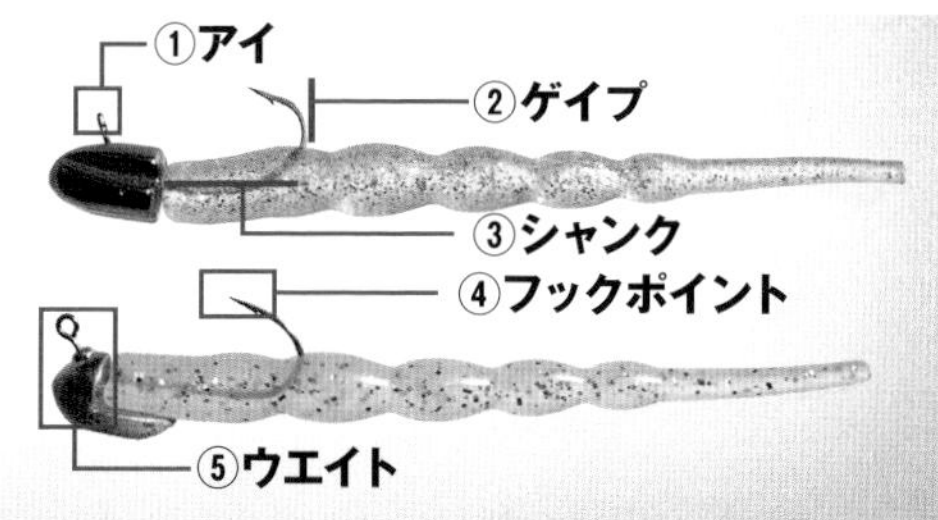

短いシャンク、外に向いたゲイプという特徴的な形状をしているアジング用ジグヘッド。

細め・長めがアジングの定番

アジは、泳ぎ回るエサを後ろから追いかけ、吸い込むように捕食する。そのため短めで先が開いたハリのほうが、アジの口中にかかりやすい。

というわけでアジング用のジグヘッドには、②ゲイプが外側を向き、③シャンクが短めのものがよく使われる。①アイにリーダーを接続し、④フックポイントがすり減らないよう注意しながら、⑤ウエイトの重さを利用して投げる。

それぞれの部位の役割とは⁉

名人が使っているタックルを紹介する際、「強いバットでやり取りも安心」「繊細なティップで細かいルアー操作が可能」といった表現をよく見るが、「バット」「ティップ」ってなんだ？　と疑問に思われる方もいるだろう。どういう役割があるんだろう。

というわけでこの項では、ロッド・リール・ジグヘッドリグと、アジングでよく使われるタックルそれぞれにつき、各部の名称とその役割、選ぶ際の基準などを、簡単にまとめてみた。

本書をはじめとする各メディアでタックルの選び方やテクニックを解説する際、ここでご紹介した名称はよく出てくる。タックルやテクニック解説の本編に入る前に、ひととおり覚えておいていただきたい。

03

釣り方に合ったロッドを選ぼう

一般的なアジングは、大きくふたつに分類される。ジグヘッド単体を使って近くを探る釣りと、フロートリグやキャロリグ、メタルジグを使って遠くを探る釣りだ。それぞれに適したロッドを選びたい。

お手軽な漁港の釣りだが、狙うアジのサイズや釣り場の規模に合わせたロッドを使わないと、楽しく釣果を連発というわけにはいかない。

フロートリグやメタルジグを遠投する場合は、できれば7ft以上、適正ルアーウエイトはやや重め、上限10ｇ前後のロッドがほしい。

向こう側がはっきり見える、比較的狭い漁港などで釣る場合は、長くても6ft前後で、適正ルアーウエイトが1ｇ前後に設定されているものがオススメ。

重さも距離も違えば当然違うロッドが要求される

ふたつあるパターンから選ぼう

一般的なアジングで、レギュラーサイズのアジを狙う場合、釣り方はふたつのパターンに分類される。ジグヘッド単体を使い、対岸まで確実に届きそうな比較的狭いポイントで釣る場合と、フロートリグやキャロリグ、メタルジグを遠投し、広い範囲を狙う場合だ。

ロッドを選ぶ際は、まず自分がどちらの釣りを先にやりたいか決めておくと迷わない。この項では、ジグヘッド単体で近くを釣るためのロッドを「Aタイプ」、フロートリグなどで遠くを探るためのロッドを「Bタイプ」と、仮に分類してみた。それぞれの特徴を別項にまとめたので、ごらんいただきたい。

第1章

Aタイプ ジグヘッド専用ロッド

ブラックスター エクストラチューンド S58LX-S ショートソリッドオルタナティブ（ゼスタ）
DATA ◎全長：5ft8in ◎標準自重：53 g◎適合ウエイト：0.2 ～ 5 g◎適合ライン：モノフィラメント 0.9 ～ 5Lb ◎価格：3 万 5000 円（税抜）
ジグヘッド単体用に設計された一本。ティップ部分 20㎝がソリッドとなっており、高感度と軽量化に大いに貢献している。

アドバンスメント HSR-63 ver.3（Thirty Four）
DATA ◎全長：6ft3in ◎標準自重：76 g◎適合ウエイト：0.3 ～ 5 g◎適合ライン：モノフィラメント 0.9 ～ 2Lb ◎価格：5 万 4000 円（税抜）
玄人志向を極めたアジングロッド。柔軟なティップと強いバットで、水中の感覚が手に取るように伝わる。

感度と操作性を最優先

長さは 5ft 台前半～ 6ft 台前半で、適合ルアーウエイトは 0.3 ～ 5 g。短く、また柔らかめのため、各社のカタログではたいてい最初のほうに記載されている。

短めの全長は、ジグヘッド単体を近距離で操作することを重視し、感度や操作性をとことん突き詰めた結果によるものだ。またティップ部分には、繊維が中空ではなくみっちりと詰まった「ソリッドティップ」という仕様を採用していることも多い。

Bタイプ フロートリグ、メタルジグ用ロッド

ソアレ エクスチューン S76UL-T（シマノ）
DATA ◎全長：7ft6in ◎標準自重：67 g◎適合ウエイト：0.6 ～ 6 g◎適合ライン：モノフィラメント 1.5 ～ 4Lb、PE0.1 ～ 0.6 号◎価格：5 万 500 円（税抜）
1 g前後のジグヘッド単体から、フロートリグやメタルジグといった重量のあるルアーまで操作できる汎用性を持つ。

NEW ソルパラ フリダシ SPXT-S63AJI（メジャークラフト）
DATA ◎全長：6ft3in ◎適合ウエイト：0.6 ～ 10 g◎適合ライン：モノフィラメント 1 ～ 5Lb、PE0.1 ～ 0.6 号◎価格：8600 円（税抜）
クルマのアンテナのように収縮する「振り出し」という仕様のロッド。ラインを通したままたためるため、持ち歩きがしやすい。

ほかの釣りへも流用可能

長さは 6ft 台前半～ 8ft 台前半で、適合ルアーウエイトは 0.6 ～ 10 gと幅広い。A タイプに比べて長く、そしてパワーもあるため、より大きく重い仕掛けを、遠くまで飛ばすことができる。

このタイプのロッドはアジング以外にも、メバル・カサゴ・シーバスといったほかの魚種、さらにはアオリイカのエギングにも流用可能だ。アジ以外にもいろいろ釣りたいという方は、こちらのタイプを選ぶといいだろう。

どちらかに選べない場合は!?

ここでちょっと困るのが、どちらの釣りもやりたい、もしくはどちらを選べばいいかわからないという場合だ。両方とも入手して使うというのが理想だが、予算の関係上そうもいかない場合もあるだろう。

この場合の妥協案としては「Aタイプ寄りのBタイプ」のロッドを1本入手というのが、現実的と思われる。具体的なスペックを挙げると、長さは6ft台前半～7ft台前半、適合ルアーウエイトは0・6～7g前後。各社のアジングロッドラインナップで、だいたい中間あたりに設定されているものだ。

細かいことはわからないけど、とにかくアジングを体験したい！　という方は、こういった汎用性の高いロッドからスタートするのも、ひとつの手であろう。

高級なリールはそれだけいい部品を使い、信頼性や耐久性も格段に高い。だが、アジングをちょっと体験してみる程度であれば、エントリーモデルでも十分だ。予算と釣行ペースで、最適な価格帯のリールを選ぼう。

04 予算に合わせてリールを選ぼう

純粋な機械であるリールは、価格と品質が比例する。高価なものは使い心地も快適で、しかも長期間にわたって信頼できる状態が続く。高いものを長く使うか、安いものを次々と使っていくか、予算と相談して決めよう。

どっちを選ぶ!?

エントリー・中堅モデル vs 高級モデル

写真はそれぞれ、同じダイワ製の中堅モデルと高級モデルの例を挙げたものだ。本文中でも触れたとおり、エントリーモデル・中堅モデルと銘打たれているものでも、市場に流通している国内有名メーカー製のものであれば、使い心地は高級モデルにひけをとらないものがある。

▶高級モデル代表・ルビアスFC LT2000S（ダイワ）。価格3万8400円（税抜）と、月下美人X2000SPの倍以上高価であるが、価格に見合った軽さと使い心地、なにより耐久性と信頼性が段違いだ。注：写真は2500S。

▲中堅モデル代表・月下美人X 2000SP（ダイワ）。1万4200円（税抜）という価格ながら、軽快な回転性能とスムーズなドラグ性能を確保している。

価格の違いは耐久性に大きく現れる

使い心地は変わらない!?

リールは、動力こそ人間の手によるものだが、中身は純然たる機械である。つまり、価格と性能は比例するものと思っていい。

この「性能」は、大きくふたつに分けられる。ハンドルの回転やドラグの効き具合といった使い心地と、長期間使用しても本来の性能を維持できるかどうかという耐久性だ。

まず使い心地だが、国内の主要メーカー製であれば、安価なものでもさほど劣らない。入門用と銘打たれているものでも、手にとってハンドルを回してみると、スムーズな回転性能に驚くことだろう。アジングをまず体験してみたいという方は、入門用を選んでも間違いはない。

リールの選び方

番手以外のここに注目！

本書32P「まずはタックルをそろえよう」にて、リールは4ケタの数字でサイズが表記されていること、アジングには1000番・2000番がよく使われること、そして数字以外のアルファベットにはさまざまな付加価値が込められていることについて触れた。そこでカタログ記事を抜粋した「ヴァンフォードC2000SHG（シマノ）」を例に取り、どのアルファベットにどんな意味があるのか、ここで説明したい。

SHGの「S」

これは「シャロースプール」、つまりスプールの溝が浅いということを表している。スプールが浅ければそれだけ巻けるラインは短くなるが、それだけキャスト時のライン放出がスムーズになる。ルアーフィッシング用のスピニングリールでよく使われる仕様だ。

SHGの「HG」

これはハイギア、つまりギア比が高いということを表している。ギア比とは、ハンドルを1回転させたとき、スプールが何回転するかという比率だ。これが高ければ高いほどラインの巻き取りは速くなるが、巻き取り時に要する力が増すため、長時間の釣りで疲れやすくなる。一方低いものは、弱い力でずっと巻き続けることが可能だが、ルアーや仕掛けを早く回収したいときなど、ハイギア以上のスピードでハンドルを巻く必要がある。

C2000の「C」

これは「コンパクトボディ」仕様であるということを表している。C2000の場合、スプールは2000番台だが、ボディはそれよりひとまわり小さい1000番台を使用している、という意味だ。スプールに巻けるラインの長さはそのままにボディを小さくすることで、より軽量化されている。

ヴァンフォードC2000SHG（シマノ）
DATA◎自重：150g◎ギア比：6:1◎最大巻取長：82㎝／1回転
◎ラインキャパシティ：フロロ3Lb・110m、PE0.6号・150m◎価格：3万円（税抜）

釣行ペースも基準にしよう

価格面でもっとも差が出るのは、こういった使い心地ではなく、耐久性だ。高価なものになればなるほど、長い期間、高い頻度で何度も釣行しても、購入時の性能を維持できるようになる。またメーカーによるメンテナンス体制も整っているため、万が一不調になっても安心だ。

この耐久性と信頼性は、それぞれのアングラーの釣行ペースによって、重視すべきかどうかが決まってくる。多くて月に1回、年に10回程度釣りに行く人と、週に1回、年間50回程度釣りに行く人とでは、リールを回す回数も、魚をかけて取り込む回数も格段に違う。年間50回も使われるほどになると、リールも耐久性と信頼性が問われるようになる。よく釣りに行く人は、最初から奮発したほうがいいだろう。

05

ラインの特徴を知ろう ①エステルライン

感度が抜群で、見やすい色にも見えにくい色にも自由に着色できるエステルラインは、ジグヘッドを用いるアジングには欠かせない存在だ。

伸びがほとんどなく非常に感度がいいエステルラインは、ジグヘッド単体メインのアジングにおいて、最も多用されるラインだ。だが、その性能を十分引き出すには、それなりの知識と準備も要求される。

軽い仕掛けでアジを釣るアジングとの相性は抜群

ジグヘッド単体ならこれ一択⁉

衣類などでも用いられている化学繊維・ポリエステルを素材に用いた一本の繊維で作られたラインが、エステルラインだ。同じく一本の繊維で作られたフロロカーボンやナイロンに比べて伸びが格段に少なく、感度に優れているという特徴がある。ある程度の太さがあると引っ張り強度も強いエステルだが、アジング用の細さになると伸びの少なさゆえに切れやすく、リーダーは必須だ。

アジングにおいては、おもに感度を重視する目的で、エステルラインはよく使われる。またアジングのなかでも、仕掛けの重量が軽いジグヘッド単体での釣りとは、ほぼこれ一択といえるほど相性がいい。

ラインの「比重」に注目

浮くか沈むかは比重で決まる

エステルラインには、もうひとつ特徴がある。それは比重が1.0以上と高く、必ず水に沈むことだ。このため、軽いジグヘッドを単体で使うときでも浮き上がりにくく、水中での姿勢を安定させることができる。

一方PEラインは、ほとんどの製品の比重が1.0を下回る、水に浮くものが多い。これは重い仕掛けを使って相殺することが可能だ。フロートリグやキャロリグ、メタルジグとの相性がいいのもこのためだ。

おもなライン素材の比重	
エステル	1.38
PE	0.97
ナイロン	1.14
フロロカーボン	1.78
（参考）海水	1.02

おもなエステルライン

見やすい・見えにくい どちらにも利点がある

細いラインと小さなジグヘッドを使うアジングでは、仕掛けやラインの現在位置を見失ってしまうことも多いが、見やすい色のラインを使うことで、こうなることを避けることができる。その一方、現在位置を見失わないことに自信があれば、魚から見えにくい地味なカラーのラインを使うという選択肢もありだ。見やすいライン、見えにくいライン、それぞれに利点があるので、自分に合ったものを選ぼう。

ソルティメイト鯵の糸 エステルナイトブルー（サンライン）
半透明のクリアカラーは目立たないように思えるが、薄明かりのある日中や白色の外灯で照らされた夜の水面では、このカラーはとても目立つ。

ピンキー（Thirty Four）
人間からは目立つ色に思えるピンクは、実は水中のアジからは見えにくい色。仕掛けの現在位置がわかりやすい一方で、アジには警戒されにくい。

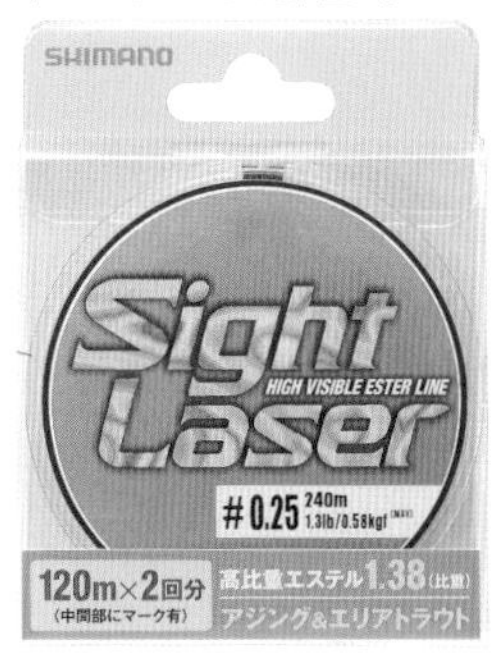

サイトレーザー EX エステル（シマノ）
見やすいという点では群を抜いているのが、オレンジやイエローといった暖色系カラー。アジが水面に浮いている状況で、この見やすさは特に威力を発揮する。

シノビ（ティクト）
シノビ、つまり忍者のごとく目立たないことに徹した結果、ブラックというカラーを採用。アジに気配を感じさせることなくルアーを送り込むことができる。

重い仕掛けは苦手

抜群の感度と強度を持つエステルラインだが、もちろん苦手はある。まずその構造上、あまり太くすることができないため、大きい魚を狙ったり、重い仕掛けやルアーを扱うのには向いていない。また瞬間的な衝撃や摩擦に弱いため、それらからラインを守るため、リーダーと呼ばれる先イトを必ず結ばなければならない。

よってアジングでも、仕掛けの重量が大きくなるフロートリグやキャロリグ、メタルジグやプラグの釣りには、あまり適していない。こういった重い仕掛けやルアーを使う場合は、次ページでご紹介するＰＥラインの出番となる。

ジグヘッド単体にはエステルライン、それ以外はＰＥラインと、おおまかに覚えておけばいいだろう。

06 ラインの特徴を知ろう ② PEライン

メタルジグなどの重いルアーを遠投し、大型のアジを狙うためには、PEラインは欠かせない。

極細の繊維を複数ヨリ合わせた構造のPEラインは、エステルライン以上に伸びが少なくしなやか、そして自由な太さに作れるという利点がある。アジング以外のルアーフィッシングでも多用されるラインだ。

弾丸ブレイドX（メジャークラフト）は、標準のグリーン（上）、エギング用のピンク（中央）、そしてジギング用の色分け（下）と、3つのカラーバリエーションがあるPEライン。色分けされたラインを巻くと、このようなグラデーションを描くようになる。

虹色スプールの秘密

長さごとに色分けされているのが理由

PEラインが最初に使われるようになったのは、船のエサ釣りやジギングなど、仕掛けの水深を正確に測る必要がある釣りだった。このため最初期のPEラインは、ほぼすべてが長さごとに色分けされていた。こういった色分けされたラインは現在でも数多く流通しているが、このラインをスプールに巻くと、さまざまな色が虹のようにグラデーションを描くように見える。虹色に見えるスプールの秘密は、色分けされたラインにあったのだ。

アジから超大物まで対応 汎用性の高さは群を抜く

組み紐やロープに近い構造

極細のPE（ポリエチレン）繊維を複数ヨリ合わせて一本のイトに仕上げたのが、ここでご紹介するPEラインだ。釣りで使うイトというと、エステルラインのように一本の繊維を使ったものを思い浮かべるかもしれないが、PEラインはイトというより組み紐やロープに近い構造を持っているため、表面はツルツルではなく、微妙にゴワゴワしているのが特徴だ。

ヨリ合わせる繊維の太さだけでなく本数も自在に決められるため、その用途は幅広い。アジングで用いられるような極細のものから、超大物狙いに使うような極太のものまで、バリエーションは実に多彩だ。

おもなPEライン

各製品ごとにラインカラーのコンセプトがある

エステルライン同様、見やすさが重要となるPEラインもまた、各社がそれぞれのコンセプトをもって、さまざまなカラーを設定している。エステルラインより遠くのポイントを狙うことも多いため、蛍光グリーンやピンクといった、遠目でも目立つ色が使われていることが多い。また別項で触れた、長さごとに色分けされているタイプも、根強い人気を保っている。

ナイトゲーム THE スーパー PE SP（ユニチカ）
アジに違和感を与えない一方、陸上にいる人間からはとても見やすい、ピュアホワイトのラインカラーを採用。

UVF 月下美人ライン 月ノ響Ⅱ＋Si（ダイワ）
昼夜を問わず、仕掛けを見失わない程度の見やすさを保ってくれる、淡いピンクを基調としたライン。

弾丸ブレイドX（メジャークラフト）
別項で触れたとおり、3つのカラーバリエーションを持つライン。どのカラーが入っているかは、パッケージ下の表記に注目しよう。

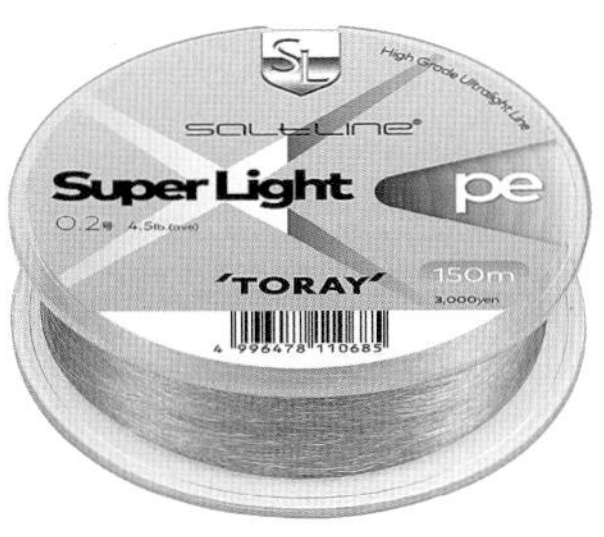

ソルトライン スーパーライト PE（東レ・モノフィラメント）
エステルライン同様、暖色系のカラーはとても見やすい。オレンジのラインカラーは、外灯の色を問わず、夜間での見やすさを確保してくれる。

利点にも難点にもなる比重

PEラインとエステルラインの大きな違いとして、比重が挙げられる。比重1・4前後と水より重いエステルラインは必ず沈むが、PEラインはたいていの製品が0・9前後と軽いため水に浮く。このため、軽いジグヘッドと一緒に使うと、沈むはずのジグヘッドが逆に浮いてしまうこともある。

ジグヘッドを水中に沈め、安定して泳がせるという目的のためには、この軽い比重は難点になるが、あえてジグヘッドを水中に漂わせつつ、水面に浮いたラインでアタリを感じ取るというテクニックを使う際には利点となる。

また、極細の繊維をヨリ合わせているという構造上、引っ張りには強いが、摩擦にはかなり弱い点にも注意したい。

07

ラインシステムの役割を知ろう

エステルライン、PEラインのどちらも、その先端に「リーダー」と呼ばれる先イトを結ぶ必要がある。ラインの難点を打ち消し、利点を最大限に活かすのが、このラインとリーダーの結束、すなわちラインシステムだ。

ラインの先端に、このリーダーと呼ばれる別素材のイトを接続することで、仕掛け全体の強度と信頼性は格段にアップする。

ラインとリーダーを結べば互いの長所がさらに生きる

リーダーの長さは?

50㎝が基本

各種メディアで目にする仕掛けイラストでは、リーダーの長さについては省略されていることがある。もし省略されていたら、アジングの場合は 40 ～ 50㎝と思っていい。

何度も魚を釣ったりルアーを交換するうちに、どんどんリーダーは短くなっていく。30㎝以下になったところで全部カットし、50㎝のリーダーを新たに用意、ラインシステムを再度組み直そう。

アジの体やジグヘッドのハリ先など、ラインにとっては意外な危険が隠れているが、リーダーを40～50㎝も取っておけば、それらの危険はだいたい避けられるようになる。

ラインシステムってなに?

アジングで主流のエステルライン、その次に多く使われているPEラインとも、実際の釣りではその先端に、「リーダー」と呼ばれる先イトを結びつける必要がある。

このリーダーに使われるイトの素材は、フロロカーボンやナイロンといった、エステルラインやPEラインに比べて伸びが大きく、感度も悪いタイプとなる。その一方でこれらの素材には、摩擦に強い、適度なコシがあるため魚に絡みにくい、結んだり切ったりするのが簡単という利点がある。

ラインの先端に、こういった別素材のリーダーを接続することを、「ラインシステム」と呼ぶ。

おもなリーダー

フロロカーボン製が主流 さまざまな付加価値が ついたものも

リーダーの素材には、フロロカーボンとナイロンがおもに使わているが、フロロカーボンのほうが、使われる機会が圧倒的に多い。ナイロンよりコシがあって絡みにくく、また比重が高いため浮き上がらず、軽いジグヘッドを水中で安定させることが可能だからだ。比重をさらに増して水中での安定性を確保したもの、表面に加工を施したものなど、各社からいろいろと出揃っているので、一度手に取ってみるといいだろう。

ライトゲーム コンパクトショックリーダー （ティクト）
リーダーの表面にシリコン樹脂コーティングを施し、さらに水をはじきやすくなったフロロカーボンリーダー。

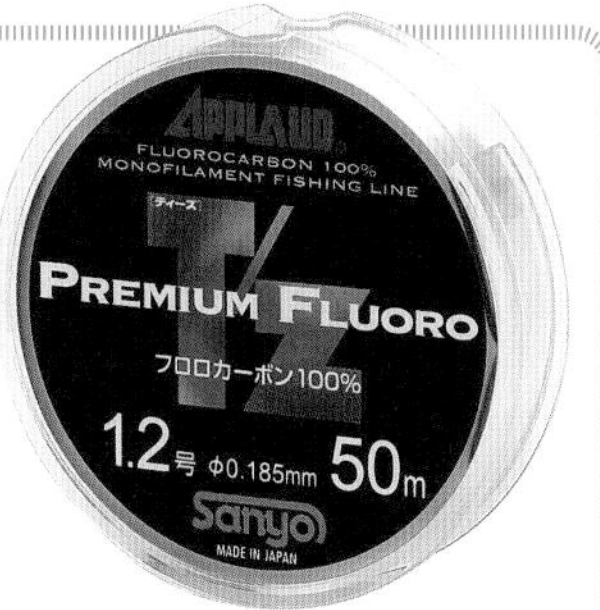

アプロード T/Z プレミアムフロロハリス （サンヨーナイロン）
比重1.81と、通常のフロロカーボンよりさらに重めの素材を使用。確実にジグヘッドを沈めたいときに頼りになる。

ソルティメイト スモールゲームリーダー SV- Ⅰ （サンライン）
人間からは見やすく魚からは見えにくい「マジカルピンク」をカラーに採用。ジグヘッド単体のアジングなら、中央の6Lb。フロートリグやキャロリグなら、少し太めの10Lb。またジグヘッド単体でアタリが遠のいたとき、ジグヘッドの重量を下げて繊細に狙いたいなら3Lbといった具合に、状況によって使い分けよう。

ラインの意外な弱点を克服

エステルライン、PEラインとも、伸びが少なく感度に優れ、また引っ張り強度もあるという利点があるが、魚や仕掛けに絡まりやすい、摩擦に弱いという弱点もある。だが、その先端に絡まりにくく、また摩擦にも強いフロロカーボンやナイロンといった素材を用いたリーダーを接続することで、そういったラインの弱点は、一気に目立たないものとなる。

ラインの先端にリーダーを接続することで、絡んだりこすれたりする危険のある部分から、ラインを遠ざけることができる。ラインの意外な弱点を克服し、その長所をとことん活かすためのラインシステムは、アジングにかぎらず、あらゆるルアーフィッシングで欠かせないものといえよう。

08 必須のノットを覚えよう ①電車結び

漁港や堤防といったおなじみのポイントで、このサイズのアジを狙うのであれば、電車結びだけでも十分だ。

タックルについてひととおり覚えたら、次はいよいよ準備の最終段階のノット、つまり結び方を覚える番だ。ここからのページでは、メインラインとリーダーの結び方3種類、メインラインとリーダーと金具の結び方1種類を、順を追って紹介していこう。

ここがキモ!

摩擦熱に注意

最後の締め込み時、急激に引っ張ると熱が発生し、イトの素材が劣化するおそれがある。ツバなどで結び目全体を湿らせたのち、ゆっくりと引いて連結しよう。また結び目の端をカットする際、あまりぎりぎりに短く切りすぎてしまうと、ほどけてしまう可能性がある。最低でも1～2㎜は残しておくといいだろう。

なおPEラインを結束する際は、図の回数よりやや多い7～8回を目安にしておくと、よりほどけにくい。

外灯の明かりが十分届かない、雨や風で手がかじかんで思うように動かないといった悪条件のなかでも、電車結びであれば実用的な強度を保つことができる。

互いに結びあったイト同士をさらに締め付けて結束

どのへんが「電車」なの?

イトをもう一本のイトと互いに結んだのち、両端を軽く引っ張って結び目を固める電車結び。互いに結束しあう状態が、まるで電車が連結しているように見えることから、この名前で呼ばれるようになった。

電車結びの特徴は、簡単なこと、これに尽きる。同じ結び方を2回繰り返し、最後に締め上げるだけという単純な手順で完成するため、暗かったり風が強かったりといった悪条件のなかでも、失敗することなく結ぶことができる。強度や信頼性という点では、このあとご紹介するトリプルエイトノットやFGノットには及ばないが、レギュラーサイズのアジを狙うのであれば十分だ。

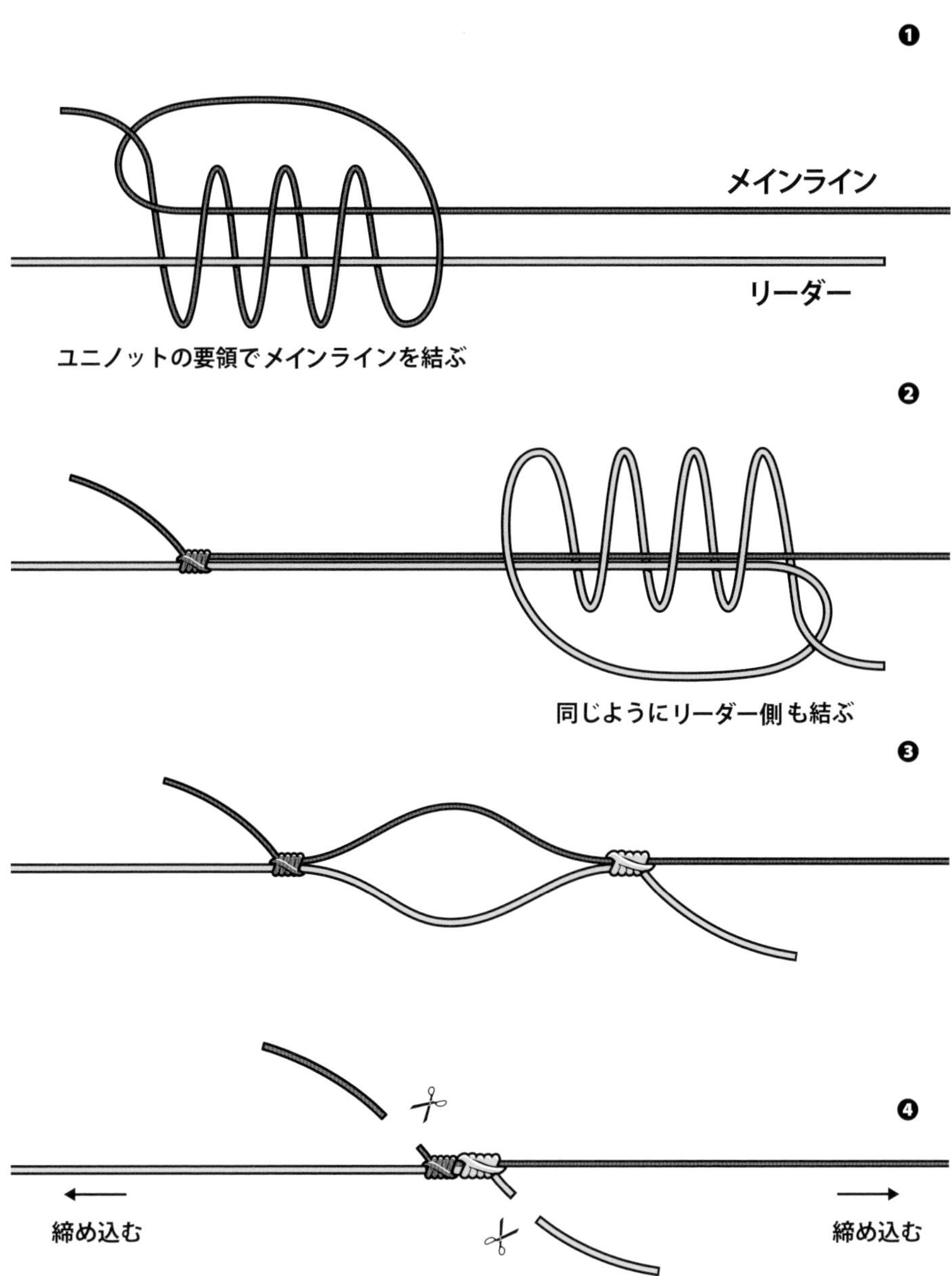
❶
メインライン
リーダー
ユニノットの要領でメインラインを結ぶ
❷
同じようにリーダー側も結ぶ
❸
❹
締め込む
締め込む

09

必須のノットを覚えよう ②トリプルエイトノット

レギュラーサイズにとどまらず、30㎝を超える大型にも対応するトリプルエイトノット。エステルラインとの相性も抜群だ。

互いに作った結び目で結束し合う電車結びに対し、トリプルエイトノットは、2本のイトを束ねてひとつの結び目を作るノット。電車結びと同じくらいの難易度なので、好きなほうを選んでもらっていいだろう。

ここがキモ！

ノットの使い分け

フロロカーボン同士、あるいはエステルとフロロカーボンのように、モノフィラメント同士の結束であれば、トリプルエイトノットは簡単かつ実用強度は十分だ。ただし、PEラインとフロロカーボンのリーダーなど、太さや素材がかなり違うイト同士を結ぶ際は、これだと滑って抜けやすい。そんな場合は「摩擦系」と呼ばれるFGノットなどを使うのが一般的だ。使用するイトの素材や太さに応じて、結び方を使い分けることが重要だ。

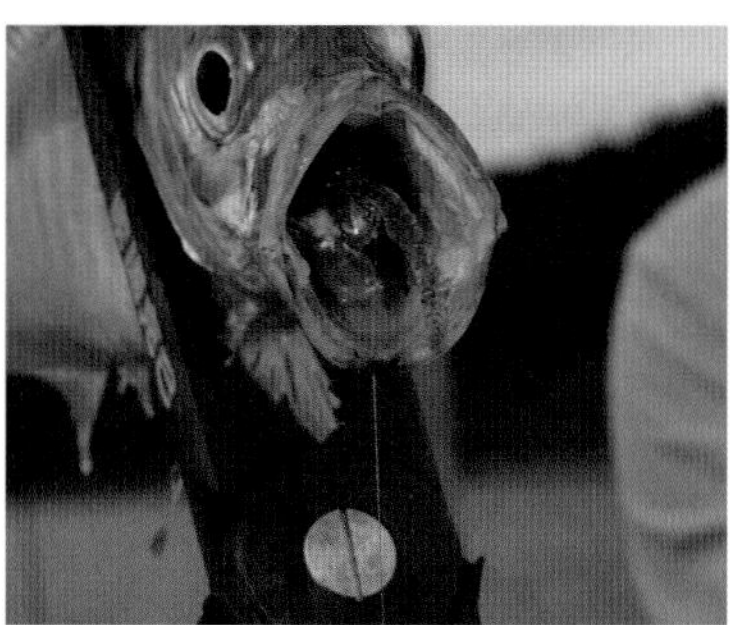
ジグヘッド単体の釣りがメインであれば、イトとイトの結び方は、このノットだけ覚えておけばいいといっても過言ではない。

非常に簡単だが高い強度を誇るエステルラインとの相性も良好

どこがトリプルでエイト？

束ねた2本のイトが「8」の字になるようループを作り、それを締め込むのが8の字ノット。トリプルエイトノットは、この8の字を作る前、束ねた2本のイトを3回ねじる。3回ねじった（トリプル）イトで、8（エイト）の字を作って結ぶことが、トリプルエイトノットの語源だ。

同じ手順を2回繰り返す電車結びも簡単だったが、こちらは簡単な手順を1回入れるだけで完成するという、さらに簡単なノットといえる。ジグヘッド単体の釣りで、エステルラインとフロロカーボンを結束する釣りにも最適だ。アジングの場合であれば、30㎝台とやや大型のアジまでが、実用範囲といえるだろう。

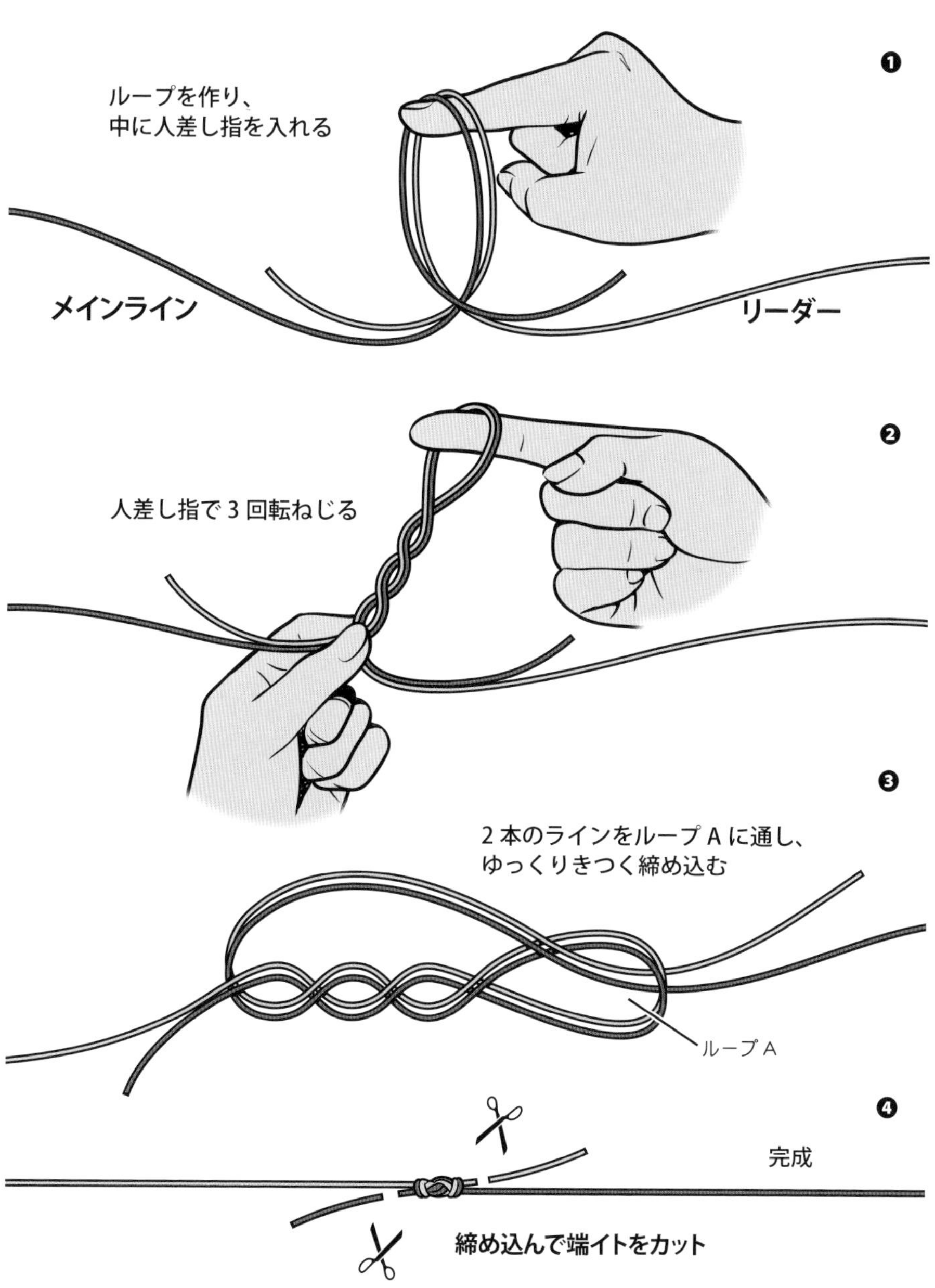
❶
ループを作り、
中に人差し指を入れる
メインライン
リーダー
❷
人差し指で 3 回転ねじる
❸
2 本のラインをループ A に通し、
ゆっくりきつく締め込む
ループ A
❹
完成
締め込んで端イトをカット

10

必須のノットを覚えよう ③FGノット

フロートリグやキャロリグでジグヘッドを遠投するような釣りでは、PEラインも多用される。PEラインと相性抜群のFGノットも、ぜひ覚えておきたい。

結び目を作るのではなく、細いほうのイトを太いほうに巻きつけることで結束力を得るノットを「摩擦系ノット」と呼ぶ。FGノットは、この摩擦系ノットの先駆けともいえる存在だ。その汎用性は群を抜いている。

ここがキモ！

ハーフヒッチでしっかり仕上げ

左ページの図解を例に取ると、⑥までの工程は、結束力を確保する編み込みを作るためのもの。一方⑦以降の工程は、その編み込みがほどけないよう、ハーフヒッチと呼ばれる結び目を作って仕上げるためのもの。つまり、それぞれ目的が微妙に違う点に注意しよう。この両方がそろってはじめて、FGノットのような摩擦系ノットは強度を発揮する。ていねいに編み込んだ部分を守るためにも、ハーフヒッチでしっかりと端を締めておきたい。

開けたポイントで、メタルジグやプラグを遠投するような釣りでは、FGノットは事実上の標準ともいえる普及率をほこる。

PEラインを結束する際には覚えておきたい摩擦系ノット

違う太さのイト同士も余裕

ここまでご紹介した2つのノットは、どちらも結び目を作って結束力を上げるという共通点があったが、このFGノットでは、結び目は補助的な役割しか持たない。結束力の大半は、細いイトを太いイトに巻きつけることによって得られる摩擦によるものだ。

一方のイトをもう一方に巻きつけるという形を取るため、巻きつける側と巻きつけられる側の太さが大きく違っても、問題なく結束できる。アジングでは必須ではないが、ラインより3～4倍太いリーダーを使うジギングのような釣りでは、FGノットのような摩擦系ノットは欠かせない。

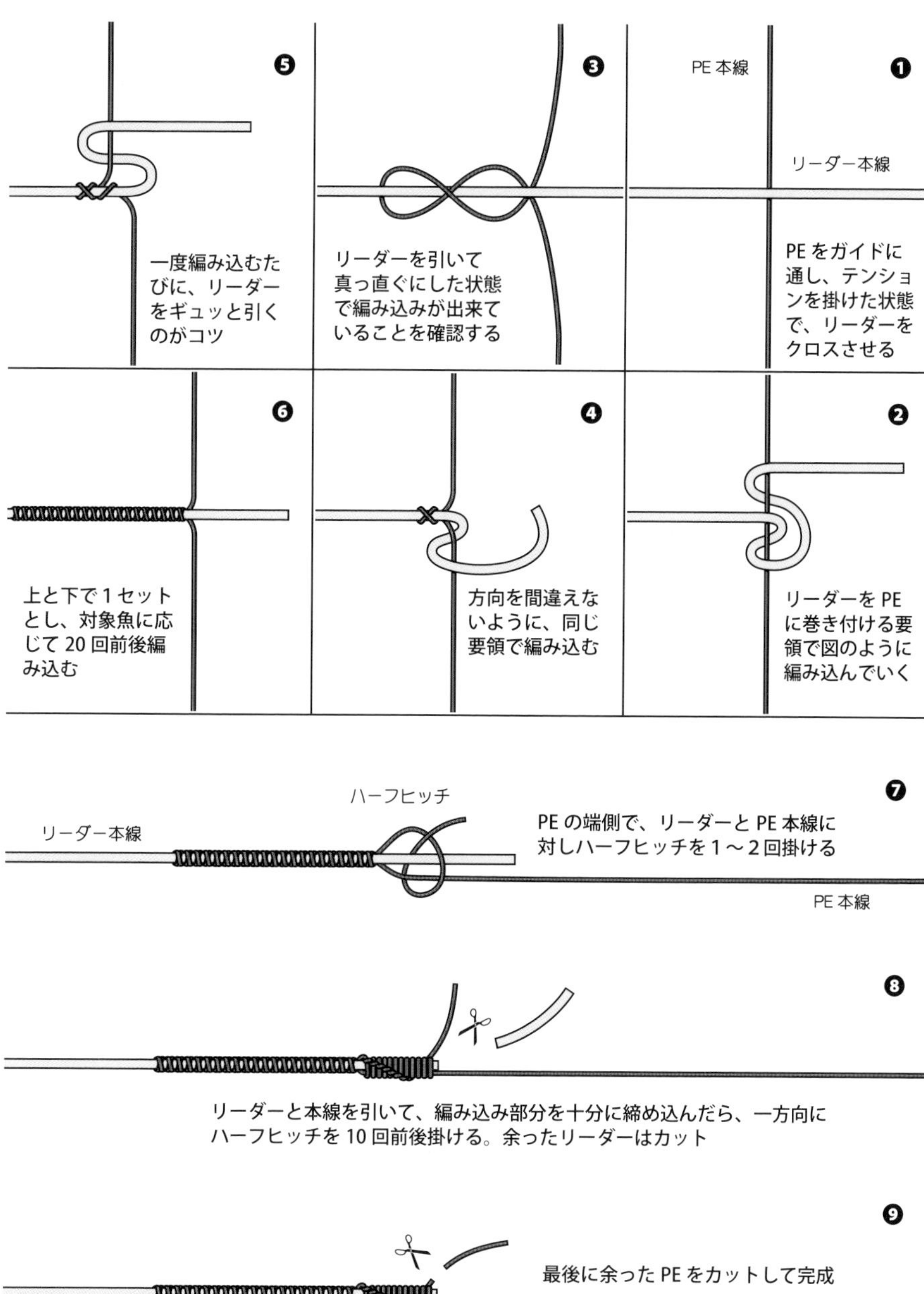
❶
PE本線
リーダー本線
PEをガイドに通し、テンションを掛けた状態で、リーダーをクロスさせる
❷
リーダーをPEに巻き付ける要領で図のように編み込んでいく
❸
リーダーを引いて真っ直ぐにした状態で編み込みが出来ていることを確認する
❹
方向を間違えないように、同じ要領で編み込む
❺
一度編み込むたびに、リーダーをギュッと引くのがコツ
❻
上と下で1セットとし、対象魚に応じて20回前後編み込む
❼
ハーフヒッチ
リーダー本線
PEの端側で、リーダーとPE本線に対しハーフヒッチを1～2回掛ける
PE本線
❽
リーダーと本線を引いて、編み込み部分を十分に締め込んだら、一方向にハーフヒッチを10回前後掛ける。余ったリーダーはカット
❾
最後に余ったPEをカットして完成

11

必須のノットを覚えよう ④クリンチノット

ジグヘッドやスナップ、プラグとの接続部分は、魚の口に最も近いノットになる。切れたりほどけたりするリスクが最も高いところなので、それなりに注意して結束したい。

ノット紹介の最後を飾るのは、イトと金具を結ぶ際に多用されるクリンチノットだ。どんな釣りでも、ハリやスナップなどの金具とイトを結ぶノットは欠かせない。魚の口に最も近いノットでもあるため、丁寧に結ぼう。

ジグヘッドを始めとする金具にイトを接続するための基本的なノット

仕掛けの締めくくりを担当!?

ラインとリーダーを接続したら、次はリーダーの先端にジグヘッドやスナップといった金具をつなぐ番だ。これで仕掛けは完成する。クリンチノットは、この金具との接続で多用されるノットだ。金具側に設けられた金属製の輪にイトを通したのち、その輪に巻きつけるような結び目を作ったら、その結び目がほどけないよう仕上げて完成する。

アジングに限らず、すべての釣りにおいて、こういったイトと金具を結ぶノットは欠かせない。クリンチノット以外にも、さらに強度を増したもの、もっと簡単にしたものと、バリエーションも多い。機会を見て覚えていくといいだろう。

さまざまな金具とイトを接続するノットは、どんな釣りを楽しむうえでも、必ず覚えておくことになるだろう。

ここがキモ!

熱対策は忘れずに

46ページでご紹介した電車結びと同様に、結び目を作って締め込むことで結束力を出すクリンチノットでは、熱対策は必須となる。金具にイトを巻いて結び目を作った際、急に締め込んでしまうと摩擦抵抗による熱が発生し、イトにヨレができてしまうのだ。締め込み時は熱がなるべく出ないよう、水やツバなどでイトを湿らせてから、ゆっくり丁寧に締め込もう。これだけで、結束強度は大幅に違ってくる。

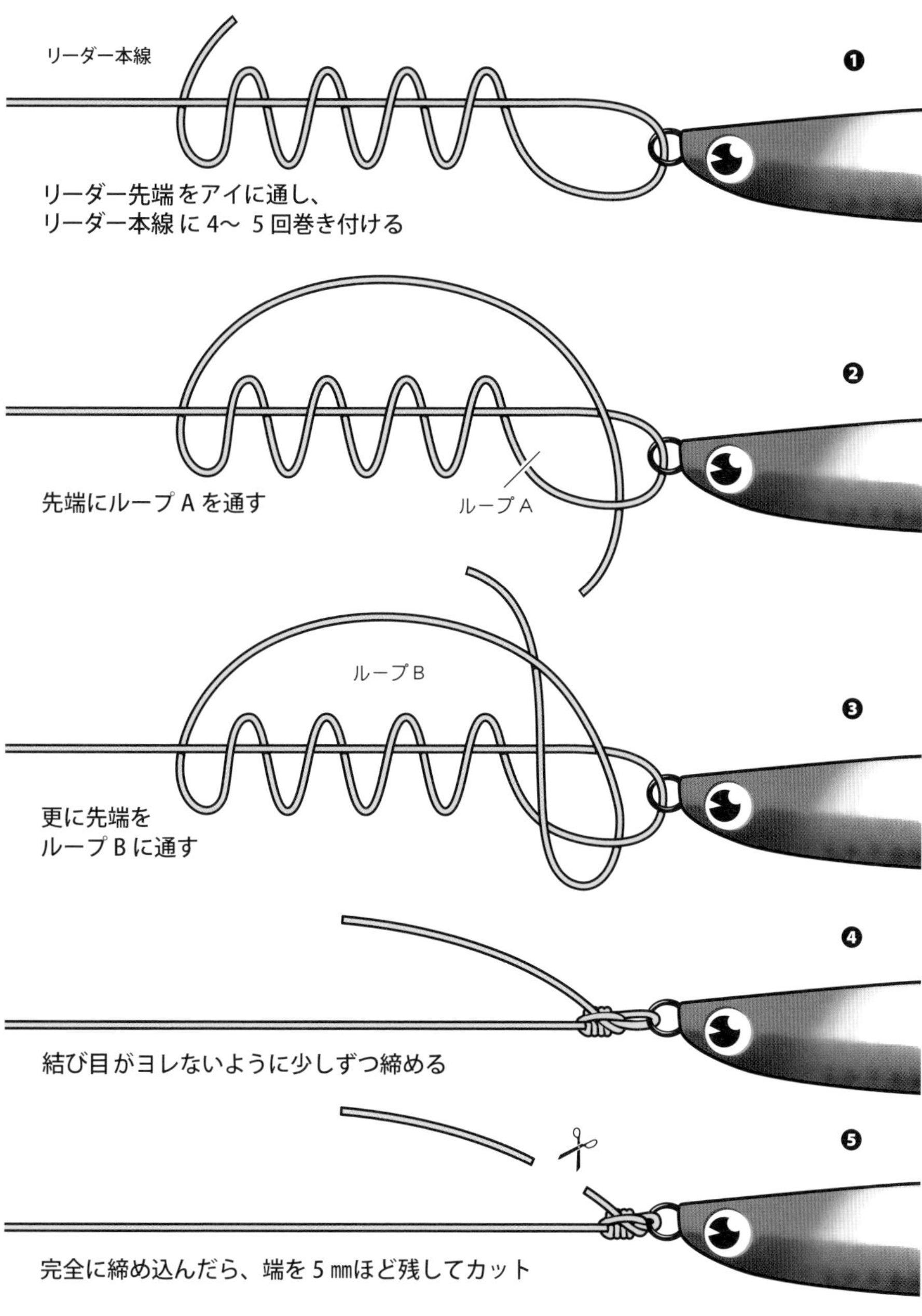
リーダー本線
❶
リーダー先端をアイに通し、
リーダー本線に4～ 5回巻き付ける
❷
先端にループAを通す
ループA
ループB
❸
更に先端を
ループBに通す
❹
結び目がヨレないように少しずつ締める
❺
完全に締め込んだら、端を5㎜ほど残してカット

ヌルヌルした体で暴れまわるアジを安全に取り押さえるには、フィッシュグリップと呼ばれる専用器具がほしくなる。

12

各種装備と周辺グッズをそろえよう

アジングにかぎらず、タックルとルアーだけでは、楽しく効率的な釣りはできない。大小のバッグやルアーケース、ライト、そして釣ったアジを拘束するためのグリップといった、各種装備とグッズも押さえておこう。

各種収納に安全確保アジングに欠かせぬ名脇役

まずは収納先を決めよう

アジングは、ジグヘッドやワーム、予備のリーダーといった細かい道具を多く持ち歩くことが多い。これらを収納するケースと、そのケースを収納して持ち歩くための、なんらかの手段が必須となる。

このケースを入れるものとしては、バッグとベスト、そしてタックルボックスの3つが挙げられる。まずは、各種グッズを持ち歩くための「収納先」を選ぶところからスタートだ。最も手軽なバッグ、バッグより多く、そして大きなものも持ち運べるベスト、片手がふさがるかわりに大きな収納力を持つタックルボックスと、このあたりは自分の釣行スタイルで決めてもらっていいだろう。

お手軽なスタイルならバッグ

ケースの大きさに合わせて選ぼう

プラケース3、4個に収まる量の荷物なら、ショルダーバッグに入れて持ち運ぶのが一番手軽だ。ショルダーバッグに入る程度の荷物でも十分楽しめるのが、アジングが人気である理由のひとつともいえる。

バッグを選ぶ際は、持ち歩く予定のケースがスムーズに収納できるかどうか、サイズの確認を忘れずにしておこう。ケースのサイズぎりぎりより少し余裕を持たせておくと、出し入れがよりスムーズになる。

ショルダーバッグ（THIRTY FOUR）。同社製のワームケースである「FREELYスリムケース」にジャストフィットするサイズ。

第1章

小分け収納の例

プラケースを使いこなそう

まずプラケースは、本文中でも触れたように、ワームの可塑剤が触れても溶けない材質のものを選ぼう。「ワーム用」「ワームプルーフ」と銘打たれたものであれば安心だ。

またジグヘッドも、なるべく専用のケースに入れて持ち歩きたい。こちらはむき出しのハリという、ワームとはまた別の注意を要するものを持ち歩くことになるからだ。ウレタンの仕切りで、ジグヘッド1個1個をしっかり押さえてくれるようなものが理想だ。

FREELYスリムケース（THIRTY FOUR）。薄型で大容量なタイプは重宝する。

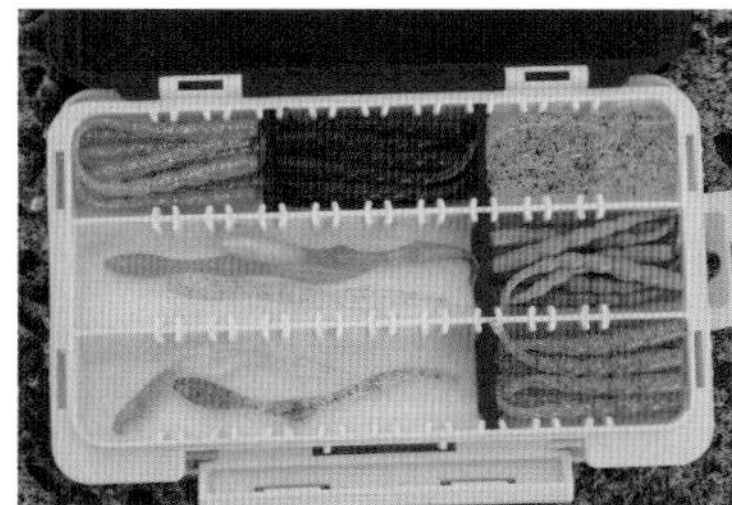
サイズ別、タイプ別、カラー別と、内部を自由に仕切って収納できる。

バッグに荷物が入り切らないようなら、ベストの出番だ。複数のバッグを連ねたような形で、収納力が格段にアップする。

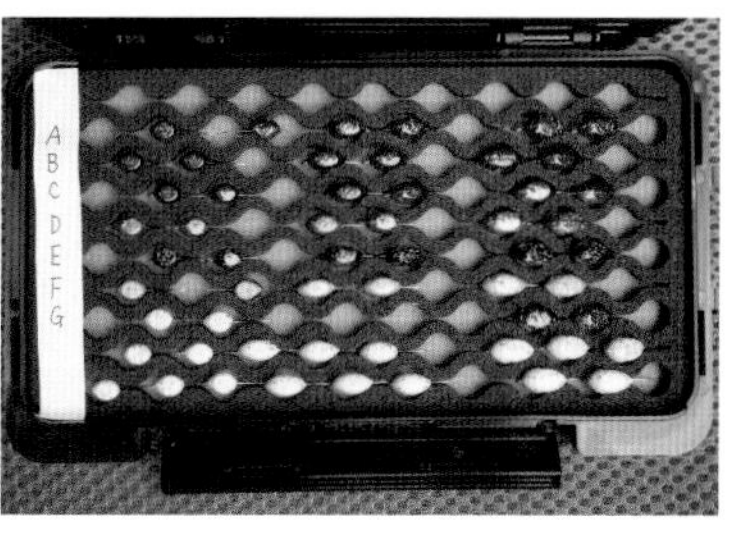

FREELYスリムジグヘッドケース（THIRTY FOUR)。パッケージから出したジグヘッドは、このようにウレタンで押さえてくれる専用ケースで持ち歩きたい。

ワームの取り扱いに注意

持ち運ぶための手段が決まったら、次はその中身をそろえる番だ。ジグヘッドやワーム、メタルジグを細かく分けて収納するプラケースや、夜でも手元を照らして仕掛けのセットができるようになる各種ライト、そして釣れたアジの動きを止め、ハリを安全に外すためのフィッシュグリップといった各種装備も、アジングにおいては欠かせない。

ここで一番注意したいのは、ワームの取り扱いだ。ワームの素材は、可塑剤と呼ばれる添加物を多く加えて柔らかくしたプラスチックの一種だが、この可塑剤がほかのプラスチック製品についてしまうと、その製品が溶けてしまうことがあるのだ。パッケージから出したワームを収納する際は「ワーム用」と明記されたケースを使おう。

アジのようにあまり大きくなく、また体がヌルヌルしてすべりやすい魚をつかむためには、細かい歯のついた「フィッシュグリップ」と呼ばれる道具があると便利。

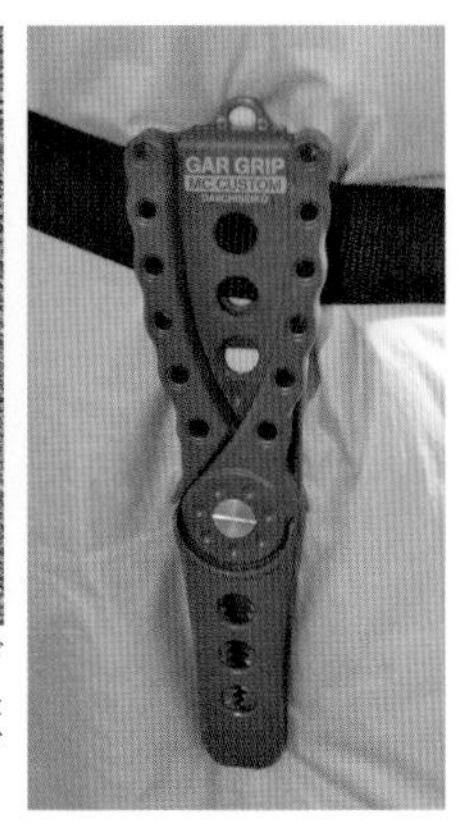

収納力は段違い、しかもケースだけでなくロッドなど長いものも持ち歩けるのが、タックルボックス。バッグやベストと違い、持ち運びのためには片手を常に使う必要がある点にだけは注意したい。

夜の釣りには欠かせないのが携帯用ライト。コンパクトなサイズながら、強い光を安定して発することができるLEDライトがオススメ。

手元を照らしたいだけのときのように、あまり強くない光で済む場合に備え、メインとサブ、複数のライトを備えた製品も多い。

舗装された安全な足場で釣ることが多いアジングなら、このように現場にタックルボックスを置いて、その場で仕掛けのセットをすることも可能だ。

楽しく安全な釣りのために

アジングに限らず、釣った魚の口にはハリが刺さっている。暴れる魚の口があらぬ方向に向いて、釣り人の手に刺さってしまうというのは、よくある事故だ。

これを避けるためには、釣った魚の動きを封じる必要がある。アジングで多用されるのは、フィッシュグリップと呼ばれる、トングのような道具だ。これでアジの体をがっちりとつかんだうえでハリを外し、そのままクーラーへ収納、これでアジングは完結する。

また、夜に釣ることも多いアジングでは、手元を明るく照らすためのライトも必需品だ。手元だけでなく、行き帰りの足元も照らし、安全を確保する役割もある。楽しく安全な釣りのためにも、こういった周辺グッズも充実させておきたい。

アジング簡単マニュアル

ルアー編

アジを誘って食わせに持ち込む アジングの主役はこんなルアー

仕掛けの準備が終わったら、次はルアーをそろえよう。アジングで使うルアーの種類や大きさ、それぞれの特徴を、ここではご紹介する。遠くまで飛び、そして確実に泳いでアジを誘うルアーを選べば、あとは実際に釣るだけだ。

CONTENTS

01　ワームを選ぶときのポイントは？
02　目的に合わせてジグヘッドを使い分けよう
03　ハードルアーの爽快感を体験しよう

夜のように光量が少ない条件の下では、クリアカラーのワームがよく釣れる。

01 ワームを選ぶときのポイントは？

アジングで使うワームは実に多彩で、どれを選んでいいのか迷ってしまう。だが、サイズ・形・カラーとポイントを押さえていけば、もう大丈夫だ。3つのポイントのどこに注目すべきか、ここで解説していこう。

アジング用定番となるサイズ、形、カラーとは⁉

「サイズ2インチ前後」で大丈夫⁉

アジングに使うワームを選ぶ際、必ず押さえておくべきポイントは、まずサイズだ。長さは2インチを基準とし、それより短い0・5インチ前後、長い3インチ前後の間に収まるものであれば、レギュラーサイズ～やや大型まで広く対応する。「アジ・メバル用」と銘打って販売されているものであれば、大半がこの範囲内に収まる。

また形やカラーも、迷ったら「アジ・メバル用」と書いてあるもののなかから選べば問題ない。形にしろカラーにしろ、どれもメーカーが厳選して市場に送り出しているものなので、あとは好みで選んでも間違いはないだろう。

ジグヘッド単体の大きさ

2インチワーム＋
1gジグヘッドの合計サイズ

2インチ前後のワームと1g前後のジグヘッドという、ジグヘッド単体で狙う際の標準的な組み合わせになったルアーと、大人の手のひらを比較したものがこちら。手のひらどころか、指先に乗るほどの大きさであることがおわかりいただけるだろう。このくらいの大きさのものを大量に持ち歩くことになるので、54ページでご紹介したようなプラケースを使い、小分けにして収納する必要がある点には注意したい。

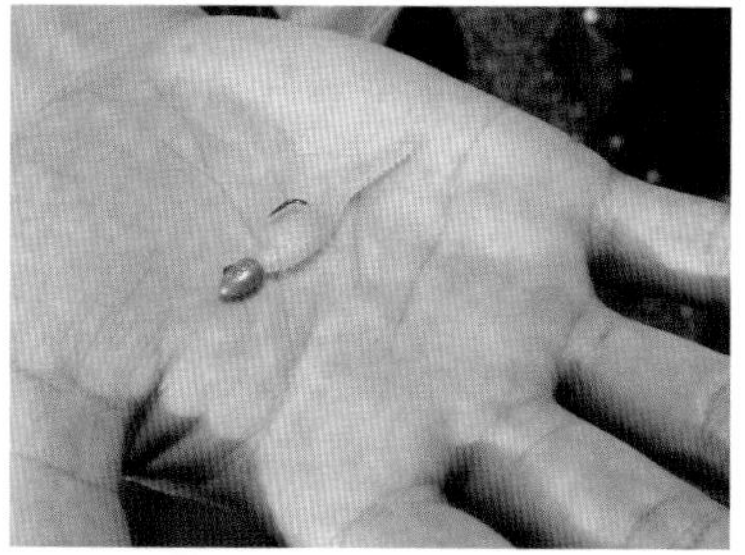

この大きさのものを10本前後、場合によっては数十本持ち歩く。収納するためのケースは必須だ。

アジング用ワームのサイズ

1インチって何センチ？

アジングに限らずワームの長さは、ヤード・ポンド法の単位であるインチで表されることが多い。これは日本のルアーフィッシングが、かつてアメリカの強い影響を受けていた時代の名残である。1インチは約2.5㎝、つまり2インチであれば約5㎝であるが、このインチと㎝の換算は、特に覚える必要はない。液晶モニターの画面サイズ、クルマや自転車のホイール径など、インチで表記されていてもすぐわかる大きさというものがある。ワームもそれと同じだ。

スーパージャコ（アクアウェーブ）。上が2.4インチ、下が1.6インチ。

サイズ違いのスーパージャコを、同じ1gのジグヘッドにセットした例。

アジング用ワームの形

折れ曲がる部分が必須

アジは獲物を後ろから追いかけ、吸い込むようにして捕食する。このためワームをアジの口に入れるには、柔軟な材質を使い、自由に折れ曲がる形でなければならない。

前に比べて後ろが極端に細かったり、前が円筒形で後ろが薄く平たくなっていたり、折れ曲がってほしいところに「リブ」と呼ばれる節を設けたりと、さまざまな工夫が凝らされている。サイズ同様「アジング用」と銘打ってあるものであれば、まず安心だろう。

フラップイール（アクアウェーブ）。左が前、右が後ろになる。円筒形の前部に比べ、後部は薄く平たくなっている。

マッスルバグ（アクアウェーブ）。表面に設けられた「リブ」という節は、アジが好む波動を発生させつつ、後部を折れ曲がりやすくするためのもの。

アジング用ワームのカラー

ソリッド、クリア、クリアラメの３種

アジング用ワームのカラーは、不透明のソリッド、透明・半透明のクリア、透明のなかに細かい粒を散らしたクリアラメの、大きく3つに分けられる。

ソリッドや夜など光量が少ない状況、クリアは逆に日中の明るい時間帯でよく使われる。またクリアラメは、内部に散らした粒で、小さな生物の「群れ」を再現したカラーだ。アジがこういった微小な生物を好んで食っている場合に欠かせないカラーといえる。

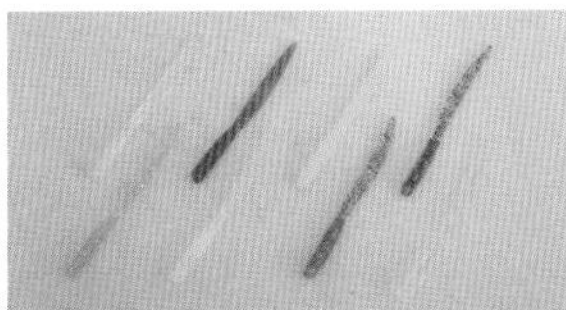

フラップイールのカラーバリエーション。ソリッド、クリア、クリアラメと、ひととおりそろっている。

フラップイールの透明ボディに散らされた青い粒に、アジが思わず食ってきた。

ジグヘッドはこのように、ハリの軸とワームがまっすぐになるようセットするのが基本だ。

02 目的に合わせてジグヘッドを使い分けよう

ワームを飛ばし、沈め、ときには泳がせる役割を一手に引き受けているのがジグヘッド。アジという実はやっかいな魚をハリがかりさせるために、さまざまなアジング専用ジグヘッドが生み出されてきた。

ジグヘッドのサイズは？

1gを基準に 0.2～5g前後の範囲

ジグヘッド単体でアジを狙う場合、扱いやすさと釣果のバランスが最もとれているのが1g前後ということは、先にも触れたとおりだ。1gを切る重量のジグヘッドは「コンマサイズ」「アンダー1」と呼ばれる。これを扱えるようになれば初心者卒業ともいわれる、ある種のステータスシンボルでもある。一方、3gや5gといった大型のジグヘッドは、遠いポイントや速い流れに負けず、大型のアジを狙うのが役目だ。

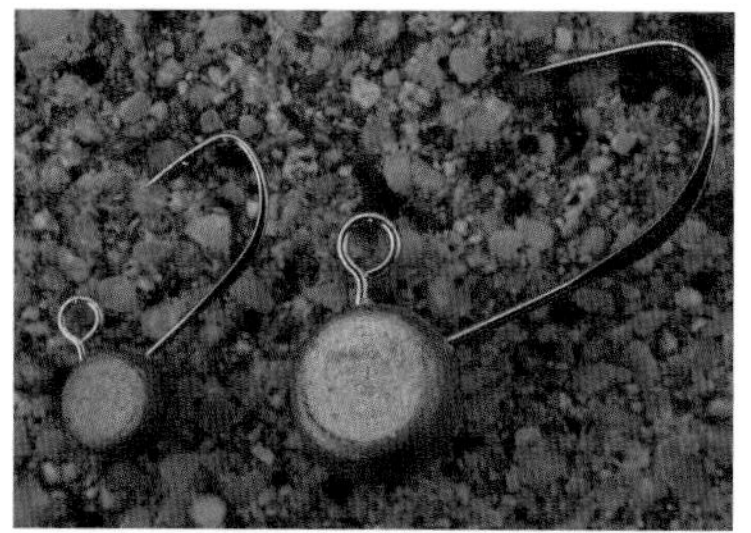

左がSサイズ、右がLサイズのスナイプヘッド（テトラワークス）。Lサイズは大型のアジを積極的に狙っていくときに多用する。

「食わせる」と「掛ける」で最適な形が違ってくる

アジング用ジグヘッドの特徴

ワームの項でも触れたとおり、アジは獲物を後ろから追いかけ、吸い込むようにして捕食する。このため使用するジグヘッドは、アジの口に吸い込まれやすく、吐き出されにくい特殊形状で、なおかつ刺さりやすい細い線型の「アジング専用」を謳ったものが適している。

このように、アジングの歴史が積み重なるにつれ、食いやすい形のワームとジグヘッドで「食わせる」釣りだけでなく、掛かりやすい形状のハリがついたジグヘッドを使い「掛ける」釣りを選択するアングラーも増えてきた。それぞれの釣り方で、ジグヘッドの最適な形も違ってくる点に注意しよう。

「食わせ」のジグヘッド

はじめてのアジングならこちらがオススメ

水流を素直に受け流す弾丸のようなオモリ部分（ヘッド）と、アジの口に入りやすい長いシャンク・狭めのゲイプという形状のジグヘッドは、どちらかというとメバルに適したタイプで、後ろからついばむようにルアーをくわえるターゲットに有効だ。だが、アジングで使っても十分応用が効くので、アジ以外にメバルやカサゴ、カマスなどもまとめて釣りたいというビギナーにとっては汎用性が高く、使い勝手のいいタイプと言えるだろう。

A.W.スイムヘッド（アクアウェーブ）。わずかに外を向いたハリ先は、アジの口内へより刺さりやすくするためのもの。

レベリングヘッド（issei海太郎）。砲弾型のヘッドでタダ巻きのワームを安定させ、狙った水深を水平に引いてこられる。

クレイジグレンジキープ（オーシャンルーラー）。斜めにカットされたヘッドは、わざと水流を受け、その抵抗で姿勢を安定させる役割を持つ。

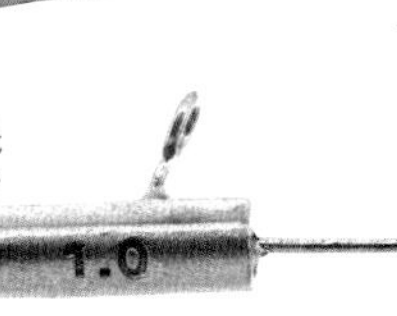

ショッティ（バークレイ）。スリムな弾丸状のヘッドで空気抵抗を減らし、遠投が可能。水中では流れを巧みに受けながし、ワームの泳ぎを演出する。

シラスヘッドファイン（エコギア）。鋭角なヘッドは直進性が高く、小魚の泳ぎを再現するのに適している。

「掛け」のジグヘッド

より多くの釣果を求めた「攻めの釣り」用

アジには、吸い込んだものがエサじゃないとわかるや否や、瞬時に吐き出してしまう性質がある。つまり、せっかくルアーが口に入っても、それに気づかなければ吐き出されてしまうのだ。そのときの微細なアタリを取って掛けていくのが、アジングの醍醐味である。この釣りに適しているのは、「食わせ」用とは正反対、短めのシャンクに広めのゲイプを持ったジグヘッドだ。

アジチョンヘッド（エコギア）。ワーム全体を刺すのではなく、頭部だけを引っ掛けるように刺す「チョン掛け」に適したジグヘッド。

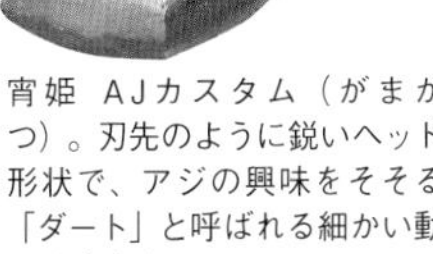

宵姫　AJカスタム（がまかつ）。刃先のように鋭いヘッド形状で、アジの興味をそそる「ダート」と呼ばれる細かい動きを演出する。

アジスタ！（ティクト）。最も小さいSSは「食わせ」仕様だが、少し大きなSとMは、広いゲイプの「掛け」仕様になっている。

月下美人アジングジグヘッドTG（ダイワ）。ヘッド全面に設けられたカップで、感度をアップさせ、また操作感も抜群。

スナイプヘッド（テトラワークス）。ヘッド、フックとも、左右から押しつぶされたような「ヒラ打ち加工」が施された、攻めの釣り用ジグヘッド。

5gのメタルジグ（写真左）と、1gのジグヘッド単体リグ（写真右）。ごらんのとおり、ほぼ同じ大きさである。

03 ハードルアーの爽快感を体験しよう

軟質プラスチックを使ったワームに対し、硬質のプラスチックや金属を素材に使ったメタルジグやプラグは「ハードルアー」と総称される。ワームの釣りをはるかに上回るスピード感と爽快感が、ハードルアーの釣りにある。

ジグパラマイクロスリム（メジャークラフト）。1.5gから15gと、小型のラインナップが豊富にそろったメタルジグ。

魚子バイブ（ルーディーズ）。平たく凹凸のあるボディで水流を受けてバイブレーション、つまり振動を発生させてアジを誘う。

ソルティステージ ウオペン（アブ・ガルシア）。小魚の動きを出すことを得意とする、シンキングペンシルと呼ばれるカテゴリーのプラグ。

小魚を模したルアーを速いテンポで投げて巻く

1〜5g前後がメイン

中空の硬質プラスチックにオモリとフック、そしてリーダーを接続するためのアイがセットされたルアーを「プラグ」と呼ぶ。

また、金属製の細長いボディにフックをつけたメタルジグ、同じく金属製の平たいボディを持つメタルバイブといったルアーは、プラグよりさらに速いスピードで泳ぐことができるため、活性の上がった元気なアジをテンポよく釣っていくのに最適だ。

いずれのハードルアーも、1〜5g前後の重量のものがメインとなる。このサイズであれば、アジングのフロートリグ用タックルがそのまま流用できる。

第3章 アジング簡単マニュアル

実践編

ルアーを投げて誘ってかけて食わせて取り込むまでの一連の動き

釣り場のどこに立って、どの方向にルアーを投げ、どう動かせばアジは釣れるか？　釣れたアジをうまく取り込み、次の1尾を釣るためにはどうするか？　釣行計画から実際の釣り、そして最後に帰るまでの動き方を解説しよう。

CONTENTS

01　シーズンと潮時で釣行計画を立てよう
02　アジが釣れる時間帯を知ろう
03　アジが釣れるポイントを絞り込もう
04　ルアーを投げてアジを実際に釣ろう
05　釣ったアジを的確に処理しよう
06　各種装備と安全対策を整えよう

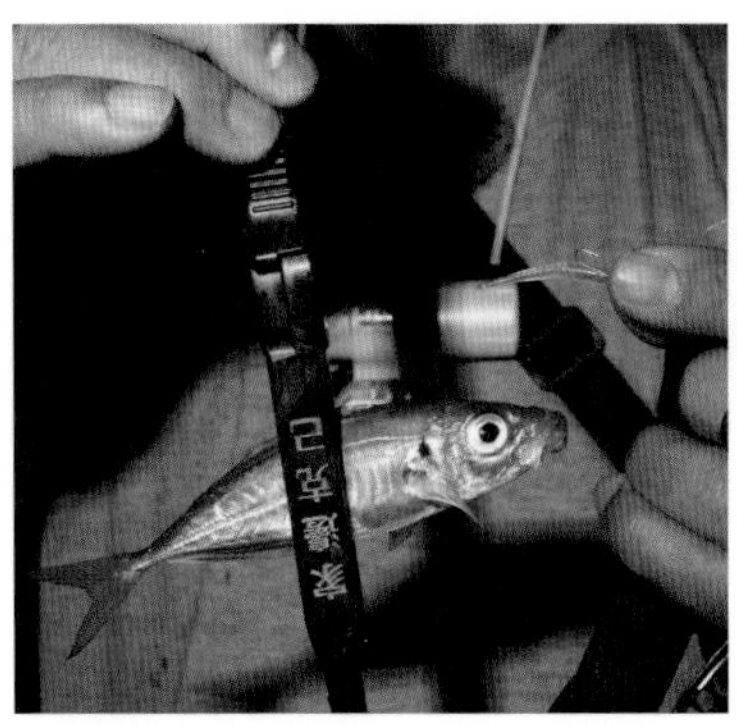
残暑が厳しい晩夏～初秋は、豆アジの数釣りを楽しむのに最適。

01 シーズンと潮時で釣行計画を立てよう

アジングに限らず、釣りは自然が相手だけに、天気や気温、水温といった不確定要素は多い。だがおおまかなシーズン、そして潮が満ち引きする時間や潮位の差といった要素は、未来のものも予測可能だ。これで計画を立てよう。

潮時ってなに？

潮位の変化を総称して潮時と呼ぶ

海には「潮」「潮汐」と呼ばれる水位の変化が生じる。これは海面が月の引力によって引かれることにより発生する。潮位が限界まで高くなった状態を「満潮」反対に低くなった状態を「干潮」と呼ぶ。この潮の動きをまとめて「潮時」と呼ぶが、この潮時は天気と違い、未来まで完全に予測可能だ。釣り場における、数少ない確定要素といえるだろう。よく行く釣り場で、どの潮時でアジが釣れるかも、事前に調べておこう。

波が静かなのに、消波ブロック帯の下半分が濡れている。これは少し前まで満潮で潮位が上がっていたのが、干潮に向かって潮位が下がったからだ。

まずはよく行く場所でのアジの産卵期を調べよう

アジの年間スケジュール

アジは地方によって異なるが、おおむね1～7月の間に産卵期を迎える。この産卵のために接岸する時期は、どの地方でも大型が狙える。そしてそこで産まれた小アジは、夏から秋にかけて豆アジとなるため、これの数釣りが楽しめるようになる。さらにその豆アジが育つ晩秋から初冬には、レギュラーサイズの釣りが楽しめる。これがアジングにおける、一年間のおおまかなスケジュールとなる。

サイズより数を優先したいなら、晩夏から初冬まで。そこそこのサイズと数、どちらも欲張りたいのであれば秋から初冬が、それぞれチャンスとなる時期といえよう。

サイズアップを目指すなら、防寒着がほしくなる晩秋～初冬からが狙い目。西日本であれば、年明けに最大のチャンスを迎える。

アジングご当地事情

定番の西日本、可能性の関東・九州

アジは東北から九州まで、日本各地の広い地域で釣れるが、そのなかでも早くからアジングのポイントや釣り方が開拓されていた瀬戸内海～四国西部、大阪湾～紀伊半島といった西日本での人気は群を抜いている。その一方で、比較的あとからアジングが人気となった九州や山陰、関東といった地方には、数・サイズともまだまだ可能性が残されている。特に東京湾や伊勢湾、博多湾といった都市部のアジングには要注目だ。

アジング人気に火がついたのは比較的遅い東京湾だが、元々船でのアジ釣りが盛んな地域だけに、魚影の濃さは保証されている。

40cmクラスの「でかアジ」を狙うなら、長崎県壱岐などの離島に出向きたい。

地方によって違う産卵期

少し難しいのは、産卵期の大型狙いだ。大型を釣るのが難しいという技術的なもののほか、いつ産卵期になるのかは地方によって違うため、自分がよく行く釣り場の産卵期を前もって調べておく必要があるのだ。

アジは厳寒期以外ならおおむね釣れる魚だが、地域によって釣れるシーズンには大きな違いがある。例えば涼しい東北地方は、夏場に大型が釣れる一方で、厳寒期はシーズンオフになる。対して暖かい九州北部や愛媛県南部の宇和海などでは、厳寒期である12月から翌年3月に数・サイズとも最盛期を迎えるといった具合だ。これはアジの産卵期が、東日本では4～7月、西日本では1～5月と、地方によって違うのが理由である。

夜にアジングの釣果が多くなるのは、夜のほうがルアーの届く範囲にアジが寄ってきやすいからだ。

02 アジが釣れる時間帯を知ろう

アジは本来昼行性、つまり昼間活発に動く魚であるが、アジングによる釣果はなぜか夜のほうが圧倒的に多い。アジの一日のスケジュールと、なぜルアーの届く岸近くに寄ってくるのかを知れば、この謎もあっという間に解明だ。

「マヅメ」ってなに？

昼夜の境目にあたる時間帯のこと

日の出から早朝、夕方から日没といった昼と夜の境目にあたる時間帯を「マヅメ」と呼ぶ。「朝マヅメ」「夕マヅメ」と、それぞれ分けて呼ばれることもある。このマヅメは、魚の行動パターンが昼と夜で入れ替わるタイミングにあたるため、多くの魚が活発に動くようになる。アジもまた例外ではなく、活発に動くことは動くのだが、それ以上にシーバスなどの肉食魚が活発な場合は、釣り場を変えるなどの対処が必要となる。

タマヅメはアジもよく動く時間帯だが、それ以上にほかの魚が先に釣れてしまったり、狙ったアジが食われてしまうことも多いので注意が必要だ。

アジを釣るには群れの足を止める必要がある

アジングが夜メインになる理由

アジは、昼間活発に動く魚だ。よってアジを釣るのであれば、昼間のほうが都合がいいはずである。現に船のアジ釣りや堤防のサビキ釣りなど、エサやコマセを使う釣りでは、昼間の釣りは定番とされる。

一方でルアーを使うアジングでは、釣果が多くなるのは夜だ。これはエサ釣りと違い、アジの群れを足止めできる要素が、外灯などの明かりしかないからだ。

エサ釣りでは、群れをコマセで足止めするなどして、釣れる条件を昼間でも作り出すことができる。そういった手段が使えないアジングでは、夜の暗さと明かりで、アジの群れが寄ってくるのを待つしかない。

「明かりが効いた」堤防で釣れたアジ。

夜の釣りにはそれなりの準備が必要だが、ポイントは絞り込みやすいし、ポイントの条件となる明かりのおかげで、思った以上に釣りやすい。このあたりもアジング人気の秘密といえよう。

日没直後はまだ早い!?

暗ければ暗いほど明かりが効く

日が落ちて周囲が完全に暗闇となり、その暗闇にうっすらと灯った明かりにプランクトンが集まりってアジが釣れるようになった状態は「明かりが効く」と表現されることがある。釣り場ガイドやレポートで「明かりが効くまで待とう」といった文があったら、それはつまり日没直後よりさらに後、完全に暗くなるまで待とう、という意味だ。日没直後では、明かりはほとんど効いていない。暗くなって、しばらくたってからがチャンスだ。

周囲が暗ければ暗いほど、外灯の明かりは遠くまで見えるようになり、また照らされた周辺にできる明暗の差も大きくなる。この明暗の差はアジの隠れ場所も作りだし、それが釣果へとつながる。

夜ならポイントもすぐわかる

逆に考えれば、夜にルアーでアジを釣るなら、明かりを目安にすれば、ポイントを絞りこみやすい。アジは季節やサイズを問わず、明かりに集まるプランクトンをよく食べる。プランクトンは、夜の暗さに浮かび上がる明かりを目当てに集まってくるので、アジも当然そこに集まってくる。この集まってきたアジを、ルアーを使って狙うのだ。

もちろん昼間でも、潮の流れやエサといった条件がそろい、アジの群れがルアーの届く範囲内で足を止めてくれれば、ルアーでも釣れる。ただし、群れがとどまる条件の見極めが難しかったり、ルアーが届くような立ち位置へ向かうのに手間がかかったり、夜以上に飛距離を要求されたりと、難易度が少し上がる点に注意したい。

03 アジが釣れるポイントを絞り込もう

夜の闇にポツンと灯る外灯、そして足元の消波ブロック。さまざまな条件が重なった、理想的なアジングポイントだ。

釣行日、そして時間が決まったら、いよいよ現地で釣る番だ。アジがよく釣れるポイントを事前に知っておけば、現場に到着しても迷うことなく行き先を絞り込み、すぐ釣りが始められることだろう。

岩礁帯はなぜ釣れない!?

アジがほかの魚に押し負けるから

ゴロゴロとした大きな岩が敷き詰められたような岩礁帯は、アジを釣るにはあまり向いていない。隠れ場所となる岩陰や海藻帯も豊富で、プランクトンなどのエサもたくさんいるが、それ以上にアジのライバル、ときには天敵ともなるようなほかの魚がひしめき合っているため、アジは押し負けて追い出されてしまうからだ。メバルやシーバス、アオリイカなどを狙うなら最適だが、アジを釣りたいのなら、ほかのポイントをあたったほうがいいだろう。

メバルやカサゴなどの根魚を釣るうえでは、アジングにおける明かりと同じくらい必須となる岩礁帯だが、アジだけを狙って釣るのには向いていない。

砂の海底と明暗の境がアジの居場所を作り出す

まずは海底の材質に注目

アジは、砂や砂泥でできた比較的平らな海底に、捨て石や海藻帯、堤防の基礎部分といった障害物がところどころにある場所を好む。逆に岩礁帯が続くところでは、あまり見られない。明るいうちであれば、ある程度海底の地形も把握できるため、なるべくこの段階で大まかなポイントを絞り込んでおきたい。

大まかにポイントを絞り込んだら、次は外灯の有無をチェックしよう。外灯の大きさや明るさは問わない。重要なのは、完全に暗くなったあと、その外灯が暗闇のなかに浮かび上がっているかどうかだ。周囲が暗ければ、弱く小さな明かりでもアジを寄せることができるからだ。

明かりが作り出すこんなポイント

明暗の境ができれば昼間でも!?

昼夜問わず、アジは暗い場所に身を隠し、明るい場所をフラフラと漂うエサを食べている。こういった場所を作り出すのが夜の闇と明かりというのは本文中でも述べたが、停泊している船や堤防の壁、建物などで日光がさえぎられ、アジが身を隠すのに十分な暗がりができれば、そこに隠れたアジが昼間でもルアーを食ってくる可能性がある。下見ついでに、ルアーを投げてみて様子を探ってみるのをオススメする。

夜の闇と外灯の明かり、照らされた水面と足元にできた暗がり。これが夜のポイントの基本形となる。

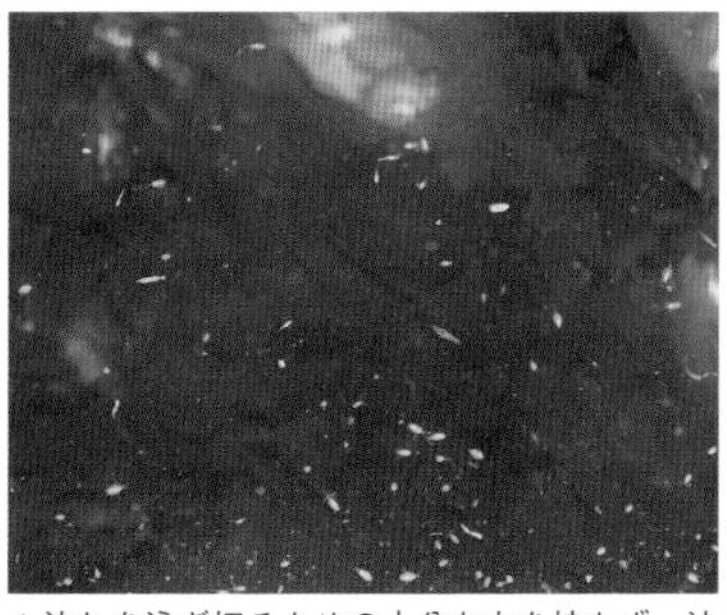
▲流れを泳ぎ切るための十分な力を持たず、波や潮流で流されて水中を漂う生物を総称してプランクトンと呼ぶ。これは小さな甲殻類の一種。

足元の堤防と停泊する船、そして上から降り注ぐ日光で、思わぬ場所に明暗の境ができることがある。アジが暗がりに身を潜めてエサを食べるのは、夜だけでなく昼も同様だ。

明暗の境をアジは好む

暗闇のなかでポツンと光る明かりは、アジが好むプランクトンを寄せるほか、アジが身を潜めつつエサを食べるために必要な、明暗の境を作り出す。

アジはプランクトンや小魚、甲殻類といった小さな生物を食べる捕食者であるいっぽう、シーバスや青物、タチウオやアオリイカといった大型の肉食魚からは食べられる立場にある。アジが岸際に寄ってくる夜は、こういった捕食者にとっても、アジを食べる絶好のチャンスとなる。

よってアジがエサを食うときには、自分の身を隠してエサに忍び寄り、身の危険を感じたらすぐに逃げ込めるような、明暗の境が欠かせない。アジにとって、攻撃と防御の両方の役に立つ実に都合のいい存在、それが明暗の境なのだ。

ほかにもある注目ポイント

明かり以外もいろいろ狙ってみよう

漁港や堤防などのポイントに着いたら、まずは本命となる外灯の位置をチェック、暗くなったらそこを探る段取りを整えたのち、ほかのポイント候補もいろいろ当たってみよう。本文中で触れたスロープのほか、消波ブロックが積まれている場所にも注目だ。これはつまり、この場所に強く潮の流れが当たるということだ。沖から流されてきたエサが、まず最初にぶつかる岸際のポイントといえる。また河口や砂浜も、余裕があったら探ってみよう。

船を上げ下ろしするためのスロープ。写真中央、コンクリートが切れて底が見えなくなったあたりから急激に深くなっている。

▲消波ブロックが一部に固めて積まれている場所は、そこだけ強い流れが当たるピンポイントとなっていることが多い。

砂浜から突き出た堤防も有望なポイントだ。アジが好む砂の海底と、アングラーにとって釣りやすいコンクリートの足場という組み合わせは、狙いやすく釣果も堅い。

ポイント＋条件でさらなる釣果

アジにとって実に居心地のいい外灯の明かり周辺だが、どの明かりでも同じように釣れるわけではない。明かりに加え、アジがより釣れやすい条件が重なって、はじめて有望なポイントは作り上げられる。

たとえば、同じ場所・同じ時間帯でも、新月の夜と満月の夜とでは、明かりと暗闇のコントラストが違ってくる。より明かりの存在が映える新月のほうが、アジが釣れることが多い。

また、岬の先端で潮通しがよかったり、港の奥まで潮でエサが流されてきたりと、潮流が好条件を作り出すこともよくある。明かりの有無のほか、こういった好条件も重なるようなポイントを選びたい。昼間、明るいうちに釣り場に入り、なるべく多くの情報を目で見て集めよう。

注目すべき条件は!?

光量と潮の流れの変化に注目

どんなポイントでも、アジが釣れる条件が伴わないと、本来釣れるはずのアジが釣れないというのはよくある話だ。この条件だが、目で見てすぐわかるものとして、周囲の光量と潮の流れの変化が挙げられる。本文中でも触れた新月・満月といった月の満ち欠けのほか、停泊する船の数や大きさによって、同じポイントでも光量が違う場合もある。通い慣れた釣り場で、いつもと違う光景を見たら、それはチャンスとピンチ、どちらにもなり得るのだ。

明るすぎる月はアジングには好条件とはいえないが、月が出入りする時間帯に急に釣れはじめることもある。

▲いつもは真っ暗になる漁港に、この日は大きな漁船が停泊し、水面を強く照らしていた。これはチャンスの可能性。

▼静かな水面の一部が、ザワザワと波立ったり渦を巻いているようなら、そこには潮流の変化が生じている。これはアジに限らず、昼間に釣れる魚を狙う一大チャンスといえる。

まだまだあるアジのポイント

漁港や堤防といった定番ポイントでひととおりアジを釣ることができたら、次はもっと別のポイントに挑戦してみよう。

まずは漁港内にある、船を上げ下ろしするためのスロープだ。ここは水面に向かってゆるやかな坂になっているが、その先は船が引っかからずに水に浮くよう、急激に深くなっている。このゆるやかな坂と深みの境目に、アジがよく隠れている。

また、同じような条件が自然に作り出された、ゴロタ浜や小磯といった地形もオススメだ。手前は浅く明るいが、沖は深くて真っ暗になっているような場所では、やはり明暗の境にアジがよく着く。

プランクトンと明暗の境がそろう場所は、ほかにもある。あれこれ自分で開拓してみるのもおもしろい。

04

ルアーを投げてアジを実際に釣ろう

アジのいる深さにルアーを沈め、きっちりと手順を踏んで誘うことで、昼間から釣果を挙げることも可能になる。

しかるべきタイミングでポイントに立ったら、あとはルアーを投げてアジを釣る番だ。だが、アジングでよく使われる軽量ジグヘッドを投げるには、少々コツがいる。これをマスターすれば、第一関門は通過。あとはアジからのアタリを待つのみだ。

ロッドをしならせその反発力で投げるのが基本

「弾き飛ばす」感覚で

アジングの基本となる1g前後のジグヘッドを遠くへ飛ばすためには、ロッドの反発力をうまく利用する必要がある。投げる際、ロッドを十分にしならせ、そのしなったロッドが元に戻ろうとする際に発生する反発力で飛ばすのだ。

そのためには、キャストの際にロッドを軽く後ろに向けて振りかぶり、素早くしならせる必要がある。この際、野球のボールを投げるときのように、自分の腕や肩を大きく動かしてはいけない。腕の振りは、ロッドをしならせるために最低限の範囲内にしておかないと、ロッドの反発力を十分引き出すことができないからだ。

One Point Advice ❶

ルアーを見失わないよう注意

写真上はロッドをしならせ、キャストのための反発力をためている状態。そして下は、その反発力を一気に開放し、ルアーを投げ終えた状態だ。ロッドの角度やしなる方向は大きく違っている一方で、操作するアングラーの腕はほとんど動いていないのがおわかりだろう。なおこの際、小さなアジング用ルアーがどこに飛んでいったか、見失わないよう注意したい。もし見失ったら、放出されたラインを頼りに探しなおそう。

手首とヒジをわずかに動かすだけでロッドにルアーの重みが乗り、反発力が蓄積されはじめた状態。

反発力を開放し、飛んでいくルアーを目で追っている。この際、ルアーを見失わないよう注意。

One Point Advice 2

アジに自分を見られないよう注意

夜はアジも大胆になり、表層近くまで上がってくることも珍しくないが、この際にアングラー側が不用意な姿勢や立ち位置を取っていると、あっという間にアジにその存在を気取られてしまうので注意しよう。リトリーブ時は、足場の状況が許すかぎり、姿勢を低く構えるのが基本だ。また、キャスト位置の後方に余裕があれば、水面に自分の影が映らない位置まで下がり、そこでリトリーブする手もある。

姿勢をなるべく低くした状態で、ロッドをゆっくり立て、ルアーをスローで水平移動させるのが基本。

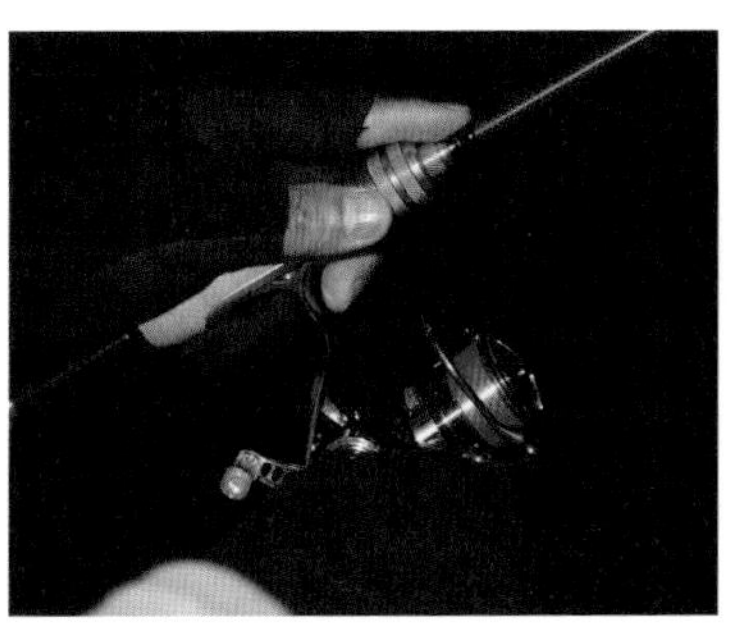
リールを巻く手は止めたまま、ロッドだけをゆっくり頭上に持ち上げる。これだけで、水中を漂うようにルアーが移動してくれる。

夜は、岸壁でできた影にアジが着いていることも多い。水際から少し下がってリトリーブすれば、こういった足元に着いたアジを釣ることもできる。

まずはカウントダウンから

アジを釣るには、まずルアーを沈める必要がある。この際、狙った深さまで正確にルアーを沈めるため、着水直後から数を数えていく方法がある。これをカウントダウンと呼ぶ。アジが表層を跳ねているとき以外は、どのタナ（深さ）にアジがいるか、探す必要がある。反応があったタナを記憶しておき、次のキャストで正確に探り直すためには、カウントダウンは欠かせない。

アジの反応があったタナまでルアーを沈めたら、次は回収（リトリーブ）だ。水中で流されるプランクトンをイメージし、ロッドをゆっくり持ち上げながら、ルアーを水平移動させよう。ルアーを動かすのはあくまでロッドで、リールを巻くのはあまったイトを巻き取るためといった具合に、役割を分けるといいだろう。

One Point Advice ③

ドリフトが有効なパターン

ルアーに対して積極的な操作を入れるのではなく、あくまで潮に流してアジの口元まで送り届けるドリフトは、アジがプランクトンを好んで食べているときに有効だ。「アミ」と呼ばれる1mm前後の小型甲殻類がその代表だが、アジがこのアミだけを食い、ほかのエサには見向きもしないことがある。リトリーブするルアーに反応がなければ、ドリフトでアミの動きを再現してみよう。またワームも、アミの群れに似たクリアラメカラーがオススメだ。

リトリーブに反応がないため、これはアミが食われていると判断。ドリフトに切り替えたら、一発で食ってきた。

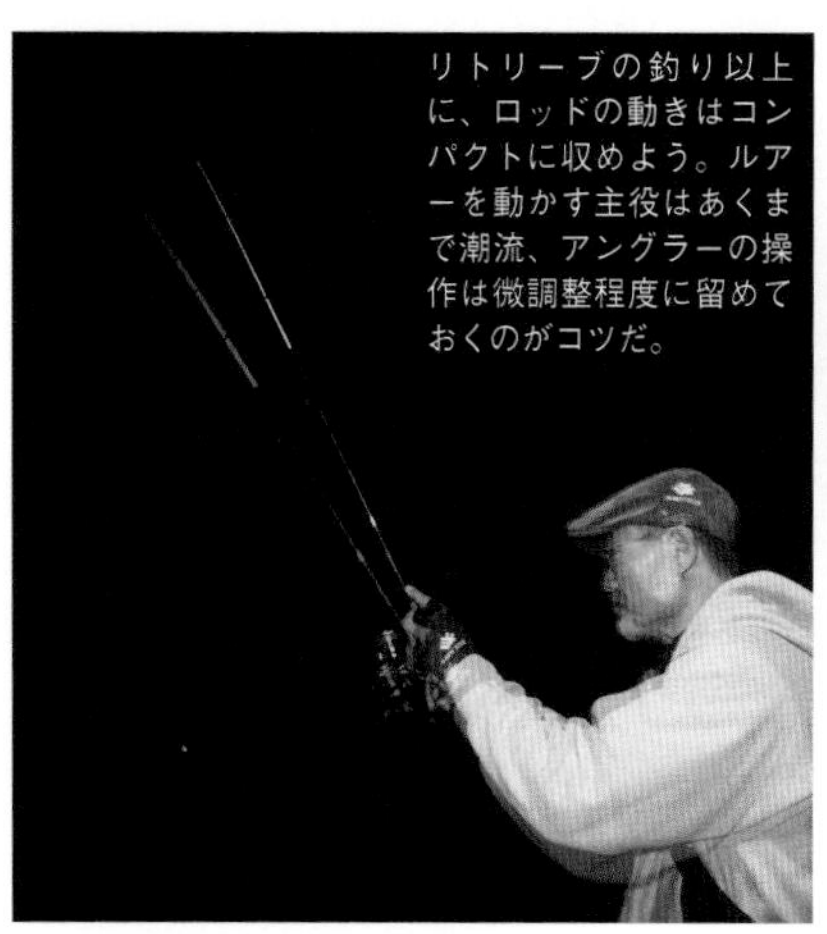

リトリーブの釣り以上に、ロッドの動きはコンパクトに収めよう。ルアーを動かす主役はあくまで潮流、アングラーの操作は微調整程度に留めておくのがコツだ。

ルアーを潮の上流へ着水させたら、ロッドをこのポジションに構え、徐々に上に持ち上げていこう。こうすることで、張らず緩まずという絶妙なラインの張りを維持できる。

ルアーを流してアジを誘う

カウントダウンで沈めたルアーを、まっすぐこちらに向けてリトリーブする以外にも、アジングには「ドリフト」と呼ばれるテクニックがある。これはズバリ、ルアーを水中でドリフト、つまり漂わせるというものだ。

アジは潮の上流に向けて体を構え、流れてくるエサを待っている。このように流れてくるエサを待つアジを狙うために、潮の上流に向けてルアーを投げ、流れに乗せて送り届けるのだ。この際、ルアーを動かすのはあくまで潮流のため、アングラー側の操作はほとんど不要だ。潮にうまくルアーを乗せたら、ラインがたるまないようロッドを立て気味に構え、あとはルアーが流れるままに任せておくといいだろう。

One Point Advice ④

エステルライン使用時の注意

　エステルラインは、その細さのわりに引っ張り強度はあるが、瞬間的な衝撃や別方向からの負荷にはあまり強くない。掛かったアジが引っ張るぶんには強度を発揮してくれるが、その張ったラインがコンクリートにこすれたり、不用意に触ったりしてしまうと、切れてしまうおそれがある。エステルラインを使っているときにアジが掛かったら、リールのドラグは緩めにセットしつつ、抜き上げたらラインではなくリーダーをつかもう。こうすることで、巻き上げのときにアジが暴れても、ロッドの弾力とドラグがそのショックを吸収し、ラインが切れるのを防いでくれる。

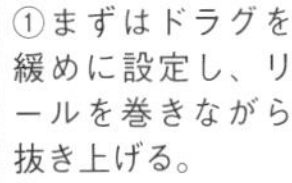

①まずはドラグを緩めに設定し、リールを巻きながら抜き上げる。

②抜き上げたアジを寄せたら……

③素早くリーダーをつかむ。これでアジの動きを一時的に止め、フィッシュグリップを手に取る余裕が生まれる。

アワセはコンパクトに

　アジがルアーを食ってきたときに、ラインを通して独特の感覚が伝わってくる。これがアタリだ。このアタリにはいろいろなパターンがあるが、典型的なのは「コンッ!」という鋭く小さな感覚が、一瞬だけ伝わってくるというものだ。これは、アジがルアーを食おうとして、後ろから素早く吸い込んだときに発生する。

　このようなアタリが出た場合、腕を使って大きくロッドをしならせてアワセを入れたのでは、とても間に合わない。鋭いアタリが伝わってきたら、腕ではなく手首だけを素早く動かし、軽くアワセを入れよう。こうすることで、アジがルアーを吐き出す前に、ジグヘッドのフックがアジの口中にがっちりと刺さってくれるはずだ。

これだけ釣れることもよくあるアジング。1尾1尾処理をしていてはとても間に合わないが、実はとっておきの方法があるのだ。

05 釣ったアジを的確に処理しよう

釣る楽しみのほか、釣果を持ち帰るのもまた、アジングにおいて欠かせないお楽しみだ。そのためには釣れたアジを手早く、そして的確に処理する必要がある。おいしくいただくためのポイントを、ここではご紹介したい。

ハリのはずし方

引っ掛けて押してはずす

アジは口が小さいため、シーバスやメバルのようにプライヤーを口に突っ込んでフックをつかんでからはずす、という手段は現実的ではない。というわけで「ハリはずし」という専用の器具を使うことになる。これは先がカギ状になった細い金属製の棒で、アジの口に突っ込んでハリに引っ掛けたのち、軽く押して外し、そのままハリごと引き抜くという手順でハリをはずすものだ。ジグヘッドであれば、オモリ部分に引っ掛けることで、さらに簡単にはずせるようになる。

イルカやん！ハリはずし（第一精工）。トリガー状になったヒレの部分を指で引くと、ハリはずしの本体が口の部分から飛び出てくる。

◀ハリはずしの先端をジグヘッドのヘッド部分に引っ掛け、軽く押してから引っこ抜くことで、簡単にハリをはずすことができる。

アジの動きを封じ込めついでに旨味も封じ込める

基本は「氷締め」

釣れたアジをおいしくいただくためには、釣ったあとなるべく早い段階で、アジの動きを封じ込める必要がある。最も準備が簡単で数もこなしやすいのが、氷締めと呼ばれる方法だ。クーラーに海水を張り、そこに市販のロックアイスなどを砕いて入れて作った海水の氷水へ、釣れたアジをそのまま漬けてしまうものだ。

手順はとても簡単。釣れたアジをフィッシュグリップでつかんでハリを外し、クーラーのフタを開けて中に入れたら、フタをまた閉めて完了だ。氷水に入れられたアジは体温が低下し、そのまま仮死状態に入って、しばらくすると絶命するので、そのまま持ち帰ればいい。

暴れるアジを取り押さえるには!?

フィッシュグリップは必需品

　アジの体はヌルヌルしていて、素手ではとてもまともにつかめない。またハリがついたままの状態で首を振って暴れられたら、つかむどころか素手を近づけることすら危険だ。このため、釣れたアジをつかむためには、フィッシュグリップと呼ばれる道具を使うことになる。これは台所で使うトングをもう少し頑丈にし、内部に魚をつかみやすい細かい歯を刻んだものだ。アジだけでなく、メバル・カサゴ・カマスと、30㎝前後までの魚であれば、なんにでも使える。

▶アジの釣果写真でこういうアングルが多いのは、こうしないとアジの動きを確実に止めることが難しいからだ。

オオサンショウウオやん!グリップ(第一精工)。台所用トングと違い、細長い体のアジもつかめるよう、手元近くまで細かい歯が刻んである。

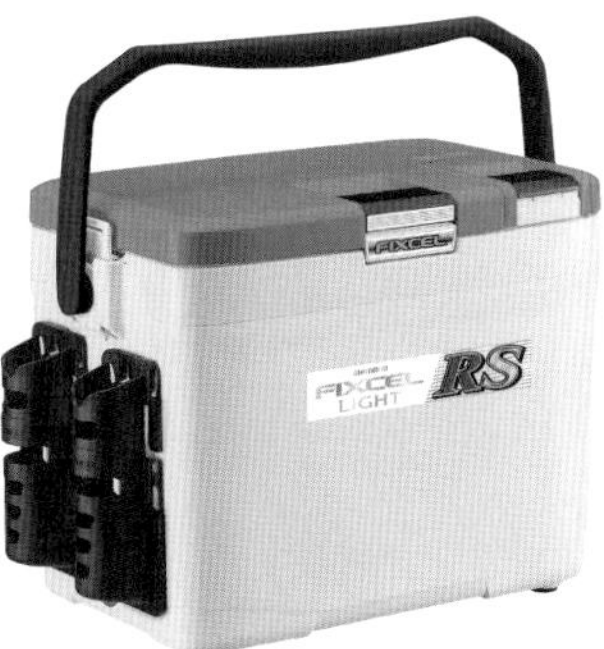

フィクセルライトRS120(シマノ)。12Lの容量と70時間の保冷時間をほこる高性能の本体には、アジングタックルを複数取り付けて持ち歩くことのできるロッドホルダーを標準装備。アジングの際の氷締めには最適なクーラーといえる。

海水の氷水を入れたクーラーに、釣れたアジをそのまま漬け込む「氷締め」。アジの体温を急激に低下させて動きを封じ込める、一番簡単な処理方法だ。

さらに進んだ締め方あれこれ

　クーラーに入らないような大型が釣れたら、エラをはさみなどで切ってから氷水に漬ける「活け締め」という方法を取ったほうがオススメだ。通常の氷締めより早く絶命させることができ、またエラから出血させることで、体内の血液を素早く抜いて臭みを取る「血抜き」も同時にできる。特に刺身でいただく場合、この血抜きをやっているかどうかで、食味がだいぶ違ってくる。

　また、アジの鼻の穴から特殊な器具を入れ、そのまま脊髄を破壊して絶命させる「神経締め」という方法もある。これはアジに一切苦痛を与えることなく絶命させ、旨味を逃さず封じ込めることができる締め方だが、専用の器具と慣れが必要ということで、本書では軽く触れる程度にとどめておく。

静かな水面は安全そのもののように思えるが、大人の足がつかないような水深が、そこには待っている。万が一落水したときに備え、上半身を水面から確実に出してくれる、なんらかの手段が必要だ。

06 各種装備と安全対策を整えよう

どんな静かな漁港や堤防であろうと、水際に立って釣りをする以上、必ず安全対策を整えておく必要がある。楽しい休日を台無しにしないためにも、装備や対策はきっちりと整えてから、釣りの現場に赴きたい。

腰についてる謎装備って!?

「膨張式」タイプの救命具

アジングの釣行レポートなどで、アングラーの腰にバッグとは違う、ベルト状のものが装着されているのを見たことはないだろうか。これは内部にガスボンベが仕込まれた「膨張式」と呼ばれるタイプの救命具だ。落水時に自動的に膨らみ、装着した人の腰から背中にかけてを支え、水面で仰向けになるよう浮かせてくれる。ウエストバッグと一緒に腰に巻いてもいいし、腰にこれだけ巻いて、荷物はタックルボックスで持ち歩いてもいい。

中央にある迷彩柄の部分が膨張式救命具。赤いスイッチを引っ張って手動で膨らませることもできる。

お手軽なアジングだが最低限の安全対策は忘れずに

救命具は必需品

アジングは、舗装された足場の漁港や堤防、静かな砂浜や岩場で釣ることがほとんどのため、危険な釣り場とは無縁に思えるかもしれないが、どんな安全に見えるような釣りでも、水際に立ってサオを出す以上、必ず救命具を身に着けておくようにしたい。

救命具といっても、そんなに大げさなものは不要だ。落水時に上半身を水面から出せるもの、または首から背中にかけて水面に寝そべるように浮かせてくれるものであれば、それでいい。ボンベに仕込まれたガスで膨らむ「膨張式」と呼ばれるタイプであれば、ベストやベルトと同じような感覚で着用できる。

こんな救命具もある

荷物の持ち運びもついでにやっちゃおう

膨張式救命具には、腰に巻くタイプのほか、肩に掛けるベスト状のもの、背中に背負うリュック状のものもある。こういったタイプは、収納用ベストの機能も兼ね備えている場合も多い。また膨張式とは別に、水に浮く素材が内部に仕込まれた「浮力材式」という救命具もある。こちらは膨張式に比べてややかさばるが、転倒時に上半身を守ってくれる防具の役割も果たす。アジングではあまり使われないが、磯で釣ることも多いエギングやライトジギングも一緒に楽しむ予定があれば、購入を検討してみてもいいだろう。

◀ショルダーバッグと一体化したタイプもある。ベルトの長さを調節することで、腰に巻くウエストバッグとしても使用可能。

内部に浮力材が仕込まれたタイプ。岩場で転落したり、波で壁に叩きつけらた際、上半身を守ってくれる役割も兼ねる。

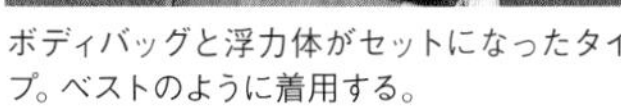

ボディバッグと浮力体がセットになったタイプ。ベストのように着用する。

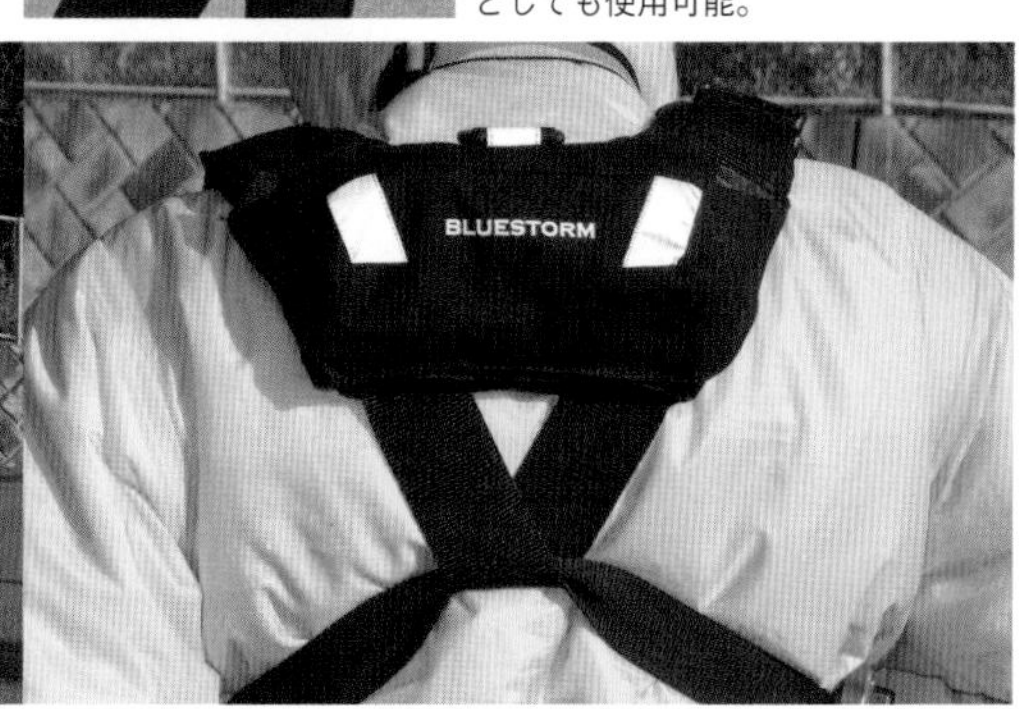

▲浮力体は両肩の間あたりにくる。首から肩にかけて支えることで、落水時は立って泳ぐような形で浮く。

暑さ寒さに備えよう

夏の豆アジ狙い、そして冬の大型狙いと、お手軽なイメージのあるアジングにおいても、暑さ寒さと戦いながらサオを出す機会は意外と多いものだ。自然のなかに出向く以上、直射日光や風雨、寒気といった厳しい条件に負けないための準備も、ある程度整えておきたい。

一番簡単なのは、今着ている服に、ちょっとした気遣いを加えることだ。夏であれば、顔以外の素肌を直射日光にさらさない。逆に冬であれば、服の間に入る寒風をシャットアウトする。これを心がけるだけで、暑さ寒さもかなり軽減されるので、ぜひ試してほしい。そのほか、撥水素材のジャケットやパーカーがあれば、春から初夏の雨、秋から冬のちょっとした寒さをまとめてやりすごすことができるので、持っていて損はない。

危ない魚たち

アジングで出くわす招かれざるゲスト

アジングで多用される２インチ前後のワームと１ｇ前後のジグヘッドという組み合わせは、実はほかの魚の大好物でもある。ここでご紹介するような危険な魚もよく釣れるし、また釣る気がなくともハリにスレがかりしたり、ほかの釣り人が捨てていった死体を見かけることもある。いずれの場合も素手では絶対触らず、フィッシュグリップやプライヤーを使って的確に処理しよう。

これもアジといっしょに釣れるカマス。鋭い歯がついた口には素手を近づけないように。

ポイントや時間帯などが近いため、アジといっしょに釣れることも多いメバル。トゲのついたヒレに要注意。

堤防でよく見られるゴンズイ。背ビレと胸ビレに毒針を持っている。死体にも毒が残っている。

底のほうに多いハオコゼ。背ビレにある毒のトゲに刺されると長時間痛む。

背ビレ、腹ビレ、尾ビレが危ないアイゴ。美味な魚だが、もし持ち帰って調理する際は、ハサミでヒレについたトゲを切り落としておこう。

危ない魚たちに注意

アジングを楽しむような漁港や堤防には、危険な魚が意外と多く潜んでいる。トゲのついたヒレ、刃物のようなエラブタ、そして鋭い歯を持った魚は、アジにまぎれて釣れてきたり、ときには釣れたアジを襲って食べてしまうこともある。

シーバス、ヒラメ、マゴチ、カサゴ、メバルといった魚は、どれも海のルアーフィッシングの定番として、アジングが盛んな漁港や堤防でもよく釣れるが、すべて体のどこかに危険な部位を持っている。安全な魚は、それこそアジくらいなものといっていいだろう。

またたとえアジでも、ハリのついたルアーをくわえた状態で暴れられると、とたんに危険な魚と化す。不用意に素手を近づけたり、触ったりしないよう注意したい。

第4章

ポイント別 アジング攻略

アジが釣れるさまざまなポイント ここに目をつけこう歩く

漁港や堤防といったおなじみのポイントから、ちょっと足を伸ばした磯場やサーフなど、アジはさまざまな場所で釣れる。それぞれのポイントのどこにアジはいて、どんな季節や時間帯で釣れてくるのかをご紹介しよう。

CONTENTS

01　漁港のアジング①おおまかな釣り方
02　漁港のアジング②常夜灯を極める
03　人の少ない磯場のアジング
04　広いサーフでのびのびアジング
05　意外な穴場!?　河川内のアジング
06　堤防で船釣り!?　釣り公園のアジング

01

漁港のアジング①おおまかな釣り方

港内にいたアジを、フワフワしたアクションのジグヘッド単体リグで仕留めた。

アクセスがしやすく足場も安全、なによりアジがよく釣れるということで人気の漁港。なぜ漁港が釣れるのか？　どこで釣れるのか？　どんなルアーがオススメなのか？　まずは、全体を通したおおまかな釣り方を見てみよう。

明かりと深い水深がアジの居場所と隠れ家を作り出す

大規模港は、まるで道路のような堤防が延々と伸びていたりする。ここまで広いと、なかなかポイントを絞りきれない。

小規模漁港は、目の届く範囲にポイントが固まっているため、どこで釣るか絞り込みがしやすい。またポイントからポイントへもすぐ移動できる。

アジと釣り人どちらにもやさしい

漁港や堤防は、数あるシチュエーションのなかでも、もっとも手軽なポイントだ。夜に常夜灯の明かりがつき、場所によってはトイレや駐車場が隣接しているところもある。手元や足元が暗くて困ることもない、釣り人にとっても最高の環境といえよう。

漁港には船が出入りするための船道が設けられているが、この船道は適度な水深があり、潮通しがいい場所も多いため、アジの回遊も多い。そのため群れが入れば、簡単に数釣りができることもある。だがその反面、人が多く入ったせいでアジが釣りづらくなることがある点には注意したい。

オススメルアー

やっぱりジグヘッド単体が基本

フワフワしたもの、キビキビしたものと、いずれのアクションを出したい場合も、ジグヘッド単体を使うといいだろう。フワフワアクション用なら、シルエットが太めのものや、リブと呼ばれる節で水の抵抗を増やしたもの。一方キビキビさせたいなら、全体的にスリムで凹凸の変化があまりないワームが、それぞれ適している。

浮遊感を出すためのバランス

× ジグヘッドとワームのバランスが悪く不自然な動き

ワームを大きくする

組み合わせのバランスが大事

ジグヘッドを軽くする

◎ 水抵抗が大きくなり揺らめく

◎ よりリアルなベイト感を演出。現実的

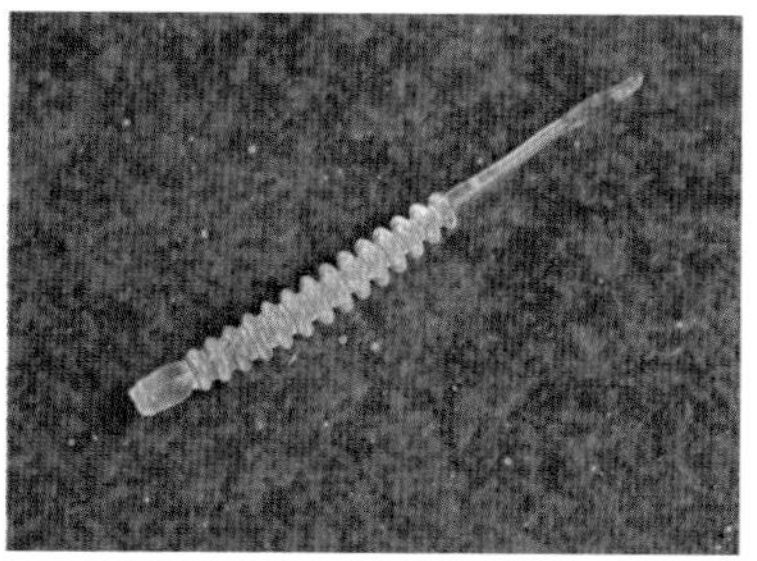

月下美人 アジングビーム 極み（ダイワ）。フワフワアクション用には、このように表面積が大きめのワームを使う。

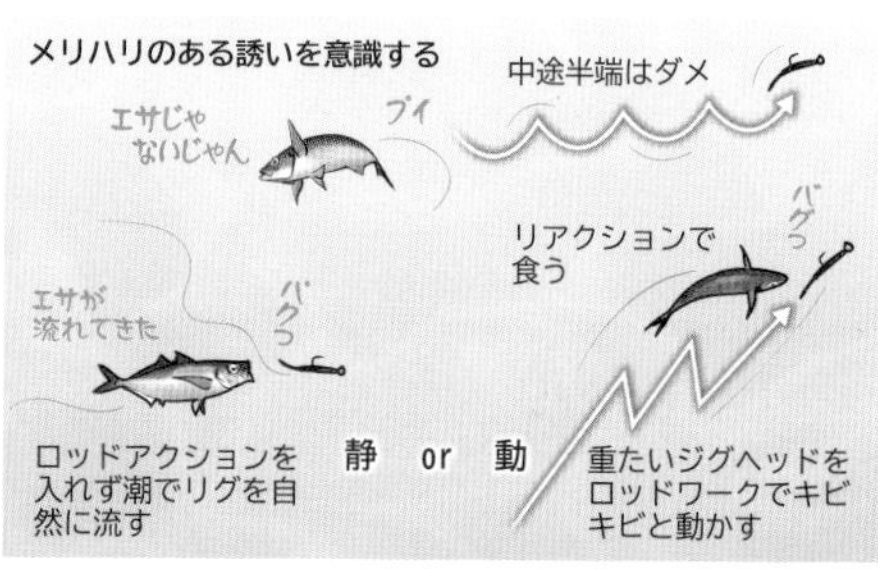

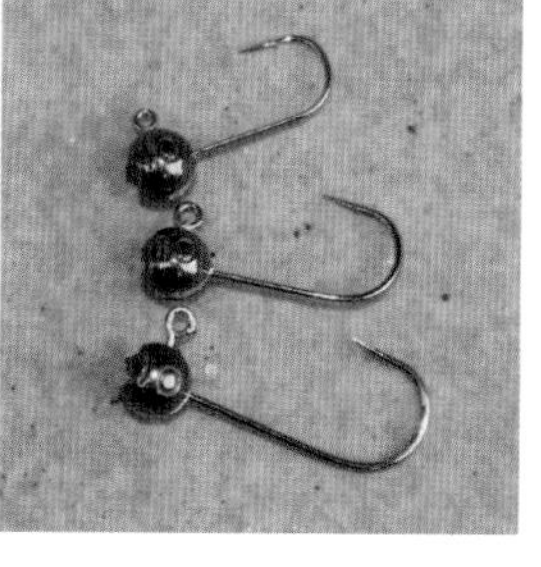

▶日中の「動」の誘いで活躍する、タングステンボディの月下美人アジングジグヘッドTG（ダイワ）。

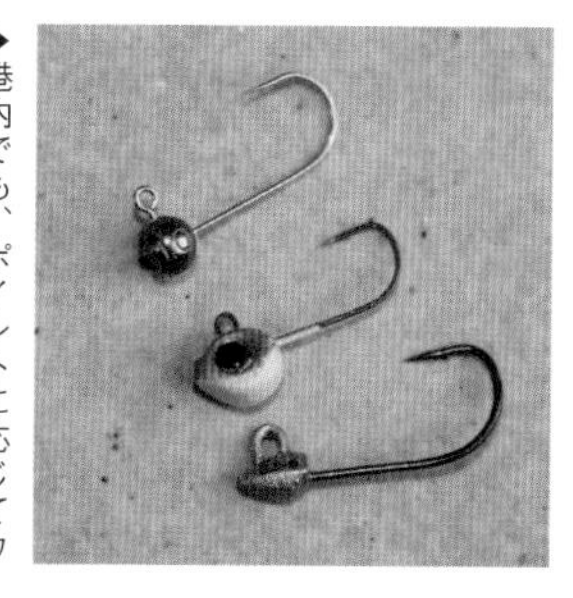

▶港内でも、ポイントに応じてウエイト、形状などを使い分けるようにしよう。

小規模漁港はこう狙おう

まずは最も一般的と思われる、小〜中規模の漁港についてだ。中規模以下の港には、内外に起伏があったり、砂地、岩礁、海藻帯、消波ブロック、スロープなど、変化に富んだ場所が多い。また、港内に突堤が突き出るなど、港の形そのものが複雑な場合もある。そのためポイントは多いが、全体的な規模は小さく、狙うスポットは適度に狭い。よって、ポイントを絞りやすいのが特徴だ。

一番の狙い目は、突堤の先端に1つだけある常夜灯だ。その場合、常夜灯の周囲を狙うナイトゲームがメインとなるが、エリアによっては、ポイントや時間が変わってくることがある。また、港へ出入りするアジや居着きのアジが狙える、港口の船道も探ってみたいポイントである。

オススメタックル

なるべく短く感度がいいもの

ジグヘッド単体用のタックルで重要となるのが、感度と操作感だ。感度が高ければ、アタリを逃さず感じ取ったのち、素早くアワセを入れられる。また操作感が高ければ、水中のジグヘッドを思いどおりに操作できる。5.5ft 前後と、なるべく短いジグヘッド単体用ロッドに、1000 ～ 2000 番のリールをセットし、1 ～ 1.5Lb のエステルラインを巻く。リーダーはフロロカーボン 0.6 ～ 0.8 号前後がフィットする。

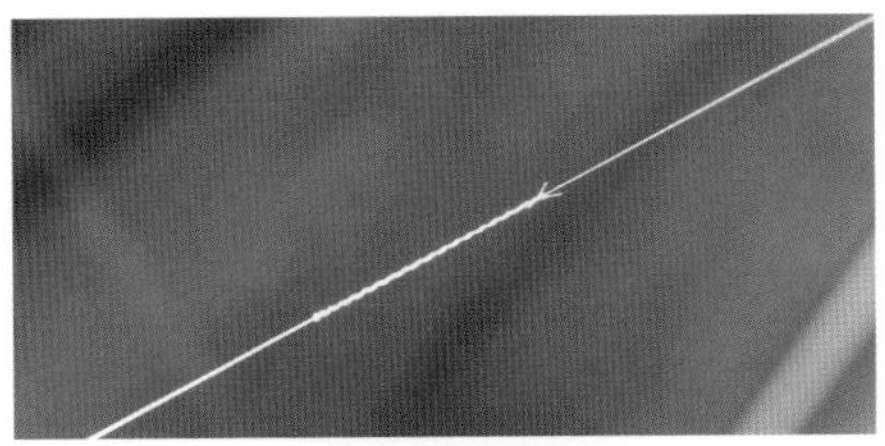

名人が結んだような見事な結び目と強度を、ワンタッチで再現できる。

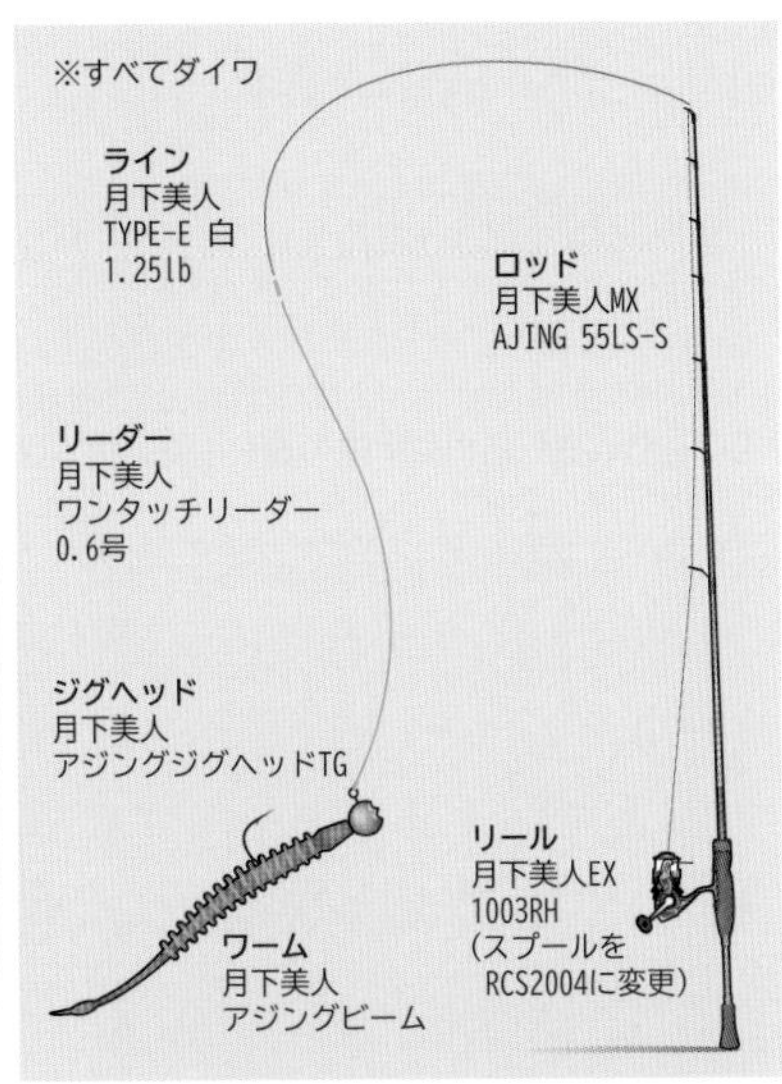

月下美人 ワンタッチリーダー0.6号（ダイワ）。エステルラインにワンタッチで結束できる手軽さながら、高い結束強度を持っている。

月下美人MX AJING 55LS-S（ダイワ）と月下美人 EX 1003RH（ダイワ）。短めのジグヘッド単体用ロッドと、小型スピニングリールの組み合わせ。

大規模港はこう狙おう

大型の漁船や客船、貨物船が出入りする大型港は、全体的に水深があってアジの個体数も多く、数・型ともに期待できる。だが、海底の起伏や地形の変化などが少なく、常夜灯も全体的に明るく照らすように設置されていることがほとんどなので、ポイントを絞りにくいのが難点だ。水深もあるため、探るレンジも広くなり、難易度はやや高めとなる。

広い港内に無数にあるポイント候補のなかから、まずは変化のある場所を探したい。特に、奥まったところにある行き止まりとなる隅の部分や、停泊する船が作り出す明暗部、排水などの流れ込みなどが有望だ。

また港の出入り口など潮通しのいいポイントでは、大型のアジを狙うこともできる。

狙うポイントとタイミング

暗くなったあとの常夜灯

港内のナイトゲームで王道となるポイントが、常夜灯周辺だ。特に、堤防の先端に１つだけあるような常夜灯には、アジが集中しやすい。こういった常夜灯のあるポイントでは、しっかりと暗くなってからが本番になる。逆に常夜灯のない堤防先端は、空が薄明るいマヅメ時がチャンスタイムだ。ちなみに魚影の濃いエリアであれば、昼でも十分釣れる。船の陰や港の奥まったところは、昼間でもアジが溜まりやすい。

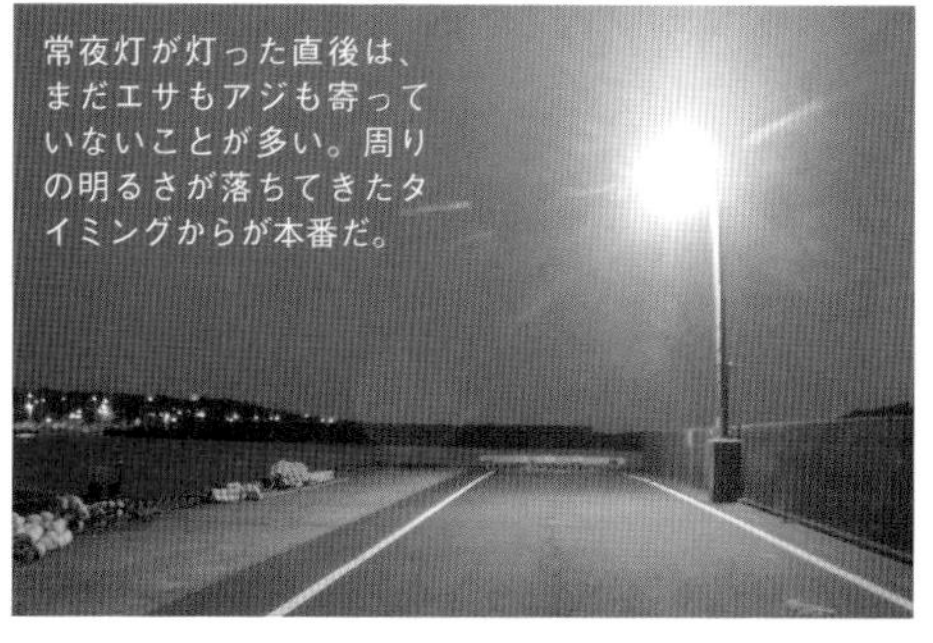
常夜灯が灯った直後は、まだエサもアジも寄っていないことが多い。周りの明るさが落ちてきたタイミングからが本番だ。

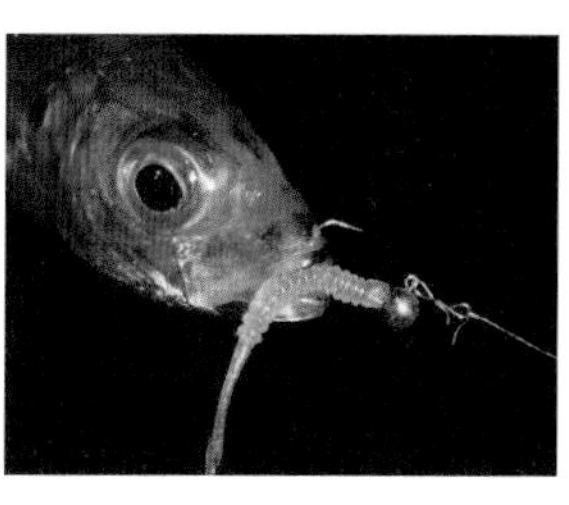
プランクトンを意識したジグヘッドリグ単体に食ってきた。

アジの居場所にルアーを送り込めば、昼間でも釣れる。漁船の陰や港の奥など、暗がりができている場所を探ってみよう。

ワームのアクションは2つ

港のアジングでジグヘッドリグを使うときは「浮遊系」と「キビキビ系」、この2パターンのアクションを使い分けよう。

アジが捕食しているベイトが、プランクトンやゴカイといった小型で遊泳力の低い生物である場合は、浮遊系のアクションを中心に使う。なるべく軽いジグヘッドと表面積の大きいワームのセットを、フワフワと漂うように動かすのがコツだ。

一方、小魚など動き回るエサを捕食しているときや、浮遊系のアクションでは見切られてしまう場合は、キビキビ系のアクションで攻める。この場合は、なるべく凹凸のない、ストレート系のワームが必須となる。また、やや重めのジグヘッドを使うとアクションが鋭くなり、よりメリハリのある動きとなる。

02

漁港のアジング ②常夜灯を極める

漁港のなかでも、特に釣れるのが常夜灯。なぜ釣れるか、どう攻めるかを知れば、今以上にもっと釣れる。

漁港がアジングに適しているのは、常夜灯の存在が大きい。釣り人の手元を照らし、アジのエサを岸際に寄せ、さらにはアジの隠れ家を作り出す常夜灯の釣りを突き詰めていけば、夜のアジングは万全だ。

エサを集めて身も守る アジにとっては欠かせない存在

▼港の奥にある魚市場周辺などはとても明るいが、これだけ多くの常夜灯があるとアジが散ってしまい、ポイントが絞りきれない。

▲大きさや明るさより、周囲にほかの常夜灯がないか、また明かりが届かない範囲がどのくらい暗いかが重要だ。これは理想的な例。

なぜ常夜灯で釣れる?

夜のアジングでは、まずここを狙うのが基本とされている常夜灯周辺。常夜灯は漁港の突堤、魚市場前、スロープなどに設置されているが、そのおもな目的は漁業者の安全確保や、船や漁具などへの防犯のためだ。よく見かける突堤の先端にある常夜灯は、夜間の航行でも堤防が視認しやすくする、灯台の役割を果たすように設置されることもある。

　こういった常夜灯で、なぜアジがよく釣れるのかというと、ベイトとなるプランクトンやゴカイ類などが、この明かりに集まってくるためだ。ベイトが集まれば、それを捕食しようとするアジもまた、常夜灯の明かりに集まってくるというわけだ。

オススメルアー

やっぱりジグヘッド単体が基本

漁港で使うジグヘッドリグは、フワフワしたものとキビキビしたものの２パターンがあると先のページで述べたが、こと常夜灯周辺に関しては、フワフワしたもの一択になる。ジグヘッドはなるべく軽く、またワームは表面に凹凸を設けることで表面積を広め、水抵抗を大きく受けるようになったタイプを選ぼう。ヘタにワームのサイズを小さくしてしまうと、水中での浮遊感が損なわれ、とたんに反応が悪くなるので注意したい。

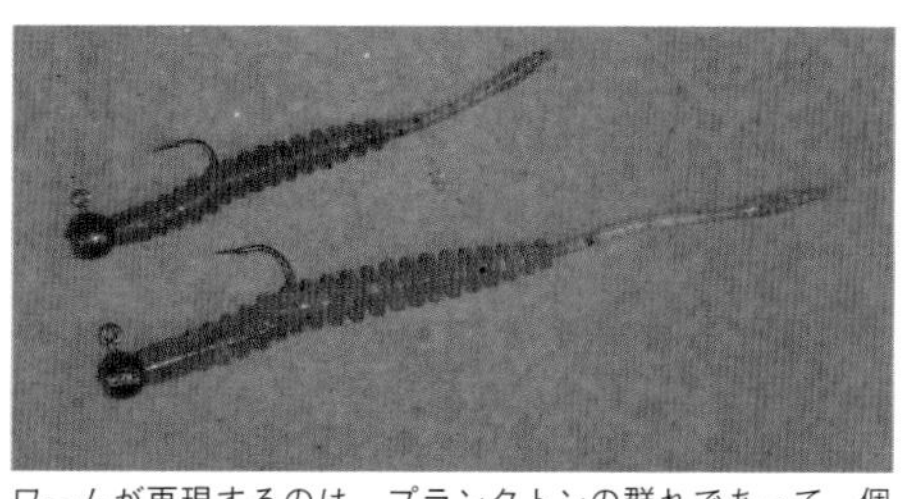

ワームが再現するのは、プランクトンの群れであって、個体ではない。よって、使いなれた2インチ前後のもので大丈夫だ。

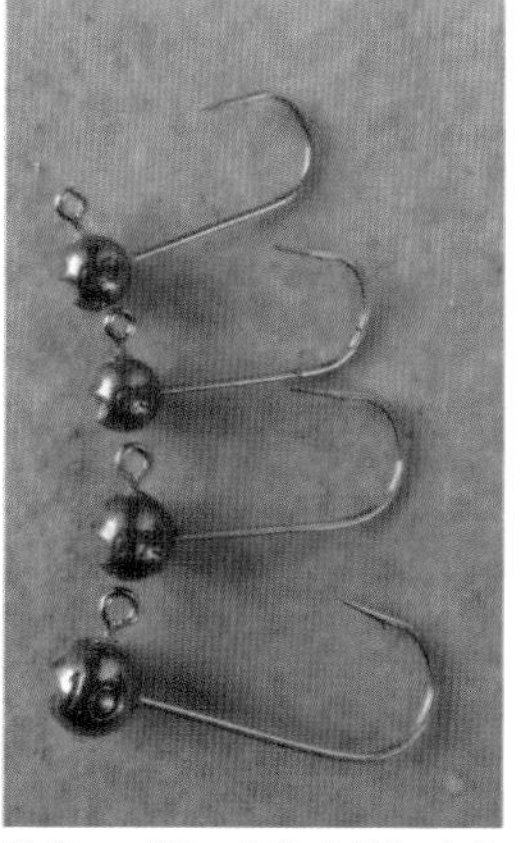

ジグヘッドは、なるべく軽いものを選ぼう。上限は1g、つまりいつも使っているものと思っていい。

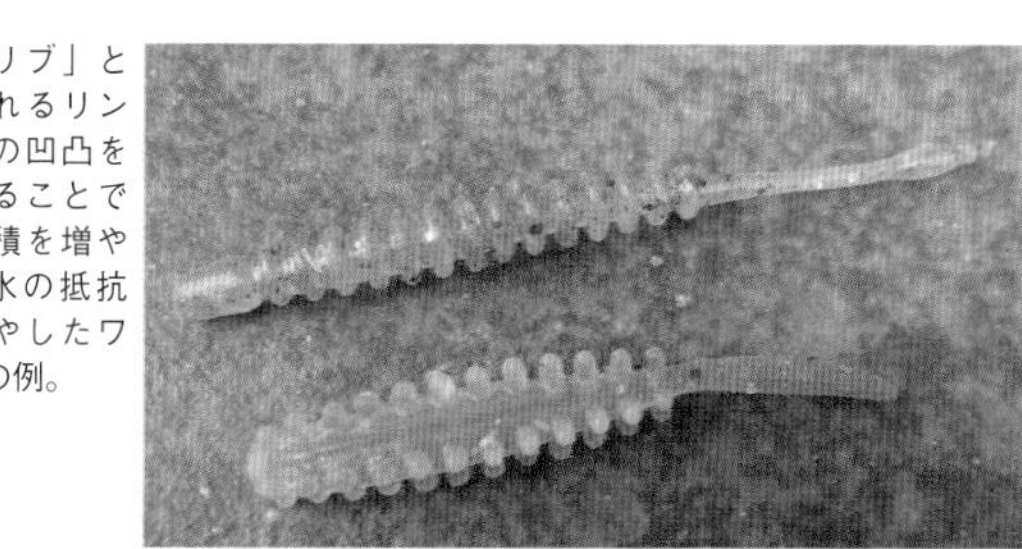

▶「リブ」と呼ばれるリング状の凹凸を設けることで表面積を増やし、水の抵抗を増やしたワームの例。

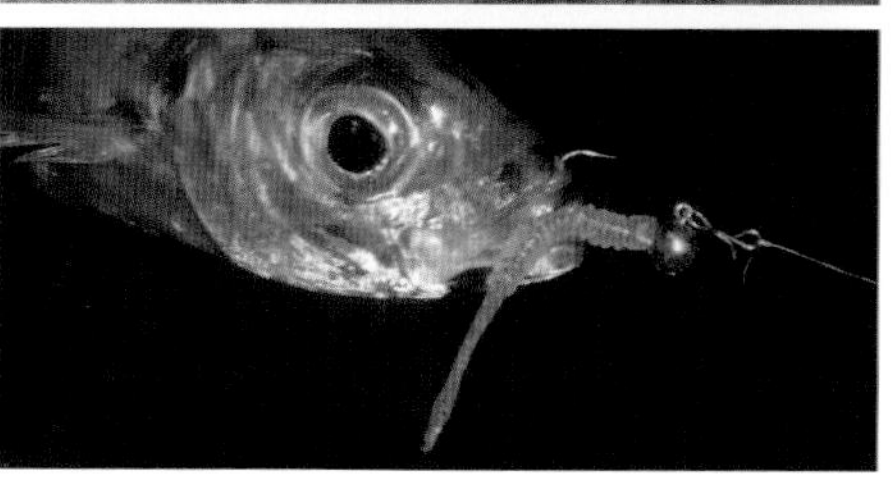

▶上アゴにガッチリフッキングした。これはアジのエサを再現できた、なによりの証拠だ。

なくても釣れなくはないが……

一方で、シーバスやアオリイカ、青物などといった肉食魚からすれば、アジは絶好のエサとなる。こういった肉食魚は、暗がりに潜んでアジを捕食する。つまり常夜灯には、明るいところを作り出すことでアジが襲われにくいようになるという、防衛手段という一面もある。エサを寄せるだけでなく、自分の身も守ってくれるとなれば、アジが好んで着くのも納得だろう。

常夜灯はアジを寄せる要素であり、エサ釣りにおけるコマセのように、群れの足を止める要素でもある。アジさえいれば、常夜灯のないポイントでも釣れないことはないが、群れの足止めができないので、釣果は安定しない。なにより暗闇ではラインも見えず、ルアーもどこにあるかわからないので釣りづらい。

オススメタックル

なるべく短く感度がいいもの

ロッドはジグヘッド単体用と銘打った、シャープで高感度のもの。5～6ft台の短めであれば、繊細なアクションが演出できる。ラインは、フロロかエステルの1～1.5Lbが基本。エステルの場合は強度低下を防ぐためにリーダーが必須だが、フロロの場合でも3Lb程度のリーダーを20㎝ほど結ぶことで、より強度を維持しやすい。もしアジが表層で食っているようなら、ナイロンラインを使ってみてもいいだろう。

▲ジグ単アジングに特化した、月下美人MX AJING 55LS-S（ダイワ）。

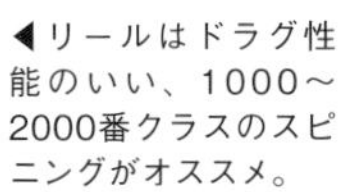

◀リールはドラグ性能のいい、1000～2000番クラスのスピニングがオススメ。

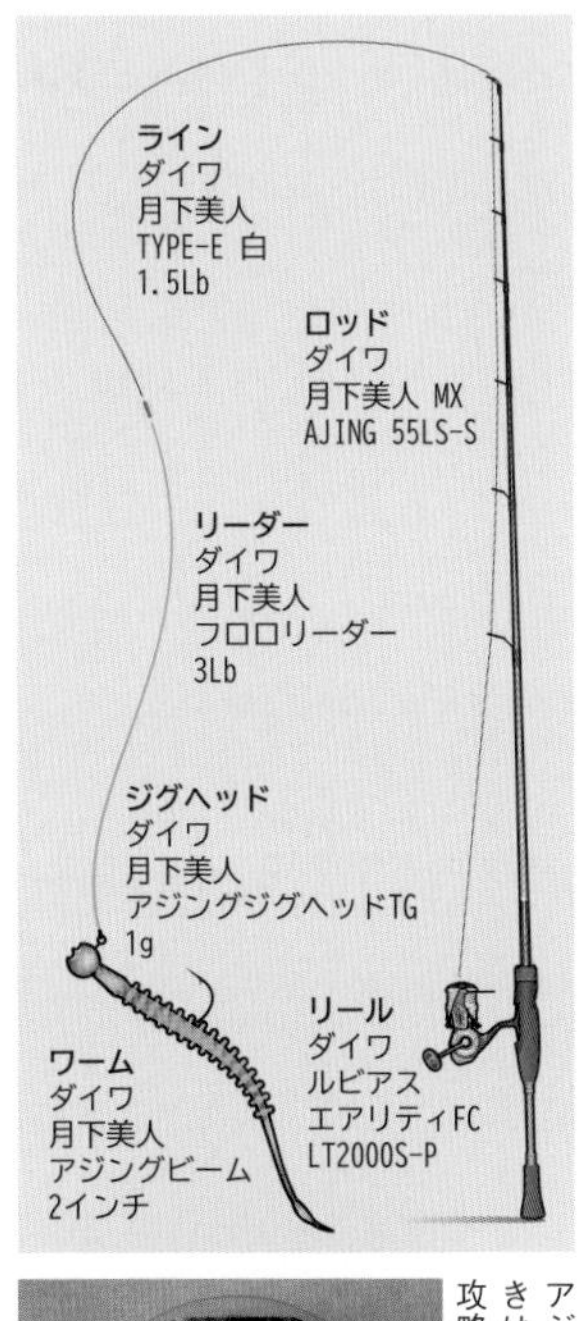

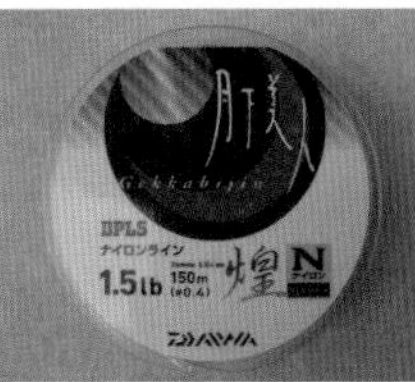

アジが表層で反応するときは、ナイロンラインで攻略してみよう。

どの常夜灯で狙えばいいの？

常夜灯はさまざまな場所に設置されているが、アジを狙ううえでベストなのは、突堤の先端に1つだけポツンとあるタイプだ。魚市場前などによくある、長い護岸を広範囲に照らしているタイプでは、アジの密度が薄れてしまう。常夜灯が暗い場所に単独で灯っていれば、それだけポイントが絞りやすくなり、またアジの密度も濃くなるので釣りやすい。突堤の先端であればアジが回遊もしやすいので、新しい群れを足止めしてくれる場合もある。

また常夜灯には、蛍光灯、ナトリウムランプ、LEDなどのタイプがあり、光の色も白やオレンジなどがある。どの色が釣れるかという議論もよく出るが、一言でいえばすべて釣れる。色よりも、単独かそれとも複数かのほうが重要だ。

◀周囲が十分暗くなり、常夜灯の明かりがそのなかで際立つようになると、アジも大胆になって表層に出てくることがある。こうなれば、この日は勝ったも同然だ。

狙うポイントとタイミング

暗くなればなるほどチャンス!?

常夜灯が複数設置され、広範囲を照らしているところよりも、突堤の先端などに単独であるところのほうが、アジがより集中しやすい。時間帯はマヅメよりも、しっかりと暗くなってからのほうが、アジはより集まる。完全に暗くなってから日付が変わるまでの数時間が、常夜灯アジングのゴールデンタイムといえよう。狙うポイントは明暗の境目だ。アジはここに身を置き、エサを食べるときは暗いほう、外敵から身を守るときは明るいほうへと、それぞれ移動する。

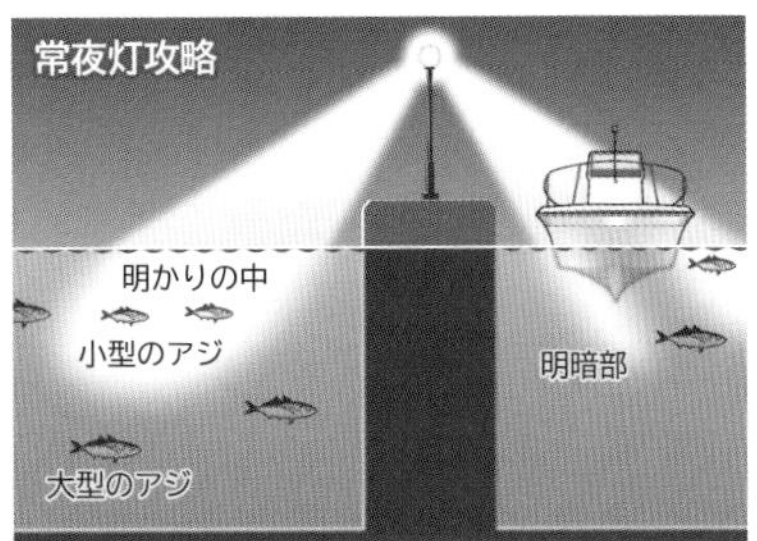

明暗の境目は、海面だけでなく水中にも存在する。足元にできる陰、ライトの当たる中層付近、船の陰なども狙ってみよう。

超実践！　常夜灯略術

漁港の常夜灯攻略は、どちらかというと近距離戦中心の組み立てとなる。アジのエサとなっているのはプランクトンの場合が多いため、リグは浮遊感を出せて操作性の高い、ジグヘッド単体リグ（ジグ単）が基本だ。

ジグヘッドの基本ウエイトは1gほどだが、プランクトンの浮遊感を出すために、狙ったポイントに届くぎりぎりの重量まで下げた、なるべく軽いもののほうが有利だ。ポイントが遠い場合や風があるときなど、軽いジグヘッドでは釣りがしづらいときに浮遊感をアップさせるには、セットするワームのサイズを大きくするといいだろう。そうすることでリグの比重が軽くなり、同じ重量を使いつつ、より浮遊感を出せるようになる。

03

人の少ない磯場のアジング

隣り合った漁港で釣れているサイズよりひと回り大きくなるのが、磯場のアジ。

アジが釣れるのは、足場が平らな漁港や堤防だけではない。磯場やゴロタといった少し荒々しいポイントまで足を伸ばせば、これまで以上にもっと釣れるようになる。人が少なく、釣りやすいのもうれしい。

磯場といっても安全な場所で十分だ

▼足場は平らだが、堤防と違って低いため、水面ぎりぎりに立って釣ることもある。よってスパイクブーツなど、足元が濡れない装備は必須となる。

▲磯場といっても、このように漁港の隣にあるような、足場が低く比較的安全な場所で十分だ。

漁港はもう定員オーバー!?

アジングは、テクニカルで奥深くゲーム性が高い釣りであると同時に、身近な堤防などから手軽に楽しめるのが、なにより人気の理由だろう。堤防であれば、スニーカーに救命具、それに必要最小限のタックルがあれば、誰でも簡単にアジングが楽しめる。

だが、この手軽さゆえに、よく釣れる堤防には多くの釣り人が押し寄せる。アジは釣り人が多くても釣れる魚だが、サオが出せないほどの混雑となれば話は別だ。激戦区では、実績のある堤防はどこも先行者がいて空きがなく、釣果以前にキャストすらできないということもよくある。

オススメルアー

フロートリグでガンガン遠投

磯でおもにアジが食べているのは、泳ぎ回る小魚だ。3～5cm前後のイワシの仲間がよくエサになっているので、これらの小魚を再現するために、2.5～3.5インチとやや大きめのワームを使う。またこれを遠投するため、ジグヘッド単体より、フロートリグなど遠投の効く仕掛けのほうが有利となる。フロートリグ使用時のジグヘッドは、少し重めのほうが絡みにくく使いやすい。

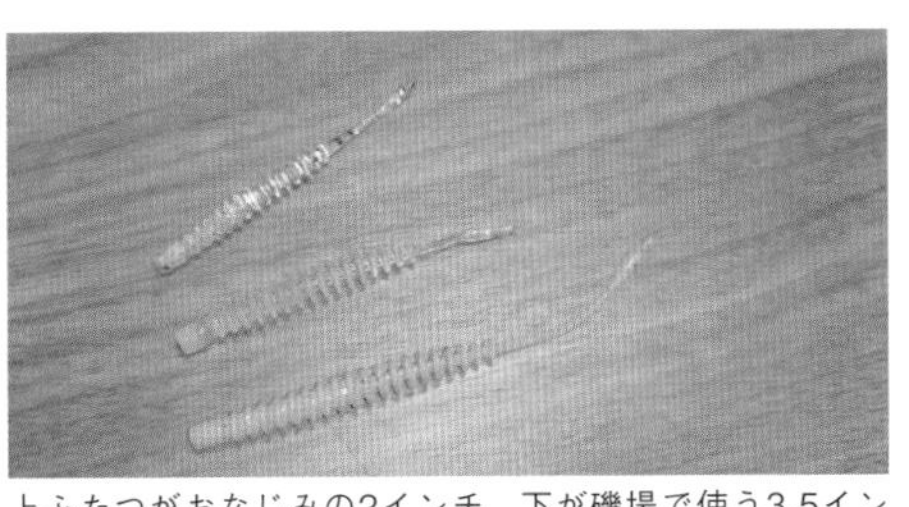

上ふたつがおなじみの2インチ、下が磯場で使う3.5インチ。小魚を再現するため、この大きさをよく使う。

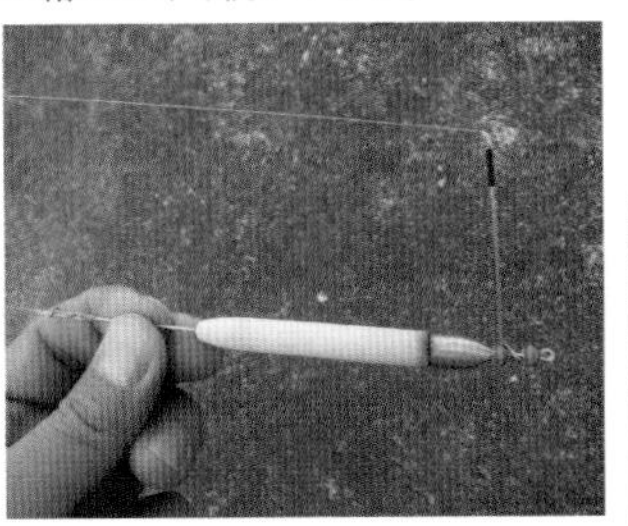

ウキとオモリの機能を兼ね備えた、鯵天（ダイワ）などを用いたフロートリグが主力。

▼よく飛びよく沈むメタルジグは、磯場との相性も抜群。こんなサイズのアジも食ってくる。

◀ナス型オモリを用いた「ダウンショットリグ」も有効だ。もともとブラックバス用の仕掛けだったが、水深のある場所でアジを狙う「バチコン」という釣り方で注目されるようになった。

磯場は外洋からの避難所

そこで注目したいのが磯場だ。磯場と聞いて、ゴツゴツとした岩場に叩きつける波を想像し、さすがにちょっとそれは……と思われる方もいるだろう。

だが、安心してほしい。アジングでは、そんな険しい磯に行く必要はない。狙い目となるのは、漁港に隣接するような小磯や、入り江状になっている穏やかな磯だ。そのような磯なら、滑りにくいスパイクシューズなどを履き、しっかりと救命具を着用しておけば、安全に釣ることができる。

こういった磯には、荒れた外洋を嫌って、アジやアジのエサが逃げ込んできていることが多い。プランクトンより小魚のほうが多く入ってくるため、漁港より大型のアジが釣れるチャンスも多くなる。

オススメタックル

いつもより長く太いものの出番

フロートリグやメタルジグといった重い仕掛けを遠投するため、ロッドはジグヘッド単体用より長く太い、長さ7.6〜8ft・適合ルアー重量10〜20g前後のものがベストだ。リールも、少し大きな2500番台を使いたい。このロッドとリールの組み合わせは、エギング用としては標準的な長さとパワーに相当する。もし手持ちがあれば、エギングタックルで代用してもいいだろう。ラインはPEライン0.4号に、フロロカーボンリーダー6〜8Lbを1mほど結ぶ。

▲鯵天で遠投したワームに食ってきたアジ。

磯では遠投を多用するため、8ft前後と長めのロッドがほしい。

ラインはPEの0.4号。リールは巻き量も考慮して2500番クラスを選ぼう。

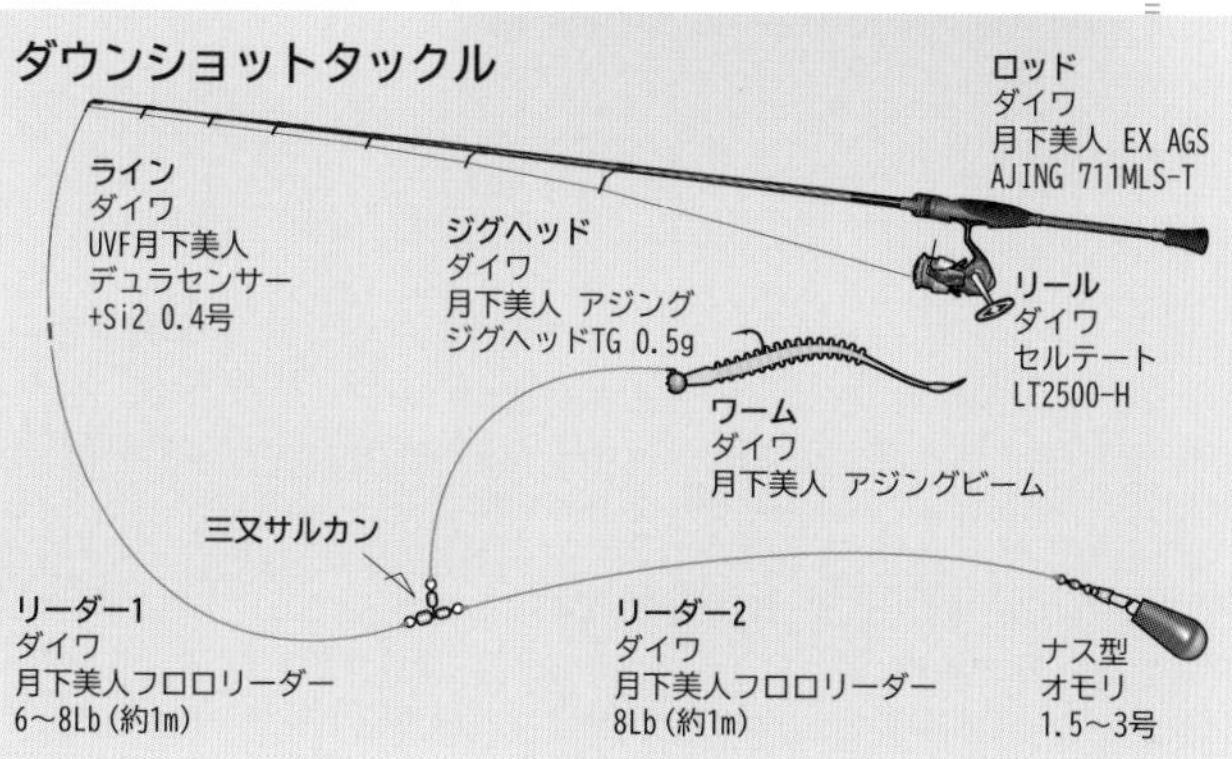

場所によってサイズも変わる

磯場は漁港と同様複雑な地形を持つため、同じ磯場でもどこで釣るかによって、アジのサイズや釣り方が変わってくる。

レギュラーサイズの数釣りがしたければ、入り江やワンドのなかといった、水面がおだやかな場所を狙おう。時間帯は夜が基本だ。漁港と違い、常夜灯がなくても釣れるが、小さくてもいいから明かりがあるところのほうが、当然多く釣れる。

一方大型を狙いたければ、外洋に近い出入り口付近や岬の先端に行こう。沖の深場から磯場のなかに向けて回遊してくる群れを狙い撃つのが目的だ。時間帯はマヅメと夜がオススメだが、大型のなかでもさらに大きい超大型といえるサイズは、日が落ちる直前に回遊してくることが多い。遠投が可能で沈みも早いメタルジグを使い、素早く回遊ルートを見つけるのがコツだ。

磯場アジングのテクニック

▲一日のうち、ごく限られたタイミングでしか釣れないが、こんな超大型アジを手にするのも夢ではない。

すべてのレンジをくまなくチェック

磯の回遊系のアジは、小魚を捕食していることが多いので、アクションはタダ巻きが基本となる。漁港にいるようなアジと違い、警戒心より食欲が上回った結果、磯に回遊するほどになったアジだ。よって小細工はまったく不要、ひたすらタダ巻きのみで釣れる。ただし､レンジ（泳層）を意識することは欠かせない。その時のアジが、どのレンジを回遊しているかを把握するため、すべてのレンジをチェックすることが、釣果を挙げるコツといえる。

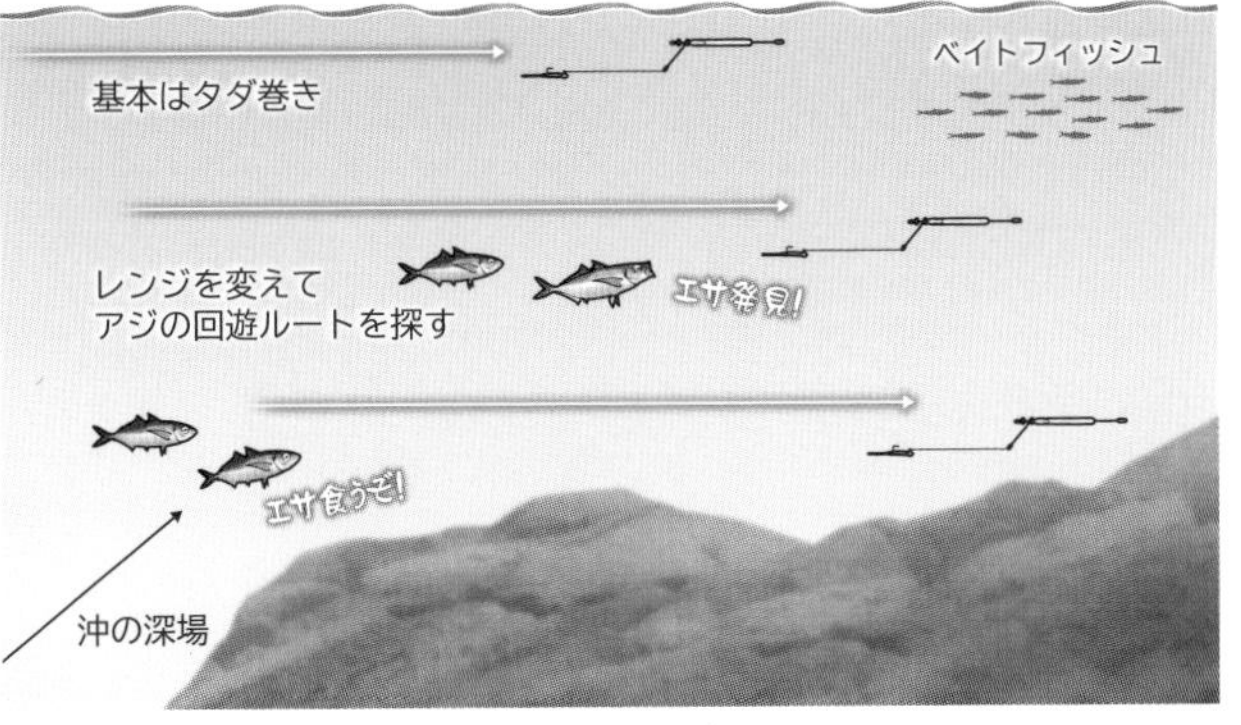

アジがいるレンジを引いてくることができれば小細工は不要だが、アジがいるレンジを引いてこれなければ絶対釣れない。レンジが違うと食ってこないという例は漁港や堤防でも見られるが、磯で小魚を食っているアジの場合は特に極端だ。

タダ巻きのみでOK!

釣り方は、タダ巻きが基本。磯場に入ってきたアジは、エサを求めて回遊してきているため、タダ巻きだけで十分に釣れる。前述のように、大型ほど小魚を好むようになるが、横方向のタダ巻きは、まさに小魚の動きを出すのに最適だ。動き回るアジを狙うため、漁港のようにスローではなく、速めに巻いてくるといいだろう。

釣り方はタダ巻きだけとシンプルだが、少なくとも表層、中層、低層と3段階以上に分け、すべての泳層を探り、反応があった泳層を重点的に探るという手順は必須となる。

磯場は活性が高いアジが多いので、ワームのサイズは2･5〜3･5インチほどと、普段よりも少しボリュームのあるサイズのほうがアピール力が上がり､反応もよくなる。

04

広いサーフでのびのびアジング

典型的なサーフでの夜釣り。波のほとんどない穏やかな砂浜は、アジングにも適している。

磯場と同様、アジが釣れるのになぜか人が少ない釣り場がサーフ(浜)。磯場よりさらに歩きやすく安全、そしてあちこちに点在するため、ポイント候補も数多い。元気なレギュラーサイズから特大サイズまで狙ってみよう。

入ってきたばかりのやる気満々なアジを狙う

▲道路沿いや堤防のすぐ隣にあるような小規模なサーフは、漁港や堤防と同じような狙い方が可能。

広いサーフはルアーを遠くへ飛ばす必要があるが、アジのサイズも数も段違いだ。

フレッシュなアジはここにいる

磯場と同様、堤防の混雑を避けてアジングを楽しむ場所としてオススメしたいのがサーフだ。青物がよく釣れるサーフでは、ごく一部の有名ポイントに、特定のシーズンだけ集中して釣り人が押し寄せることもあるが、それ以外の場所やシーズンであれば、ほぼ貸し切り状態で釣りが楽しめる。

サーフは沖に向けて面しているため、常にアジの新しい群れが入ってきている。堤防にいる群れは、毎日のようにコマセやルアーを投げ込まれて警戒心が高まっているが、サーフにいるアジの群れは、そういった警戒心を一切抱いていないため、ルアーへの反応も良好だ。

オススメルアー

とにかく遠投あるのみ

道路沿いにある小規模なものを除けば、サーフはとにかく飛距離がほしいポイントだ。その一方で、水深はそれほどないため、ある程度の浮力もほしい。この条件を満たすのがフロートリグだ。遠くにある表層部分もゆっくり攻められるため、特に遠浅のサーフで使いやすい。流れの有無や向きといった情報もアングラーの手元に伝えてくれるので、より効率的な攻め方が可能になる。絡み防止のため、やや重めのジグヘッドを使うのがコツだ。

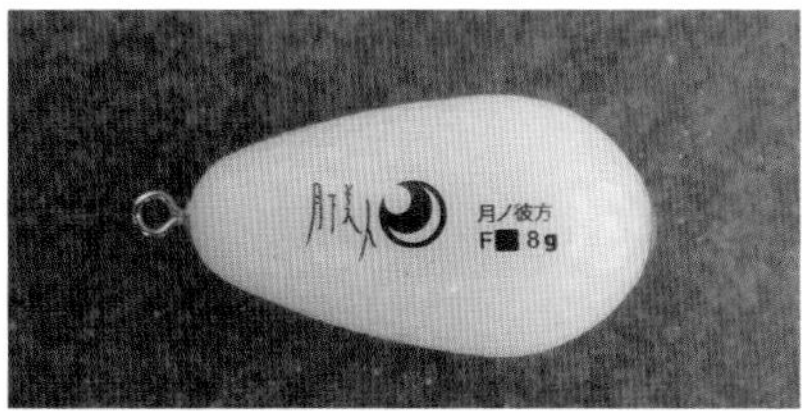

月ノ彼方（ダイワ）のようなフロートを用いたフロートリグがオススメ。

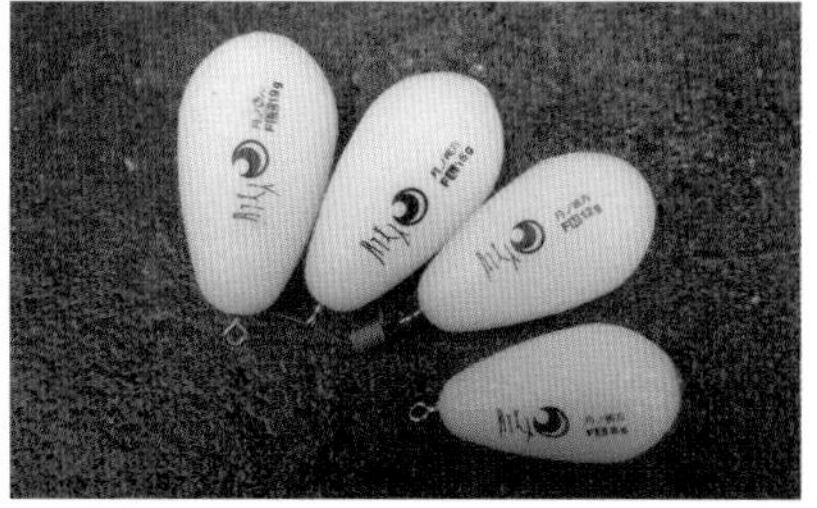
月ノ彼方は、8〜19gの4ウエイトをラインナップする。すべてフローティングモデルとなる。

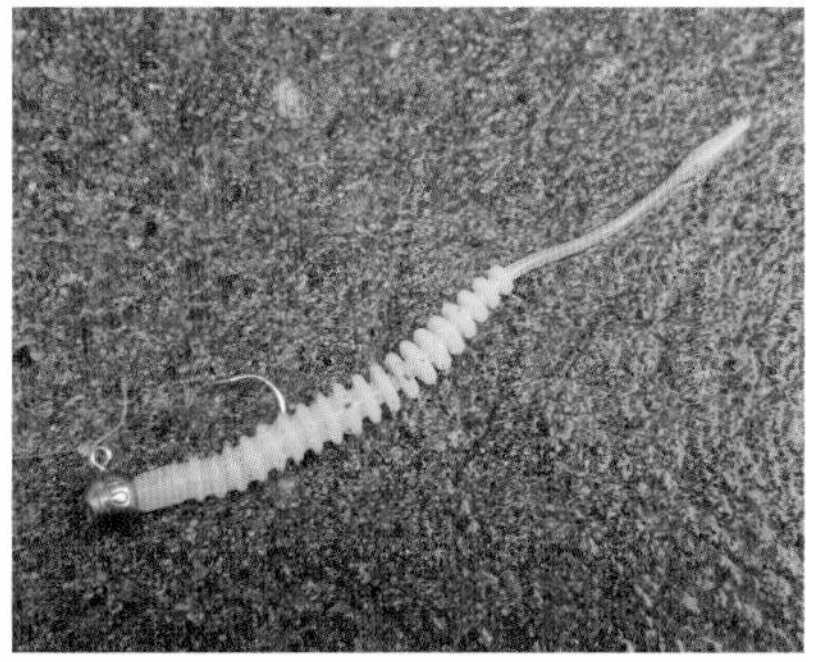
キャスト時の絡まりを防ぐには、ジグヘッドを少し重めにしておく。

2インチ程度のワームなら1g、3インチ程度なら1.5gほどにすると、飛行時にジグヘッドと飛ばしウキが離れて飛ぶようになり、トラブルが少なくなる。

数釣りもサイズ狙いも

アジングが楽しめるサーフには2種類ある。ひとつは比較的静かで入りやすく、レギュラーサイズの数釣りが期待できるもの。そしてもうひとつは外洋に面していて、波打ち際の先が急に深くなっているもの。こちらでは、磯場以上の超大型アジが釣れることもある。

まず静かなサーフだが、こちらは漁港や堤防と同様、常夜灯がポイントを作り出すカギとなる。漁港や堤防同様、ジグヘッド単体リグがおもに使うルアーとなる。

一方急深のサーフは、磯場での大型狙いと同じく、フロートリグやメタルジグを遠投し、直線的に引いてくるのが基本だ。いずれの場合も、動き回る小魚がエサとなっているため、ルアーは速く巻いてくるといいだろう。

オススメタックル

パワーのあるタックルで飛ばす

重量のあるリグを遠投するので、ロッドはパワーのあるタイプがオススメだ。具体的には7ft台後半から8ft台で、適正キャストウエイトのMAXが12～20g程度のものだ。リールは2500番クラスに、ラインはPE0.4号前後。リーダーは狙うアジのサイズによって、4～10Lbを使い分ける。ワームは、レギュラーサイズ狙いの場合は漁港で使うような2インチ前後がベストだが、大型狙いの場合は､3インチ程度のボリュームのあるものがいい。

サーフで遠投してキャッチした良型アジ！

フロートリグタックル

ライン
ダイワ
UVF月下美人
デュラセンサー
+Si2 0.4号

ロッド
ダイワ
月下美人 EX AGS
AJING 711MLS-T

フロートリグ
ダイワ
月ノ彼方

リーダー
ダイワ
月下美人
フロロリーダー
6～10Lb

ジグヘッド
ダイワ
月下美人アジング
ジグヘッドTG 1.5g

リール
ダイワ
セルテート
LT2500S-HX

ワーム
ダイワ
月下美人 アジングビーム
バチコンカスタム 3インチ

最低でも20～30m、できれば100m近く遠投したくなるのがサーフ。ルアーを扱える範囲で、タックルは長く強いものがほしい。

ポイント選びのコツ

サーフでアジングをやりたいと思ったら、まずはレギュラーサイズの数釣りか、それとも大型狙いか、おおまかな目標を決めてからポイント選びに入ろう。

数釣り狙いであれば、端から端まで歩いてすぐたどり着いてしまいそうな、小さいものがオススメだ。常夜灯さえあれば、水深は浅くとも構わない。こういったサーフはたいてい、陸地に向かって凹状にへこんだ「ワンド」と呼ばれる地形になっているが、このワンドにアジがたまるのだ。

一方大型を狙うのであれば、夏場に青物が回遊してくる急深サーフに行こう。こういったポイントは冬から翌年の春にかけては空いているので、アジを狙うならこの期間がいいだろう。この時期は、アジの好物である小魚も多く集まるため、大型アジの期待も十分だ。

サーフ攻略の基本テクニック

レンジをしっかりと刻もう

　サーフでは、広範囲をスピーディーに攻められるタダ巻きが基本となるが、レンジを刻むことが必要という点では、ほかのポイントでのアジングと同じだ。表層、中層、低層とレンジを分け、アジの回遊レンジや捕食レンジを探そう。急深サーフでは、急激に深くなる部分（ブレイク）の沖側に張り付くように、アジが定位していることがある。ここは攻めにくいが、しっかりとトレースすることが重要だ。また、波打ち際でヒットすることもあるので、最後までしっかりとリトリーブで探っていこう。

磯同様、大型の期待も高い。ほとんどの場合やる気満々なので、レンジさえはずさなければ高確率で食ってくる。

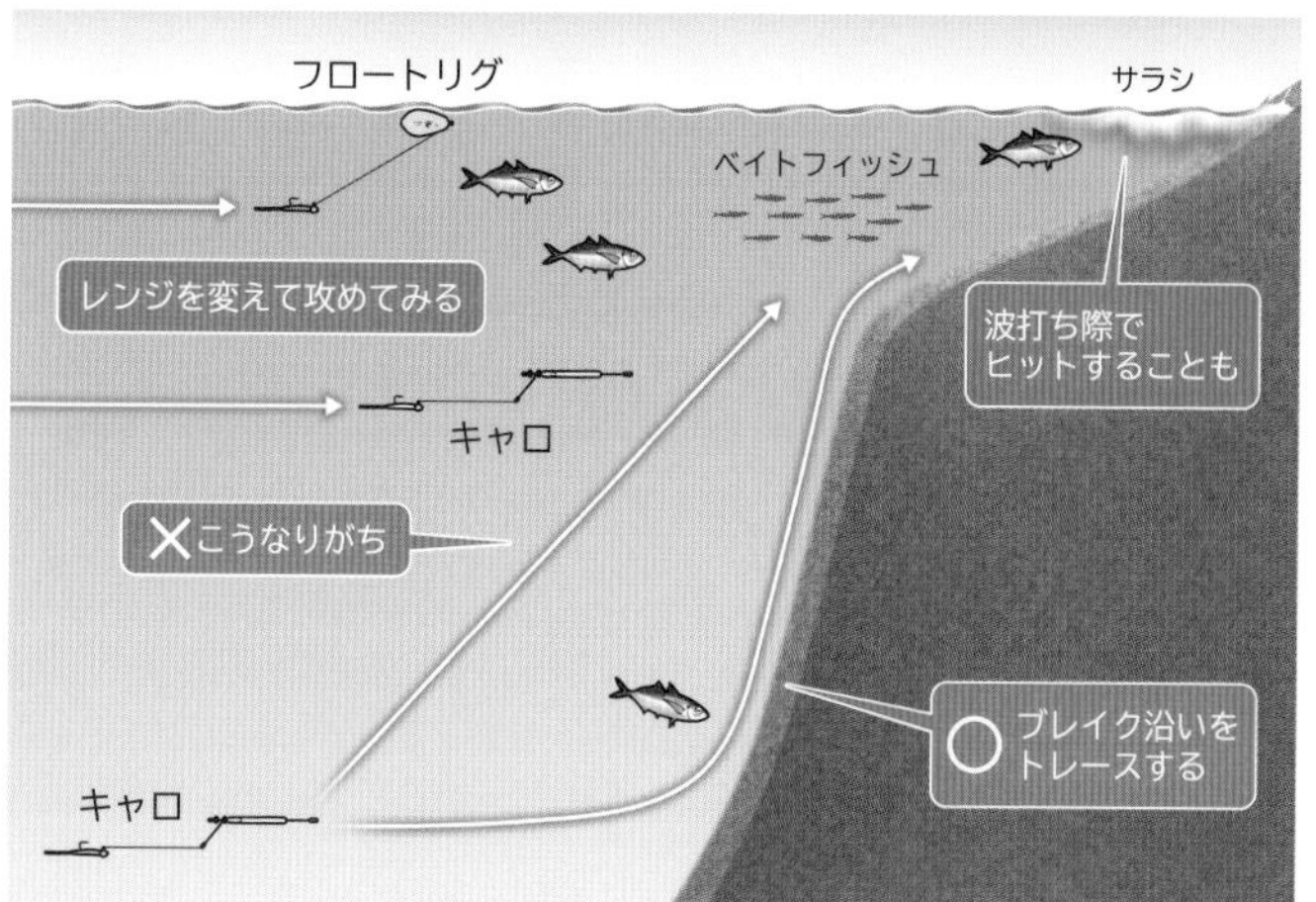

サーフに回遊してくるアジは活性が高く、また釣る時間が夜ということもあり、表層に出てくることが多い。一方で、表層での反応が悪い場合は、仕掛けを沈めて底近くを探ってみよう。この際、底の海底から離れすぎないよう、沿うようなコースで引いてくるのがコツだ。

シンプルなタダ巻きで

　数釣り狙いでもサイズ狙いでも、サーフでの釣り方は、シンプルなタダ巻きが基本となる。サーフに回遊してくるアジは、捕食が目的の活性が高い群れがほとんどであること、また水深の浅いポイントが多いことから、面をスピーディーに攻められるタダ巻きが適している。

　時間帯は、夜が基本となる。漁港や磯場と違い、暗くならないとルアーの届く範囲までアジが回遊してこないからだ。また磯場と同様、レンジを区切って探っていき、反応のあるレンジを集中的に攻めると効果的だ。表層、中層、底近くと、3段階程度に区切って探ってみよう。

　釣れたアジは、寄せてくる波にうまく乗せ、浜辺にズリ上げるようにして取り込むと、バラシなしでスムーズに取り込める。

05

意外な穴場!? 河川内のアジング

フロートリグを遠投して釣れた、河川のアジ。大規模河川は、磯場やサーフと同じような条件で、同じような大きさのアジが釣れる。

海の魚であるアジだが、実は河川内でも釣れる。河口近くの河川内は、海とほとんど変わらない塩分濃度となることがあるため、条件次第でアジも回遊してくるのだ。ほかの釣り場にはない、独特の趣を楽しもう。

▲一方、護岸されていない河川の河口部は、サーフのような地形が広がっていることもある。サーフと違うのは、橋脚のようにわかりやすい構造物があることが多い点だ。

コンクリートで護岸された比較的小規模な河川は、漁港や堤防と同じような感覚で釣ることができる。

逆流した海水が河川を海へと変える!?

意外と上流まで海水が上がる

河川の水は、常に上流から下流へ流れるわけではない。河川の流れより、上げ潮によって押し戻される海水の流れの勢いが上回ると、海水が河川の上流へどんどん押されていく現象が発生する。

海水は淡水より比重が高いため、河川の底をはうように逆流する。これを「塩水くさび」と呼ぶが、この塩水くさびは中規模なもので数㎞、大規模河川ではさらなる上流まで及ぶことがある。つまり海水はそれだけ河川の上流まで逆流することがあり、それに乗った海の魚が河川内に入ってくることもある、ということだ。アジもまた、こうして河川に入ってくる魚のひとつである。

オススメルアー

近距離はジグ単、遠距離はフロート

近距離を攻める場合の基本となるのが、ジグヘッド単体のジグ単リグだ。漁港や堤防と同じく、水中をフワフワと動かせるものがオススメとなる。一方遠距離を攻める場合は、フロートリグなど、遠投できる仕掛けの出番だ。フロートリグであれば、遠くの表層をゆっくりドリフトさせて攻めることもできる。またフロートではなく、オモリで飛ばすキャロリグであれば、幅広いレンジをくまなく探ることが可能だ。

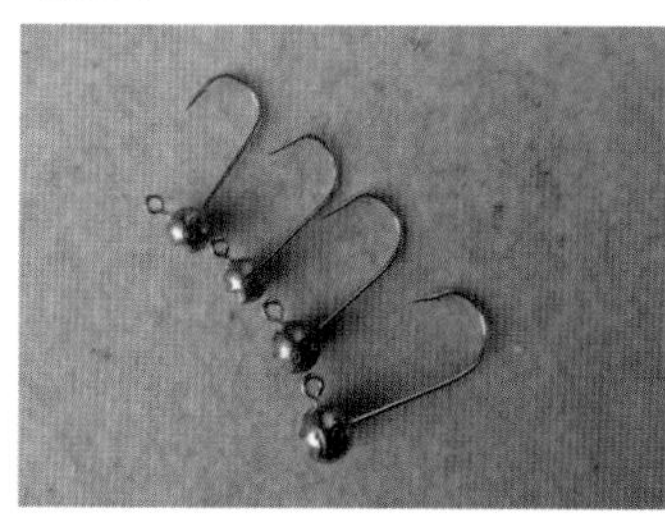
▶小規模河川、あるいは大規模河川の足元付近を探る場合は、ジグヘッド単体でもOK。

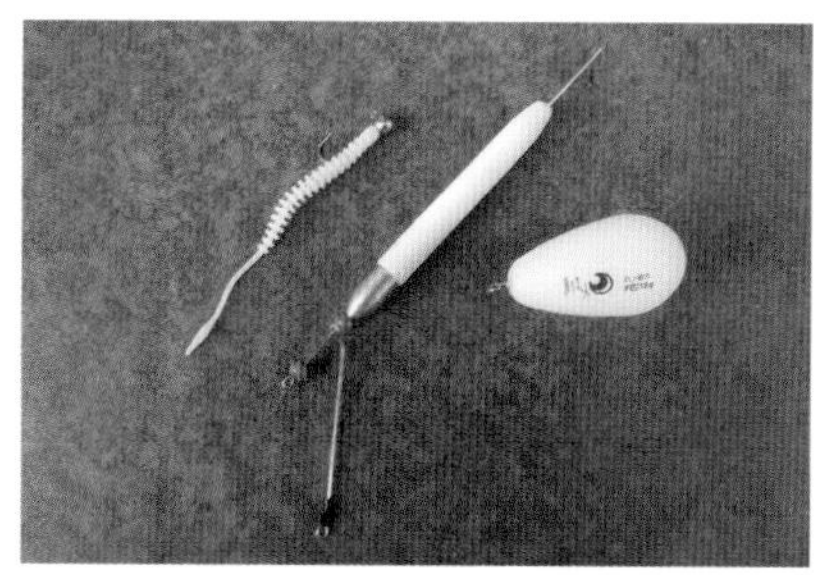
▲大規模河川では、鯵天（ダイワ）のようなキャロ、月ノ彼方（ダイワ）のようなフロートをうまく使い、仕掛けをより遠投する。

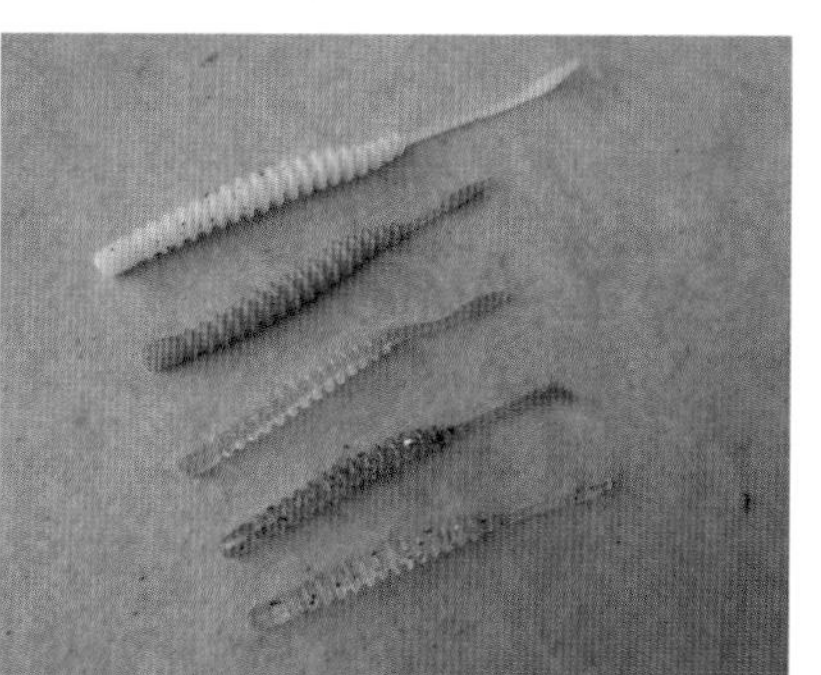
▲フワフワ感を出せるよう、ワームは表面積が大きく、複雑な形状をしたものがオススメ。

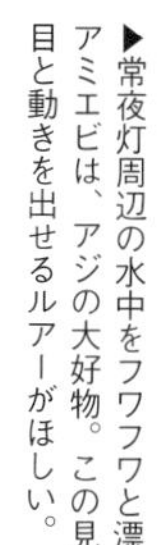
▶常夜灯周辺の水中をフワフワと漂うアミエビは、アジの大好物。この見た目と動きを出せるルアーがほしい。

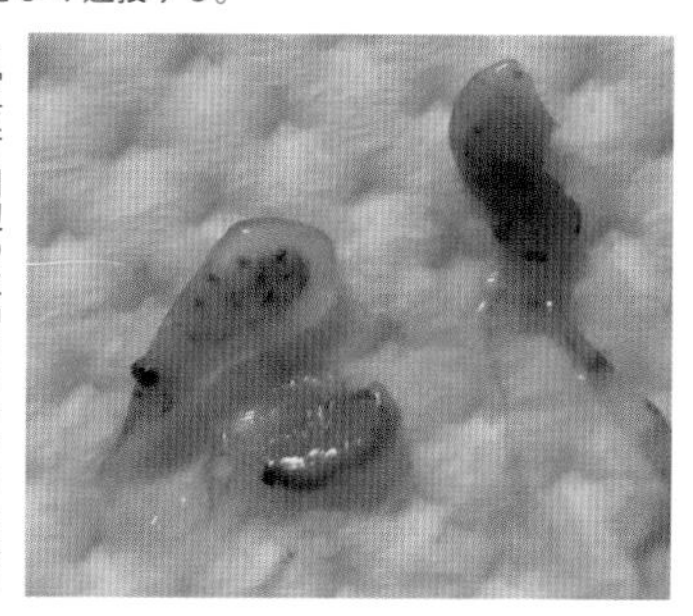

河口から数㎞以内が狙い目

とはいえ、河口からどのくらいまで上流に入ってくるかは、魚によって違いがある。シーバスのように、河口から数十㎞にもなる完全な淡水域まで入ってくる魚もいるが、たいていは河口から数㎞以内、海水と淡水が入り混じった付近にとどまる。アジも同様だ。

また河川によって、海の魚が入ってきやすいものと、なかなか入ってこないものがある。上流と下流の高低差が大きいと、流れ出る淡水の勢いが強いまま河口へ到達し、海水が逆流することはなくなる。このような河川では、アジを含む海の魚は、まず入ってこられない。逆に、河口域の高低差が少なく、上げ潮になると海水が逆流するような河川なら有望だ。河口の一帯が平地になっていれば、アジの回遊も期待できる。

オススメタックル

ジグヘッド単体用とフロート・キャロ用、できれば2種類のタックルを持ち歩きたい。

近距離はエステル、遠距離ならPE

近距離をジグヘッド単体で探る場合のタックルには、感度と操作感が不可欠となる。感度が高ければ小さなアタリも感じ取れるし、操作感が高ければ、水中のジグヘッドをイメージどおりに操作できる。ラインは、近距離戦ではエステルやフロロが使いやすいが、流れの中で遠投が必要な釣りでは、PEに分がある。つまり、ジグヘッド単体でもPEラインと組み合わせて使う可能性があるということだ。ジグヘッド単体であればPE0.15号前後、フロートやキャロであれば0.4号が、それぞれマッチする。

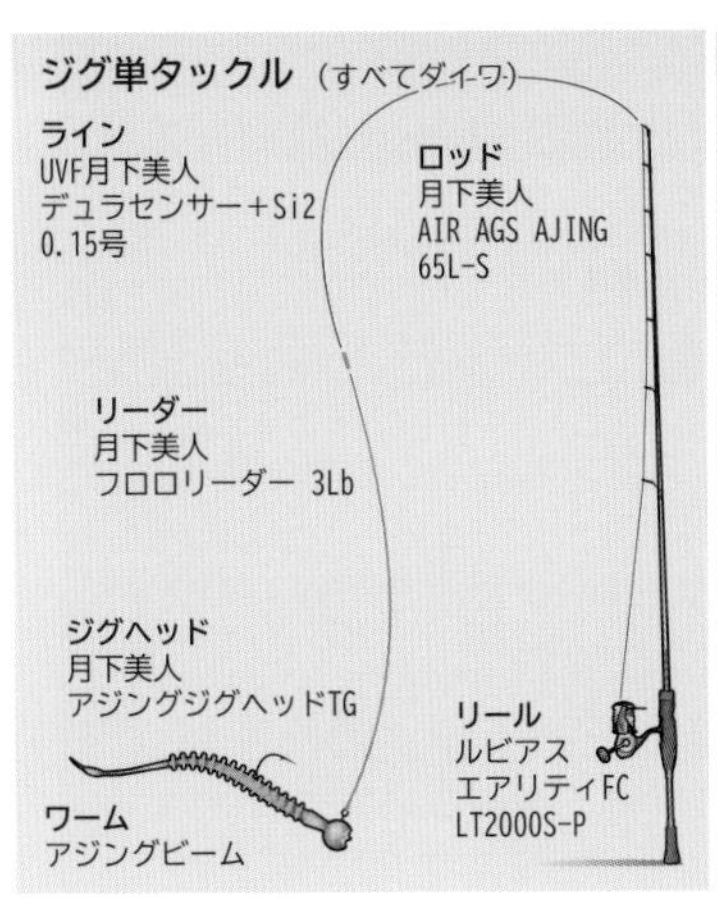

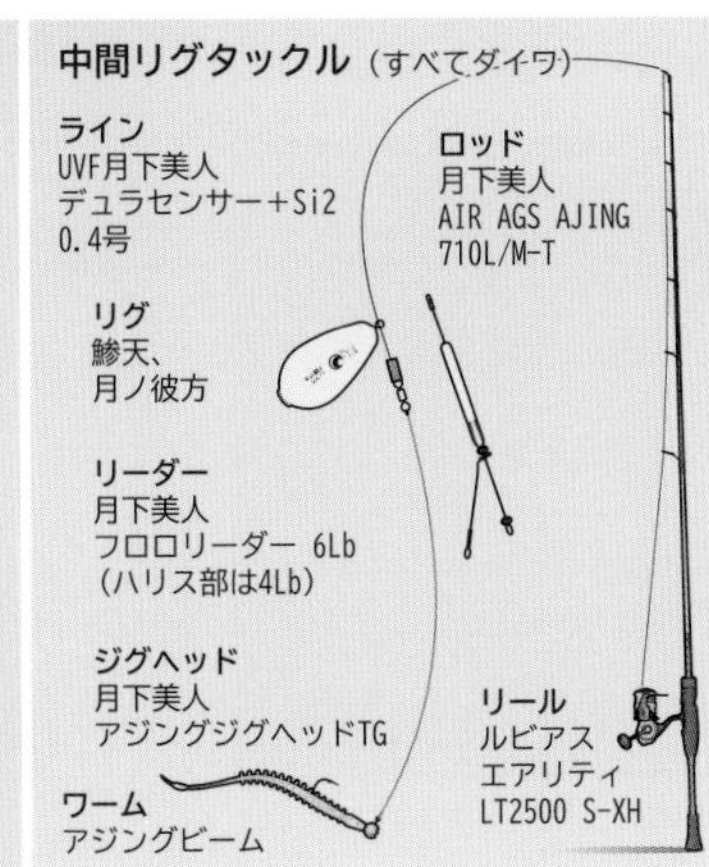

ジグヘッドもフロートも、遠投する釣りであれば、PEラインがオススメ。

河川ならではの魅力は？

磯場やサーフ同様、河川ものびのびとアジングを楽しむには最適だ。釣り場も広く、なによりアジを狙って入るアングラーが少ない。その一方で、海と淡水どちらのエサも食べられるということで、それを求めて入ってくるアジの数は少なくない。

河川ならではの魅力、そして同時に難しさの元となるのが流れだ。流れのなかでヒットしたアジは、レギュラーサイズでも大型のような引きを見せる。また、ルアーを流れに乗せて下流にいるアジのところまで流すドリフト釣法も、河川であればかなりやりやすい。

まずは最河口部、海から数えて最初の橋付近で釣ってみよう。橋脚や照明といった、わかりやすいポイントの目印もあるため、どこに投げていいか迷うこともない。

河川攻略の基本テクニック

流れを考慮したコース取り

流れのある河川で、橋脚や明暗部などのポイントにルアーを通すには、流される距離などを計算して、より上流側にキャストする必要がある。タダ巻きすると弧を描くようなリトリーブコースになるので、その頂点に狙うポイントがくるよう、キャスト位置やリトリーブスピードを調節しよう。さらにレンジを下げる場合には、フォールさせるぶんを計算に入れ、より上流側へとキャストするといいだろう。三次元でポイントをイメージすることが重要だ。

橋に設置された外灯も、アジを寄せる光源となる。大規模な港に雰囲気は近いが、常に流れがある点に注意しよう。

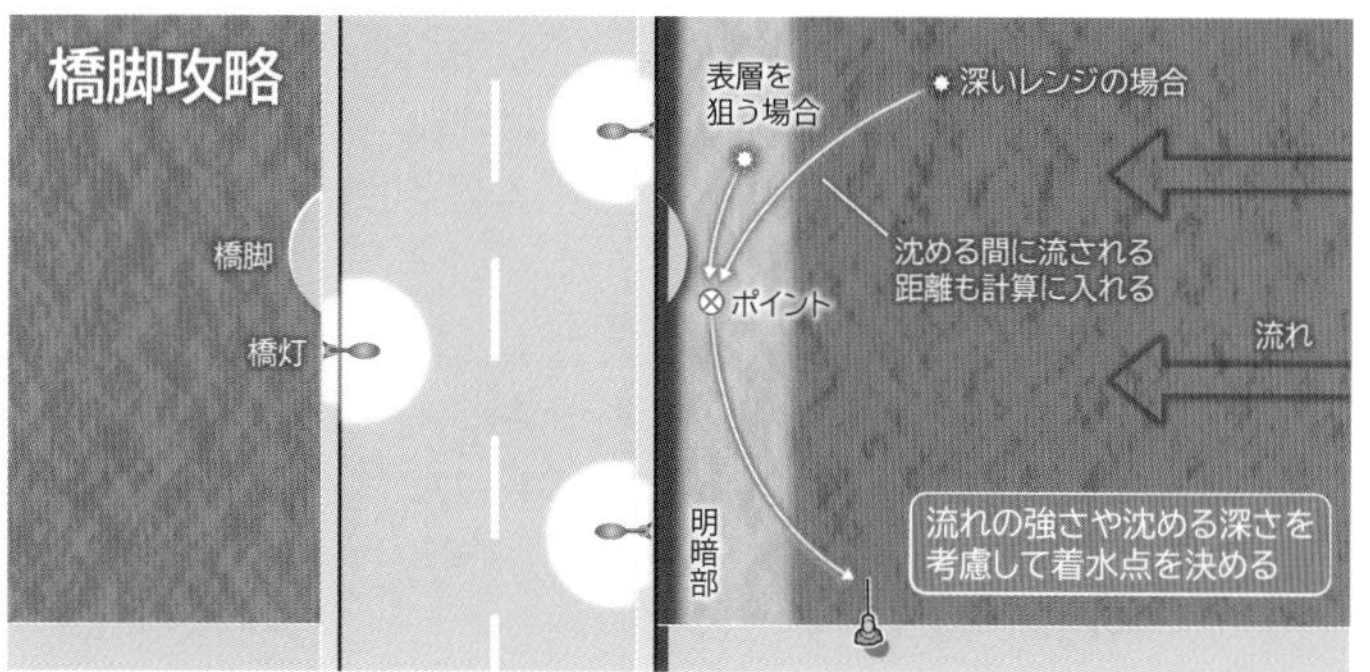

狙ったコースより上流にルアーを着水させることで、ポイント近くまでルアーが到達したときちょうどいい位置になる。河川内では、ルアーは常に流されていることをお忘れなく。

狙い方は堤防と同じ!?

漁港や堤防にさまざまなタイプがあるように、河川もいろいろなタイプがあり、ポイントや狙い方も変わってくる。

湾内などに注ぎ込む河川にある、流量が少なく河口部の水深があるようなポイントでは、攻め方は漁港と同じでOKだ。このようなタイプの河川は、海水がかなり上流まで入り込むので、河口域はほぼ海と思っていいほど、塩分や潮の影響を受けている。漁港やサーフにある突堤のイメージで、普段通り攻めてみよう。

中規模・大規模河川は塩水くさびが大きくなるので、河口から数km上流までアジが回遊することがある。河口域に漁港などの堤防や常夜灯があれば、やはり攻め方は一緒だ。いずれの場合も、雨後は底近くを狙うといいだろう。

06

堤防で船釣り!?
釣り公園のアジング

昼でもアジの居場所近くまで歩いてたどりつける釣り公園は、このとおり昼の釣果も日常茶飯事。

通常の漁港や堤防より沖に足場が設置された釣り公園では、堤防釣りの延長でありながら、船釣りの要素も含まれた仕掛けや釣り方が楽しめる。手軽さと釣果を兼ね備えた、アジングの新たな可能性がここにある。

都市部の海沿いに広がるオアシス
それが釣り公園だ

▲船と違うところは、揺れないので船酔いしないこと。手すりも設置され、家族連れでも安心して楽しめる。

水深のある沖に足場が設置された釣り公園。足場こそ違うが、これは実質船の釣りと変わりない。

釣り公園の魅力

釣り公園といえば、釣り初心者でも手軽に釣りができる場所。ほとんどの場所は手すりなどが設置され、小さな子供と一緒でも安全に釣りを楽しめる。また、トイレや駐車場が完備されている場所も多いため、普通の釣り場にありがちな、釣り場近くの駐車スペースを探す、コンビニまで用を足しに行くといったような、煩わしいこともない。さらに売店やレストランも併設されている場所もあり、飲み物や食事の調達も釣り場で済ませられる。まさに、至れり尽くせりの環境だ。

都市部の便利さと自然の釣果、それぞれのいいところが混ざっているのが、釣り公園の魅力といえよう。

オススメルアー

簡単確実ダウンショットリグ

船のバチコンでメインになるのがダウンショットリグだが、このリグは陸っぱりでも使える。沈みが速いので、釣り公園など水深のあるポイントでは特に効果的だ。基本は足元に落としてからの上下移動だが、キャストがＯＫの施設であれば、遠投して広範囲を探ることもできる。メタルジグなみの飛距離でありながら、ジグ単なみの食わせ力がある。エダスはフロロの４～6Lbを20㎝前後、ジグヘッドは0.2～0.5ｇ。下の捨て糸はフロロの8Lb程度で、オモリはナス型の２～４号を使うといいだろう。

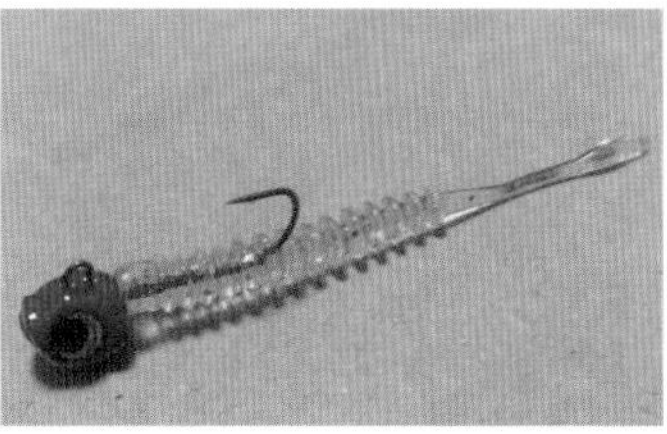

ジグヘッド単体の場合は、足元の海底へ素早く落とし込めるよう、やや重めの1.5ｇ前後を使う。

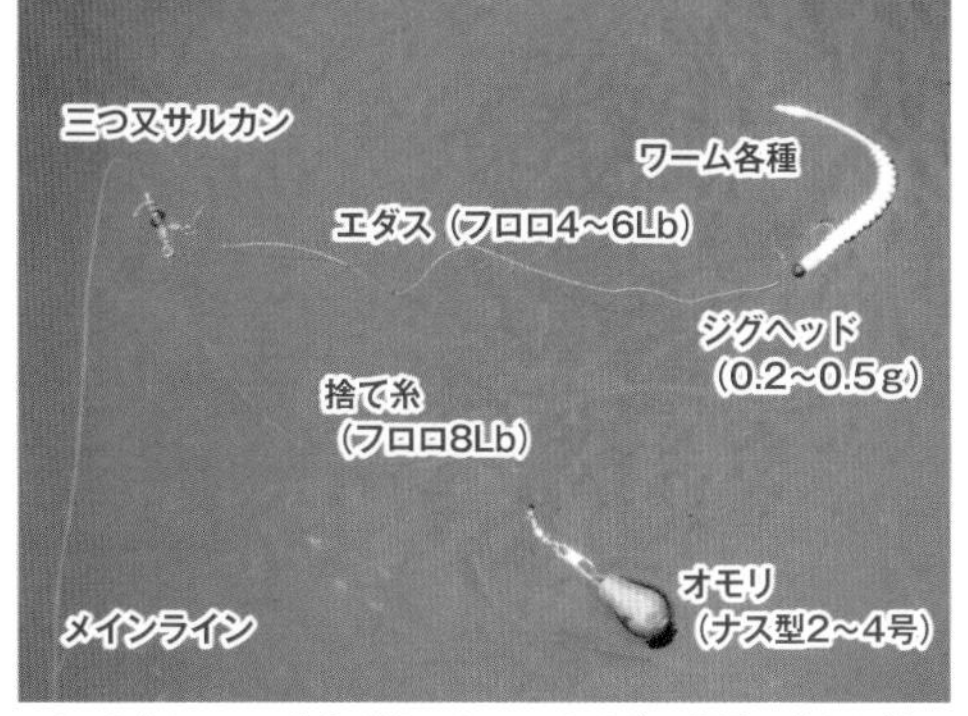

これがバチコンで使うダウンショットリグ。足元に落とし込んでも、遠投しても使える。

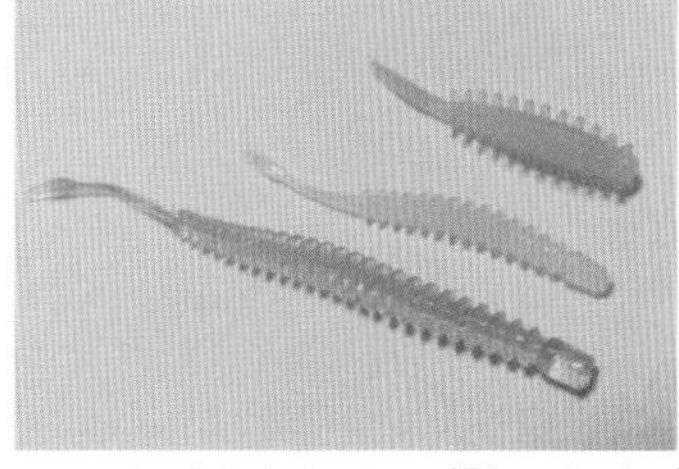

ワームは、よりナチュラルに漂わせることができるものがオススメ。

スローに漂わせたリグにヒットしてきた。

昼間でも釣れる秘密

大都市近郊の釣り公園は、大型船が出入りするような水深のある航路近くにあることが多い。通常の漁港や堤防から狙えるポイントよりはるかに深く、また潮通しもいいため、昼間でもアジが釣れる可能性が高い。また施設によっては、30㎝を超えるような大型が釣れることもある。

このほか釣り公園ならではの利点として、釣果情報の更新が早いという点も挙げられる。釣果情報が毎日、いや一日のうち何度も、ホームページにアップされるのだ。この情報量とスピード感は、普通の釣り場ではまずありえない。特に回遊の有無が釣果を大きく左右するアジングにおいて、新鮮な情報を常に提供してくれる釣り公園の存在は、実にありがたいものがある。

オススメタックル

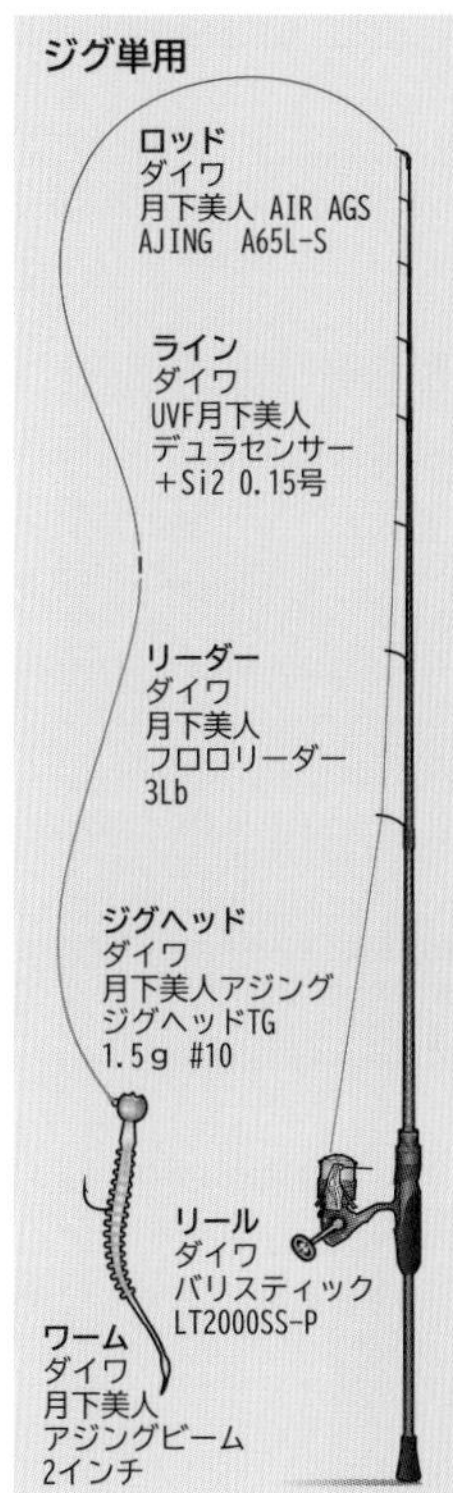

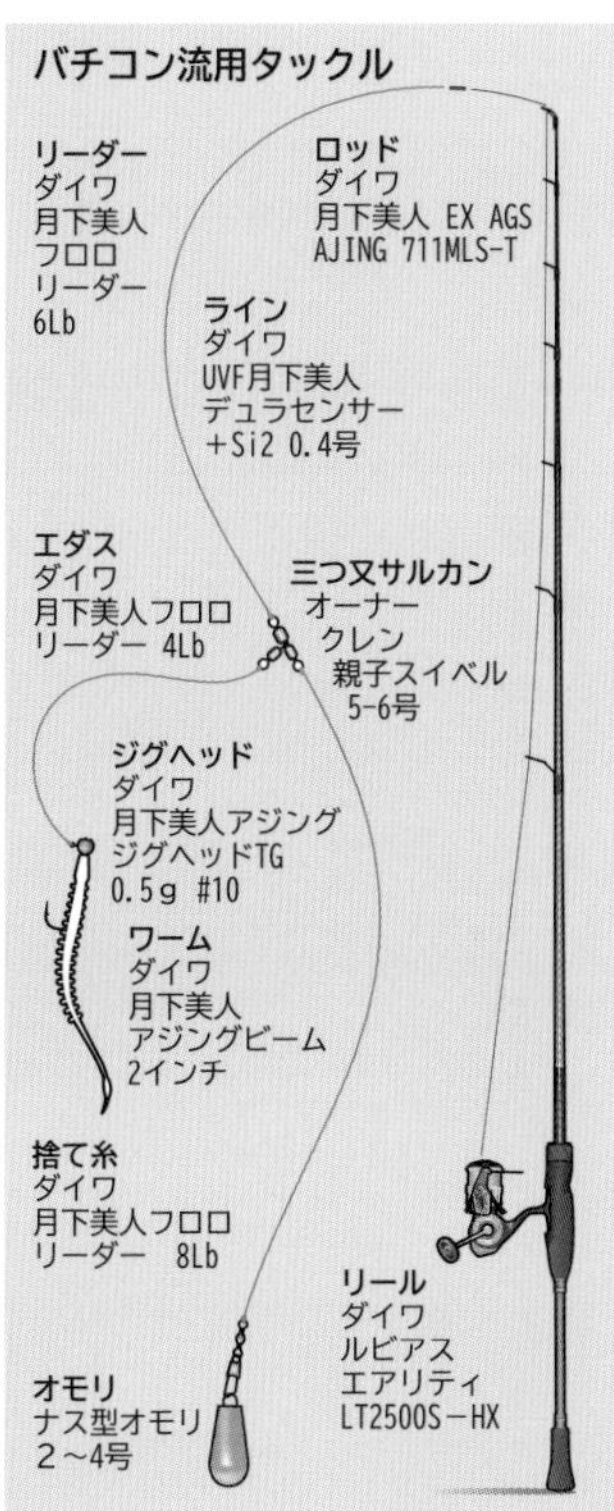

ジグ単用とバチコン用のダブルで

ジグヘッド単体用と、バチコン・フロート・キャロといった重い仕掛けをまとめて扱えるもの、タックルはこの2つを用意しておきたい。ジグ単用には、繊細に攻められるように、シャープで感度の高いロッドがベスト。深場を攻める時や足場の高い場所では、6ft前後とやや長めのほうが扱いやすい。一方バチコン用は、7～8ftのロッドに、ラインはPE0.3～0.4号、リーダーはフロロの6Lbほどを1m前後結んだのち、それぞれの仕掛けに応じた仕上げをする。

▶歩きやすい釣り公園なら、タックルを2本持ち歩くのも楽だ。

バチコンってなに？

通常の漁港の堤防と比べ、沖に設置された足場から釣ることの多い釣り公園は、足元から急に深くなっていることも多い。これはつまり、船に乗ってはいないが、船釣りと同じようなポイントを、同じような釣り方で狙うことができるということだ。

そこで試してみたい釣り方に「バチコン」と呼ばれるものがある。「バーチカルコンタクト」の略で、仕掛けを船から真下に落として釣る、船のアジングでよく使われる釣り方だ。

まずは、ルアーを真下に落とせる仕掛けを用意しよう。リーダーの先端にオモリをつけ、リーダーから枝分かれさせた別のリーダー(エダス)にハリとワームを取りつける、ダウンショットリグがオススメだ。これで下から上へ、順に探っていこう。

第5章

アジング 春夏秋冬

季節に応じたこんなアジはここに隠れてこう食ってくる

アジはほぼ一年中釣れる魚だが、いつも同じように釣れるわけではない。冬から春にかけて産まれ、夏から秋に大きく成長し、そして次の冬には産卵にそなえるという、アジの年間スケジュールに応じた釣り方が、これだ。

CONTENTS

01　大風を逆に利用する春のアジング
02　数もサイズも好きに楽しめる夏のアジング
03　あの手この手で爆釣をめざす秋のアジング
04　シンプル志向で寒さを乗り切る冬のアジング

01

大風を逆に利用する春のアジング

大風をうまく味方につければ、春のアジはぐっと釣りやすくなる。

春は大型のアジが期待できるシーズンだが、同時に一年で最も風が吹き荒れる季節でもある。アジングのように軽い仕掛けを使う釣りにとっては、実に厄介な大風だが、これを逆に利用する釣り方をご紹介しよう。

▲向かい風はアジのエサを岸際に寄せ、アジもまたそれを狙って足元近くに寄ってくる。

夜になって、さらに風が強くなってきた。帰る準備をする前に、風向きをチェックだ。正面からの向かい風または追い風なら、むしろチャンスとなる。

大風だからと帰るのは早いむしろチャンスと喜ぶべき

春は大型真っ盛りのはずが

心地よい陽気の春は、人間が出歩くのに都合がいいだけでなく、アジにとっても産卵を控えた大事な季節である。この時期、一年で最も平均サイズの大きなアジが、産卵のために岸近くに寄ってくるのだ。

だが春は同時に、大風がよく吹く季節でもある。冬から春、春から初夏といった季節の変わり目は、毎日のように大風が吹き荒れることも珍しくない。

1gのジグヘッドをメインに、重くてもせいぜい10g前後のフロートやメタルジグといった軽いルアーを使うアジングにとって、この大風は実に厄介な存在であるが、同時に好条件を呼ぶカギにもなるのだ。

オススメルアー

重めのジグヘッドで巻いてこよう

岸際に寄せられたエサを食べに集まってきた高活性のアジを釣る場合は、リールを巻いて活発にルアーを動かすことになるため、水中でフワフワと漂う動きを出せる軽いジグヘッドは必須ではない。むしろ、風に負けずまっすぐ飛ばすことのできる、やや重めのジグヘッドのほうが使いやすい。いつも１ｇを使うポイントであれば1.5ｇ、２ｇと、ひとまわり重いものでいいだろう。重いジグヘッドは、水中でラインテンションを維持するのにも役に立つ。

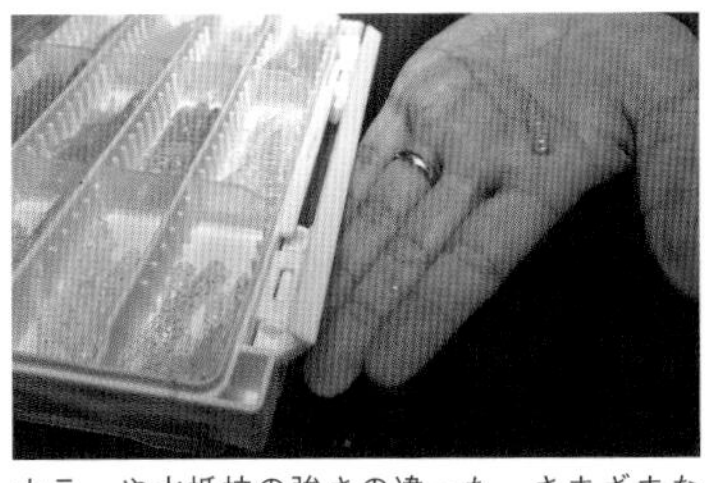
カラーや水抵抗の強さの違った、さまざまなワームを持ち込んで試してみたい。

ピピン（テトラワークス）。重めのジグヘッドにセットし、水中を巻いて引いてくるのに適した、ストレートタイプのワーム。

迷ったら、このように魚種別にジグヘッドとワームがセットになった入門セット（テトラワークス）に頼るのも手だ。

巻きの釣りは、大小問わずアジがヒットしてくる。ワームがぎりぎり口に入るような豆アジが釣れたということは、水中でちゃんとワームが泳いでいた証拠だ。

向かい風が狙い目

ルアー釣りにかぎらず、さまざまな釣りにおいて悪条件のように思える強い向かい風だが、実はアジングにとっては理想的な条件である。

軽いルアーが飛ばないのに、どうして？　と思うかもしれないが、向かい風は小さなエサを岸際に寄せ、アジにとってちょうどいいエサ場を、アングラーの目の前に作り出してくれる。つまり、遠投しなくても届く範囲に、アジを寄せてくれるのだ。

また、風に吹かれてできた波が海面をかき回すことで、水中の溶存酸素量が多くなる。さらには波立つことで水中のアジの視界をさえぎり、陸にいるアングラーが見えにくくなってアジの警戒心が弱まるといった、数々のメリットも生じる。向かい風は、ピンチではなくチャンスと心得よう。

オススメタックル

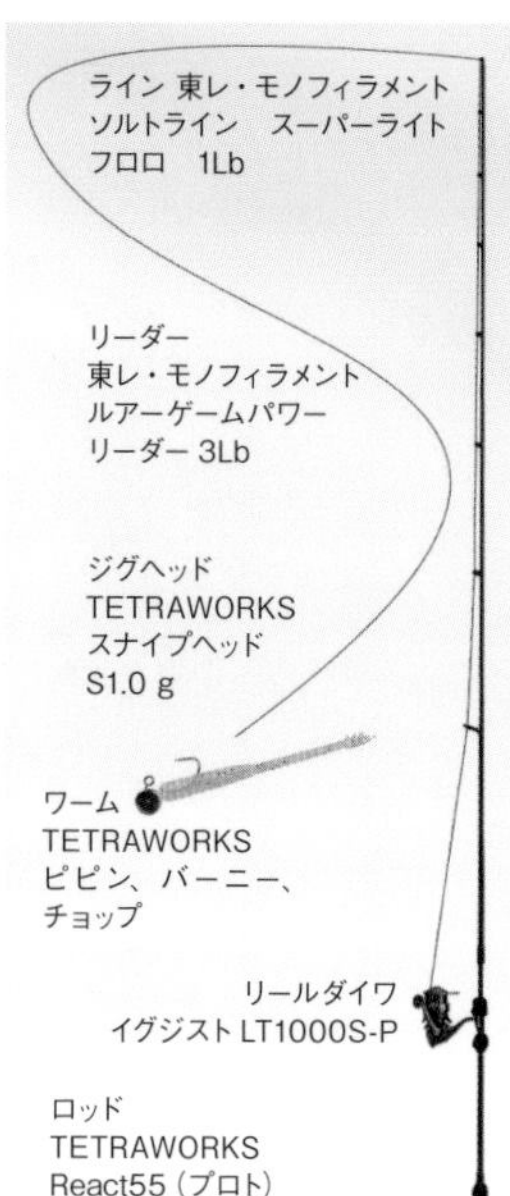

大風対策にフロロライン

おもにリーダーで使われるフロロカーボンだが、実はラインとして使う手もある。大風時の巻きの釣りで、ジグヘッドを浮き上がらせないために、比重の高いフロロカーボンはとても役に立つのだ。1Lb 前後と、普段リーダーで使うものよりさらに細いフロロカーボンをラインとしてリールに巻いたら、先端には 3Lb と、こちらはいつもどおりの太さのリーダーを接続する。合わせるロッドは、ジグヘッド単体用の短めのものがオススメだ。

飛距離は最初から期待せず、手の届く範囲内での操作性を重視した結果が、この短めのロッド。

カラフルなエステルラインやPEラインと違い、透明なフロロカーボンをラインとしてリールに巻くと、このように白い見た目になる。

ラインを風に当てない

だが、いつも都合よく向かい風が吹いてくれるとは限らない。追い風ならまだいいとして、横からの強い風は最悪だ。立ち位置を工夫したり、ポイントを変えるなどして、まずは横風のなかで釣りをする状況を避けるところからスタートしよう。

どうしても横風のなかで釣りをせざるを得ないときは、ロッドティップを下げて海面に近づけ、ラインを空気中にさらさないようにしたい。こうすることで、ラインの大部分を水のなかに隠せるようになる。水に入ったラインは横風の影響をほとんど受けないため、あらぬ方向に引っ張られて糸フケを生じさせることもなくなる。糸フケを生じさせたまま釣りをすると、アタリがとたんに感じ取りにくくなり、数少ないチャンスを逃しかねない。

春の大風時に負けないテクニック①

風は正面もしくは真後ろから受ける

春の大風は、正面から受ける向かい風がベストで、真後ろから受ける追い風がそれに続く。こういった風は、広いポイントのなかでアジの居場所を固めるか、アジの居場所までルアーを届かせてくれる働きをしてくれる。向かい風であれば、外洋に面した漁港内に風を嫌ったアジやエサが集まり、チャンスとなる。一方追い風であれば、遠浅のポイントを広範囲に探ってみよう。

キャストしたらすぐ、このようにティップを下に向けてラインを水に漬け、糸フケを素早く回収する。向かい風のときは特に有効となる。

▼追い風のなかで釣りをするときは、ロッドを立ててしまうとラインが風にあおられ、ルアーが浮き上がってしまう。ロッドを横に倒し、サビくように操作しよう。

春の大風時に負けないテクニック②

アクションは下向きに

アジングに限らず、大風の影響を少しでも弱めることが、ライトゲームにおける鉄則となる。ロッドティップを下向きになるよう構え、ラインが風に当たる部分が最小限になるよう心がけよう。

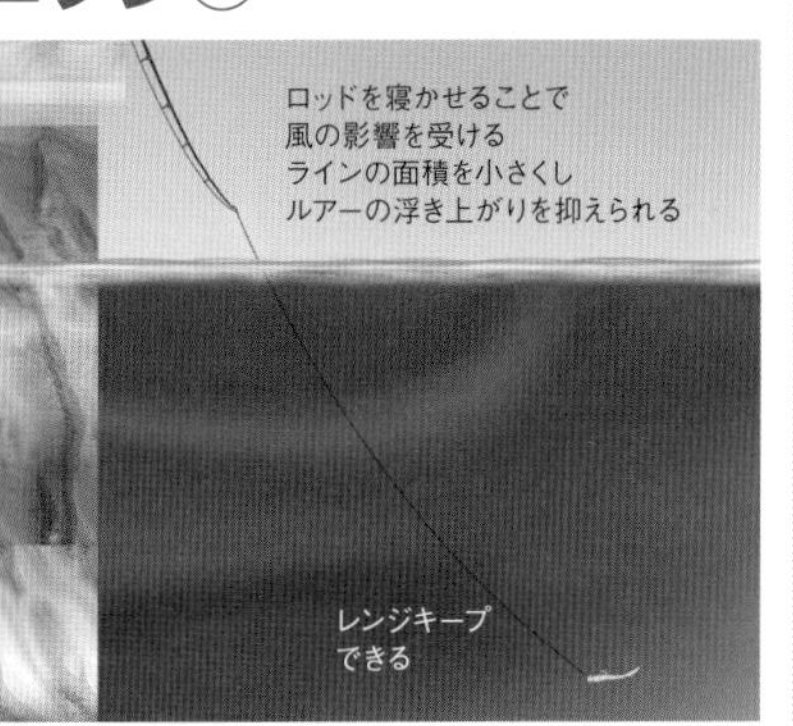

追い風の場合は、このようにロッドを下向きに構えると、足元の壁が後ろからの風を完全に防いでくれる。

リールだけでルアーを操作

水中にうまい具合にラインを隠したら、次はリトリーブだ。通常のアジングであれば、ロッドの操作でルアーを動かし、リールはその際生じたラインのたるみを回収するだけというのが基本だが、大風時でラインを水中に入れて操作する場合は逆となる。ロッドはなるべく動かさず、リールを巻いてリトリーブする。

この場合、リールを巻くスピードで、ルアーのレンジをコントロールすることになる。遅く巻けばルアーは沈み、深いレンジを引ける。逆に速く巻けばルアーは浮き気味になり、浅いレンジを引いてこられるという具合だ。

このように、ロッドを固定してリールだけで操作することで、常にラインの張りを感じ取りながら釣りをすることができるのだ。

夏は釣る時間帯や場所をちょっと変えるだけで、さまざまなサイズのアジが釣れる。

02 数もサイズも好きに楽しめる夏のアジング

水温、気温ともに急上昇する夏は、アジを数釣りするチャンスだ。港内に居着く小型アジがさかんにエサを食べる一方で、朝夕のマヅメには大型も港内に入ってくる。数と型、どちらも好きに狙えるのが、夏のアジングだ。

小型アジだけじゃない良型も狙える夏

常夜灯周辺で小型と遊んでいたら、沖のほうに「ライズ」を発見。大型の予感がしたので狙いを切り替える。

▼ジグヘッドに受ける水の抵抗を感じ取りながら、軽めのロッドアクションを入れ、ルアーを水中でフワフワと動かすのが基本。

夏の状況をまず整理

梅雨が明け、全国各地で晴天が広がるようになった夏のアジは、非常に活性が高い。初めてアジングに挑戦するには、最適の季節といえる。

夏は水温が断続的に上昇するにつれ、小型のアジが漁港内で活発にエサを食べるようになる。また朝夕のマヅメであれば、港内に居着いた小型アジのほか、港の外から大型が回遊してくることもある。小型の数釣り、一発大物狙いのどちらも期待できるのが、夏のアジングだ。

その一方で、あちこちの人気釣り場に多くの釣り人が押し寄せる季節でもある。特定の釣り場にこだわらず、混雑していたらすぐ移動するなど、柔軟な計画を立てておきたい。

オススメルアー

最適なウエイトは？

　ジグヘッドは軽めのものを使うのが基本だが、自分がどのような釣りを展開したいかで、必ずしもそうとはいえなくなってくる。表層付近でゆっくり見せたい場合は、最大でも１ｇ、できればそれ以下の軽いものが有利だが、風が強かったり、アジの居場所が遠かったりする場合は、２ｇ前後のジグヘッドを使うことも念頭に入れておこう。「今したい釣り」を実践できる範囲内で、最軽量のものを選ぶよう心がけたい。

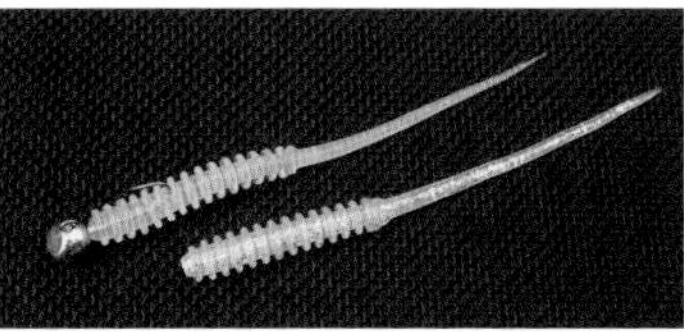

表面積の広い前部とスリムな後部を組み合わせたワームは、プランクトンのフワフワした動き、小魚のキビキビとした泳ぎのどちらも再現できる。

アジスタ！ SSの1.0gとギョピン！（ともにTICT）の組み合わせでヒット。本当はリグを軽くしたかったが、思っていた以上に風が強かったので、このウエイトになった。

飛距離がもっとほしければ、フロートリグを使うのも手だ。

明暗の境目を中心に、水中を漂うようにジグヘッドリグを操作する。

夏アジはプランクトンを釣る⁉

　アジは一年中プランクトンを捕食しているが、夏はいつも以上に好んで捕食する。このプランクトンが集まりやすい場所は、適度な流れがあり、ヨレが形成されるところとなる。そこに常夜灯が絡めば、まず間違いなくプランクトン、そしてそれを狙うアジがいる。

　アジがこのプランクトンを夢中で捕食しているときの狙い方は、基本は表層付近から探り、アジが反応するレンジを探しながら徐々にレンジを下げていくというものだ。ただし、ヒットするレンジを見つけても、この時期のアジはレンジをよく変えてくるので、一筋縄ではいかない。連発していたのに途端に反応が鈍くなったら、また表層付近からリグを入れ直し、アジのいるレンジを見つけ出す作業を繰り返そう。

オススメタックル

ジグ単用とフロート用の2タックルで夏アジを狙う。

やっぱりほしい2タックル

比較的近距離の港内だけでなく、朝夕のマヅメでは港の出入り口付近を遠投して探ることもあるため、可能なかぎりタックルは複数持ち歩きたい。ジグヘッドリグ単体用にエステルラインを張ったものと、フロートリグ用にPEラインを張ったものの2種類があれば、夏アジングのほぼすべての状況に対応できる。

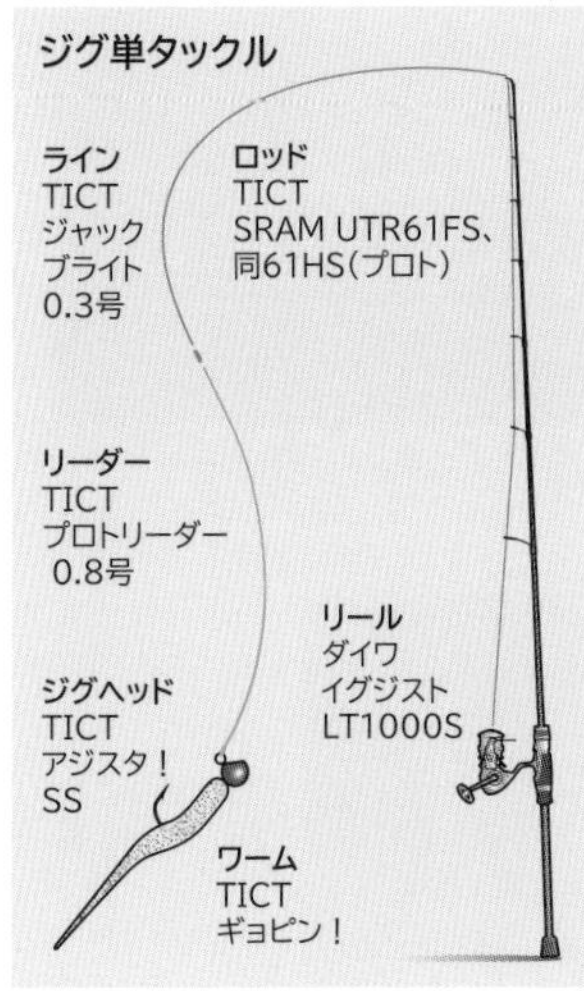

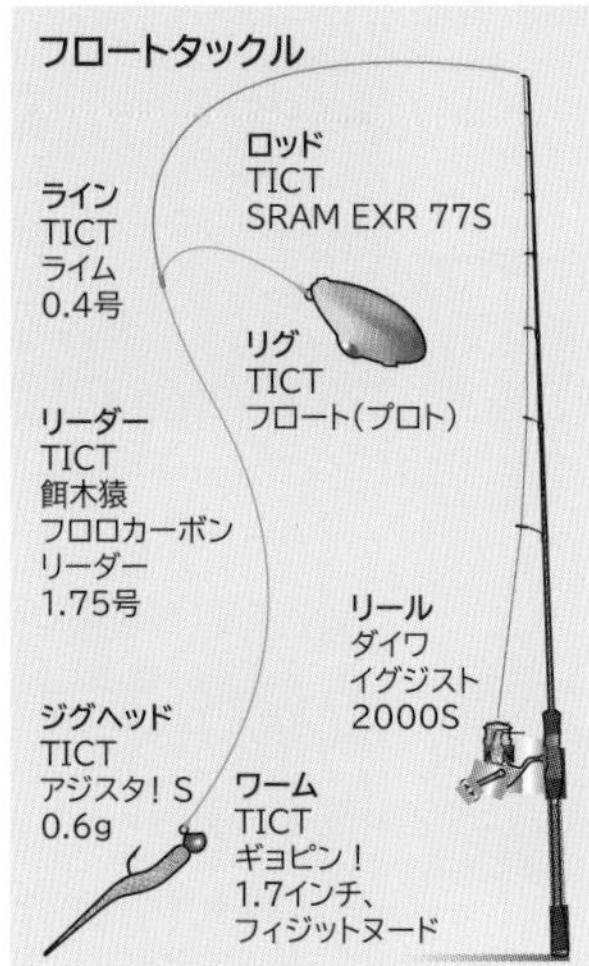

ジグ単用エステルライン、ジャックブライト(TICT)。

PEラインを選ぶ際は、ライム（TICT）のように比重が高く、水に沈むものがオススメ。

タダ巻きこそ最強⁉

水温が高いこの時期は、アジが水面のエサを捕食し、その際に水面に無数の波紋を発生させる「ライズ」と呼ばれる現象もよく見られる。アジに限らず、これは狙う魚の活性が高い状態であることが多い。捕食しているベイトの種類を見極め、その動きに合わせてアクションさせることが、釣果を伸ばすコツとなる。迷ったら、あれこれ考えずに表層をタダ巻きするだけでもいい。

タダ巻きで反応がなければ、ちょんちょんとワームを動かしてアピールしたあと一瞬止め、アジが食ってくる「間」を作ってやろう。緩急をつけた動きを入れることで、アジが食ってきやすくなる。それでも反応がなければ、今度はレンジを変え、タダ巻きやリフト&フォールで反応を探ってみるといいだろう。

このサイズならいくらでも釣れる。夕涼みがてら、夏のアジングを楽しもう。

夏のアジングを制するテクニック

7～9月の夏アジ事情

夏に釣れる豆アジは、春に産まれたものが成長したアジだが、そのスピードには個体や群れによって違いが出てくる。10cm前後の豆アジが釣れ盛ったと思ったら、20cm前後のレギュラーサイズ、ときには30cm近い個体と、いろいろなサイズが混在するのも、夏アジングの特徴だ。このサイズを釣り分けたければ、ポイントを選ぶといいだろう。港の外では回遊してくる大型、港内の常夜灯周辺では小型・中型の数釣りと、各自の好みによってサオを出す場所を変えてみよう。

大型を狙いたければ、まだ日が沈みきっていないマヅメ時、港の外を遠投して探る。

小型・中型の数釣りは、完全に暗くなり、常夜灯の光が周囲を照らすようになってからがチャンス。

軽めのジグヘッドがオススメ

港内のような狭い場所で、プランクトンを好んで食べるアジを狙うなら、まずはジグヘッドリグ単体を使おう。水中をフワフワと漂うプランクトンの動きに近づけるため、なるべく軽いものを使いたい。

一方で、あまり軽すぎると、飛距離が足りずにアジの居場所まで届かないことがある。また重すぎると、アジが食ってくるレンジを一気に通過して沈んでしまい、アタリがなかなか出なくなる。1gを基準に、その日の適正なウエイトがどのくらいか、小刻みに変えて探っていこう。

このように、アジのレンジや適正なジグヘッドのウエイト、さらにはワームのカラーや形が日替わりになるのも、夏のアジングのおもしろいところであり、少し難しいところでもある。

03 あの手この手で爆釣をめざす秋のアジング

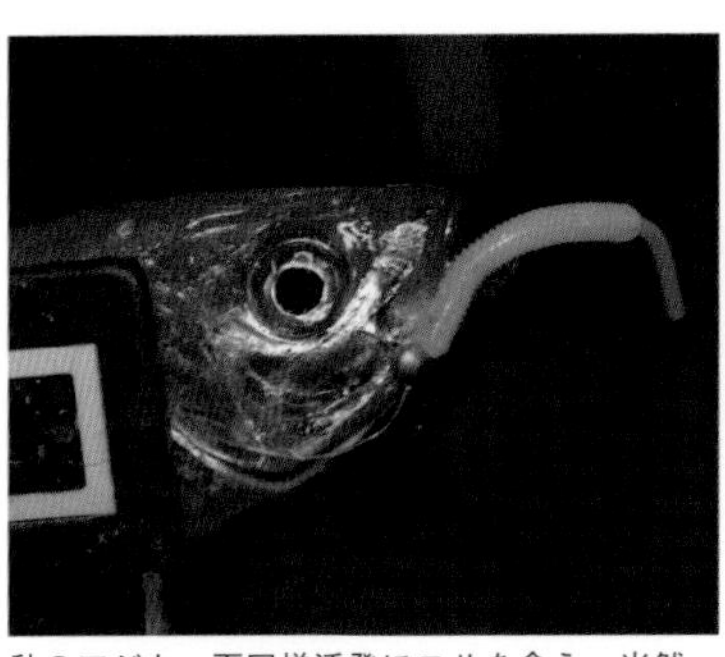

秋のアジも、夏同様活発にエサを食う。当然、ルアーにもよく食ってくる。

夏に続き、秋もアジング入門には最適な時期だが、夏に比べてアジも成長し、一筋縄では攻略できない場合も出てくる。ワームやジグヘッド、投げる位置、巻くスピードやレンジなど、あの手この手を駆使しよう。

明るい時間帯での釣果が期待できるのも秋の特徴だ。ただし、多くのゲストに備えておく必要がある。

▲ちょっとしたカラーやサイズの違いで、とたんに食わなくなることもあるのが秋のアジ。ルアーはなるべく豊富なバリエーションをそろえておきたい。

幸か不幸かアジ以外にもいろいろ釣れる

明るいうちからチャンスあり

夏に引き続き、まだまだアジが成長期にある秋は、食欲旺盛な小型や中型が活発にルアーを追う。夏に比べて外を歩きやすい陽気のため、暑さや寒さへの備えをあまり気にしなくていいのもうれしい。

秋の特徴は、明るいうちでも釣れるチャンスが比較的多いことだ。港内の常夜灯につられて集まったプランクトンのほか、朝晩通して回遊する小魚も、アジのエサになっているからだ。ただしこれらの小魚は、アジ以上に動きが速く、またアジ以上に強い、カマスやメッキ、小型青物といったほかの魚も狙っている。アジだけを狙うのは、かえって難しいかもしれない点に注意したい。

オススメルアー

2インチ前後のストレートなもの

明るいうちは、アジは泳ぎ回る小魚を意識していることが多い。このためワームは、キビキビとした泳ぎが出せるストレート系のものを選ぼう。大きさはアジング標準の2インチを基本に、プラスマイナス0.5インチの範囲内でいろいろ試してみよう。この条件を満たすワームは「メバル用」と銘打って販売されていることも多い。メバル用といいつつ、アジにも効果絶大なものがあることも覚えておきたい。

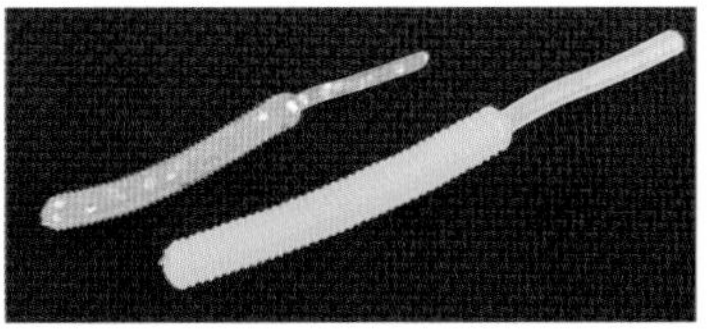
アジが表層を意識しているときは、ソリッドカラーの派手なものを選ぼう。

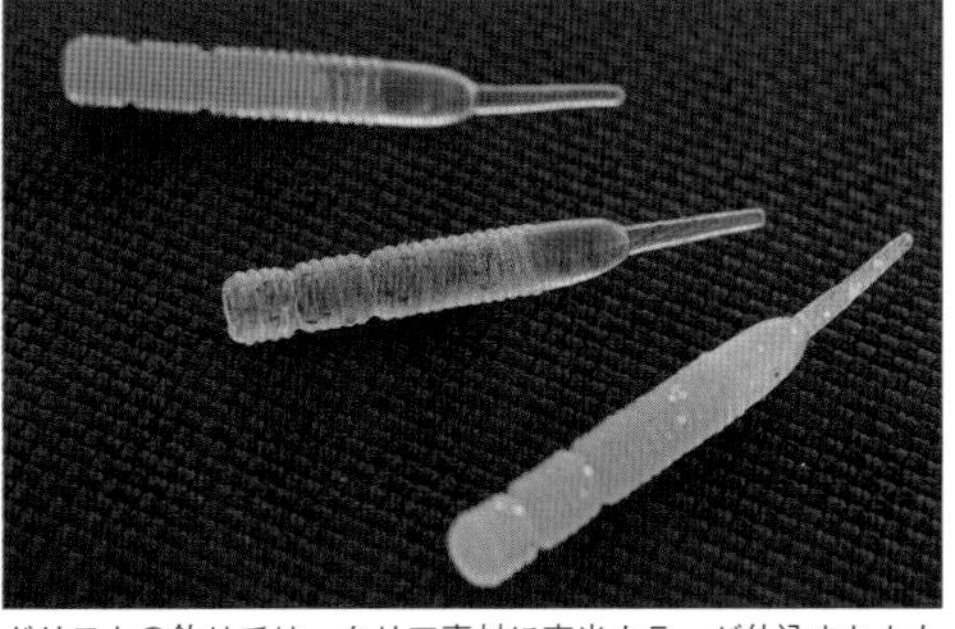
ドリフトの釣りでは、クリア素材に夜光カラーが仕込まれたものがオススメ。

スクリューテールグラブ（スミス）のように、メバル用とパッケージには書いてるが、実際はアジもよく釣れるワームがある。

港内のポイントでは、このようにメバルが混じって釣れることもある。これは仕方がない。

見えるアジはこう攻める

まだ暗くなりきる前のタマヅメ、小魚を追ったアジが、港内の見える範囲内で回遊する姿をときおり見かけるのも、秋のアジングでよくある光景だ。

アジに限らず、見える魚を釣るのは、思ったほど簡単ではない。こちらから見えているということは、むこうもこちらを見ているということだ。不用意に群れのなかにルアーを投げ込んでしまうと、一気に警戒心が高まり、釣れるはずのアジも釣れなくなってしまう。

群れを見かけたら、そのなかにルアーを落とすのではなく、少し離れた場所に着水させたのち、リトリーブで群れの近くまで引っ張ってくるのが基本だ。また、泳いでいる層のさらに下へ落とし、上へ向けて引っ張ってきてもいいだろう。

オススメタックル

万能のチューブラーティップ

ジグヘッド単体用のアジングロッドは、穂先に繊維が詰まった「ソリッドティップ」が主流だが、穂先が中空になった「チューブラーティップ」がラインナップされていることもある。ジグヘッド単体との相性はソリッドティップには及ばないが、ロッドの適正重量範囲内であれば、小型のフロートやプラグ、メタルジグといった、ほかのルアーも扱える。シーバスなど大型魚がアジを散らして港内に入ってきたときも、チューブラーティップのロッドがあれば対処が可能だ。

ベイライナーAJ BL-642L-T/AJ（スミス）。ジグヘッド単体のほか、5g以内であれば、ほかのルアーにも幅広く対応するロッド。

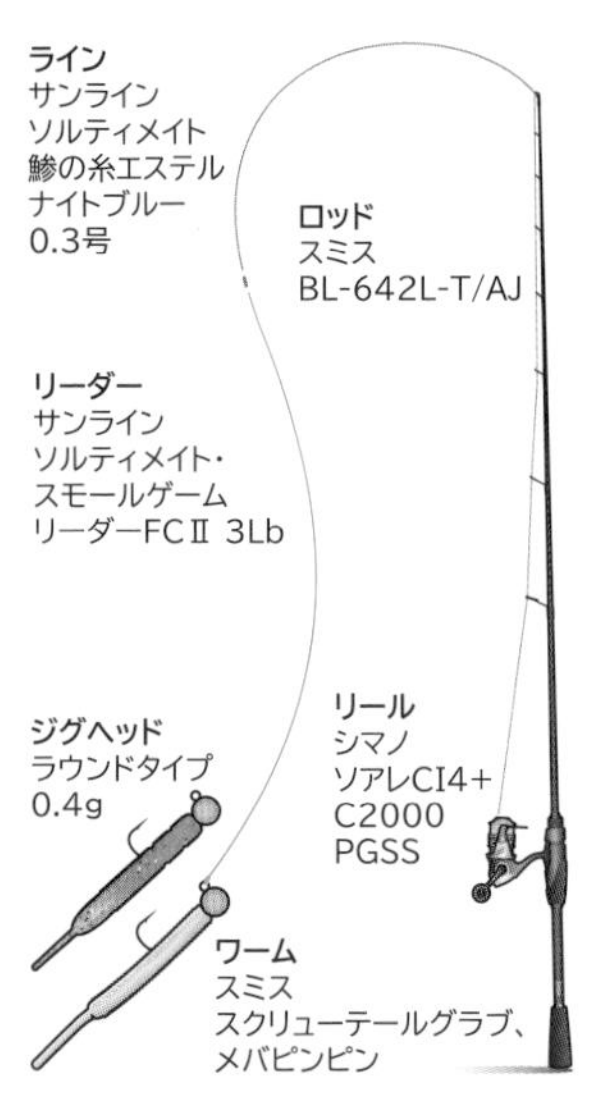

▶アジ以上の大型が、いつルアーを食ってくるかわからない。タックルのセッティングは慎重に行ないたい。

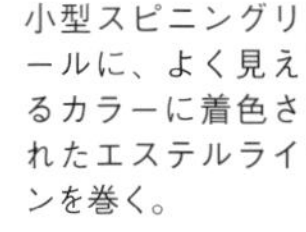
小型スピニングリールに、よく見えるカラーに着色されたエステルラインを巻く。

暗くなったらドリフトで

日が落ちて常夜灯が灯り、暗い海に明かりがさすようになったら、次は夜の釣りだ。こうなると春や夏同様、明かりにつられたプランクトンを食べに、アジも明かりまわりに集まってくる。

もし風が吹いているようなら、風や流れにラインを引っ張らせることでワームを流す、ドリフト釣法を試してみよう。リトリーブより、さらに自然なプランクトンの動きを演出できる。アジが表層近くで食っているようなら、流すライン、その先につながったジグヘッドリグとワーム、それを食うアジが見えて、とても楽しい。

ただし、ワームの大きさや種類、ジグヘッドの重さが少し違っただけで、とたんに反応が悪くなることもある点には注意しよう。

秋のアジングを制するテクニック

上ずってきたアジはこう狙う

常夜灯につられて上の層を泳ぐようになったアジが見えたら、泳いでいる層の少し下までルアーを落とし、チョンチョンと上下に動かして誘ってみよう。アジは、泳いでいる層とエサを食う層が違うことがある。上のほうを泳ぎつつ、下にいるエサを見て、スキを見て捕食しにいくアジには、このテクニックが非常に有効だ。

アジがいる層とエサがいる層が違うことを意識し、エサのいる層にルアーがくるよう操作する。

◀なるべく姿勢を低く構えることで、水中のアジにこちらの姿を見せないようにしよう。

▼常夜灯に加え、係留されている船やロープといったプラスアルファがあると、さらにアジの警戒心は弱まる。ルアーを引っ掛けないよう注意して、周囲を探ってみよう。

船の灯り
船
暗
明
表層直下で群れているアジに対して少し下のレンジで誘い、そこからのフォールで口を使わせる
アジは灯りに着いている
アジはフォールに好反応

シーバスはどうしようもない

秋はアジのほかにも、さまざまな魚の動きが活発になる。明るいうちは、アジと大きさが変わらないカマスやメッキが少々邪魔をする程度だったが、暗くなるとシーバスやアオリイカといった、アジを捕食する肉食魚も港内に入ってくる。

これらの捕食者が入ってきたら、その日のアジングは残念ながら終了だ。アジは暗がりにじっと身を潜めるか、沖に群れごと逃げ込んでしまい、まずルアーへは反応しなくなる。逃げ遅れたアジが、シーバスやアオリイカに食われてしまうのは言うまでもない。

その場から移動してもいいが、メタルジグなどを扱えるある程度パワーのあるアジングロッドに持ち替え、これらの中型・大型の魚を狙ってみてもいいだろう。

まずは1尾確保！　なにかと厳しい冬のアジングも、アジの顔を見れば、とたんに楽しい時間に変わる。

04 シンプル志向で寒さを乗り切る冬のアジング

冬はアジングの最盛期だが、人間にとってはなかなか厳しい季節でもある。なんとか短い時間で効率的に釣果を挙げたいという人にピッタリなのが、守るべきポイントを最小限に絞り込んだ「シンプル志向」のアジングだ。

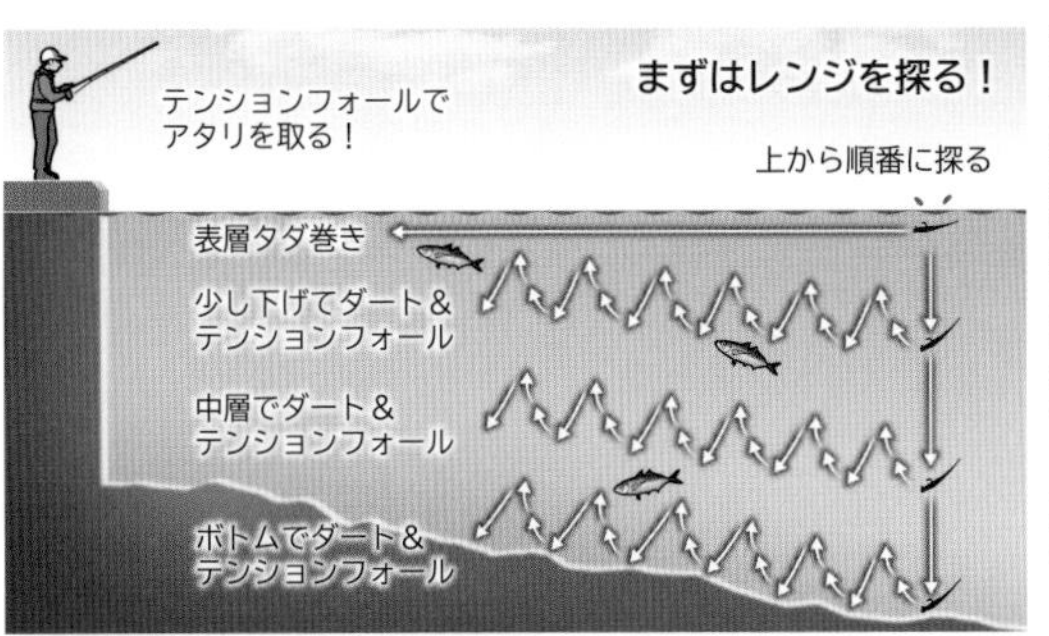

アジは表層からボトム付近まで、あらゆるレンジを回遊する。表層から底近くまでまんべんなく探ろう。

漁港の出入り口付近は、水深もかなり増し、それだけアジのレンジも上下に広がってくる。なるべく早く、正解のレンジを引き当てたい。

レンジとワームのタイプこの2点だけに注意しよう

なにはなくともレンジ

アジはレンジ、つまり泳層を釣る魚といわれる。アジが食ってくるレンジにルアーを通さないかぎり、まず釣れることはない。これは、アジの活性がやや鈍る冬になると、さらに極端になる。

というわけで、冬のアジングで守るべきポイントその1はレンジだ。明るい時間は底近くにべったりと張り付く一方で、暗くなるにつれて徐々に上のほうへとレンジを移動させていくというのが、一般的なパターンである。

だが、水温や濁りといった条件が変わることで、必ずしもこのような動きをするとは限らないことは覚えておこう。

オススメルアー

テールの違いに注目

ピンテールとフラットテール、タイプの違う２種類のワームだが、その違いはテール、つまり尾部を見て判断することが可能だ。ピンテールはその名のとおり、ピンのような細いテールがついている。一方フラットテールは、ヘラやコテのような平たい形のテールで、こちらもひと目でわかる。また、ここでご紹介した鯵PIN、鯵FLATのように、製品名やパッケージに明記してある場合も多い。これなら迷うこともないだろう。

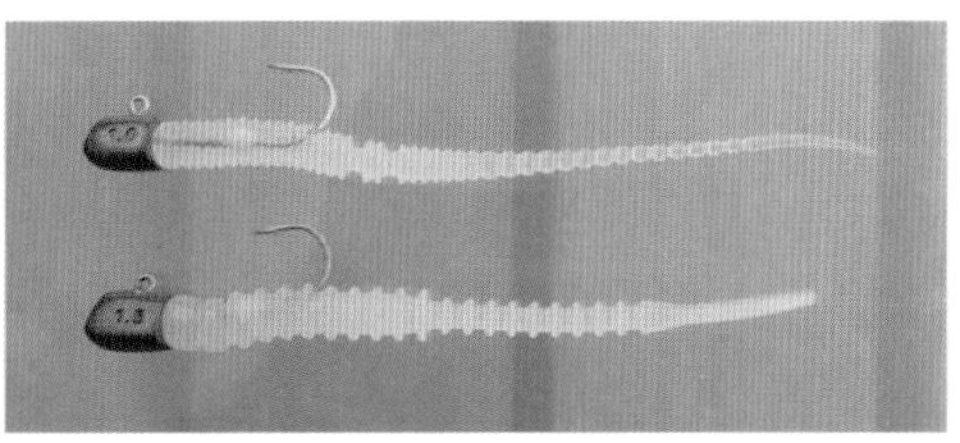

上がピンテールタイプの鯵PIN、下がフラットテールタイプの鯵FLAT（ともにメジャークラフト）。ピンテールはおとなしめで数釣り向き、フラットテールは派手めで型狙い向き。

ピンテールタイプの代表、鯵PINのパッケージがこちら。

柔軟な素材を使用した鯵PINは、このようにアジの口中へスッポリと入るため、フッキングもスムーズだ。

こちらは鯵FLAT。平たいひし形のテールが、強烈なアピールを生み出す。

ワームは2タイプのみ

道具立てもシンプルにしたい。具体的には、持ち込むワームの種類を2タイプに絞り込むのだ。

まずは、その日のアジの居場所や活性を判断するため「ピンテールタイプ」と呼ばれるものを使う。これでその場にアジがいるかどうか、とりあえず判断できる。まずは1尾釣りたい、というときにもオススメだ。

ピンテールタイプでアジがいることがわかったら、次はサイズアップを目指そう。ここで使うのが、強い波動を出せる「フラットテールタイプ」と呼ばれるものだ。水を押す力が強くアピール力も高いため、集魚効果も期待できる。一方で、そのアピール力の強さゆえ、長時間使うとアジの警戒心をかえって高めてしまうというおそれもある点には注意しよう。

オススメタックル

ソリッドティップ+エステルライン

ほかの季節に比べてアジのアタリも感じ取りにくいため、ソリッドティップのロッドとエステルラインという、感度を最優先した組み合わせのタックルを使いたい。エステルラインはフォール時のアタリも取りやすく、軽量ジグヘッドの遠投も可能、リールへのイトなじみも良好なため、初心者でも安心して使うことができる。一方、メバルやカサゴなども同時に狙う際は、汎用性に優れたフロロカーボンラインを使うといいだろう。

ソリッドティップのロッドは、ジグヘッド単体の釣りをいっきに簡単なものにしてくれる。

弾丸ライトゲームAJI（メジャークラフト）。一日まるごとアジングなら、アタリも取りやすく遠投も効くエステルラインがオススメ。

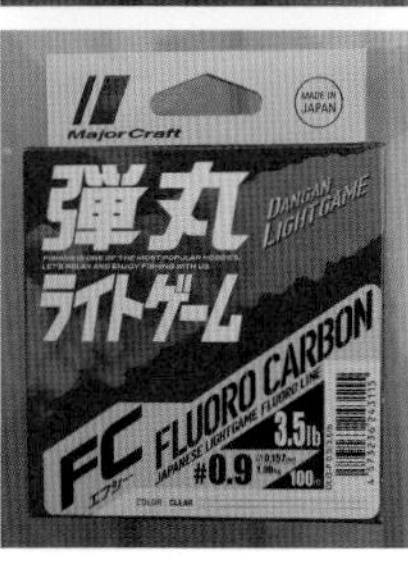

弾丸ライトゲームFC（メジャークラフト）。メバル、カサゴ、カマス、メッキなども混じった五目狙いであれば、より強度に優れたフロロカーボンラインを使うと安心。

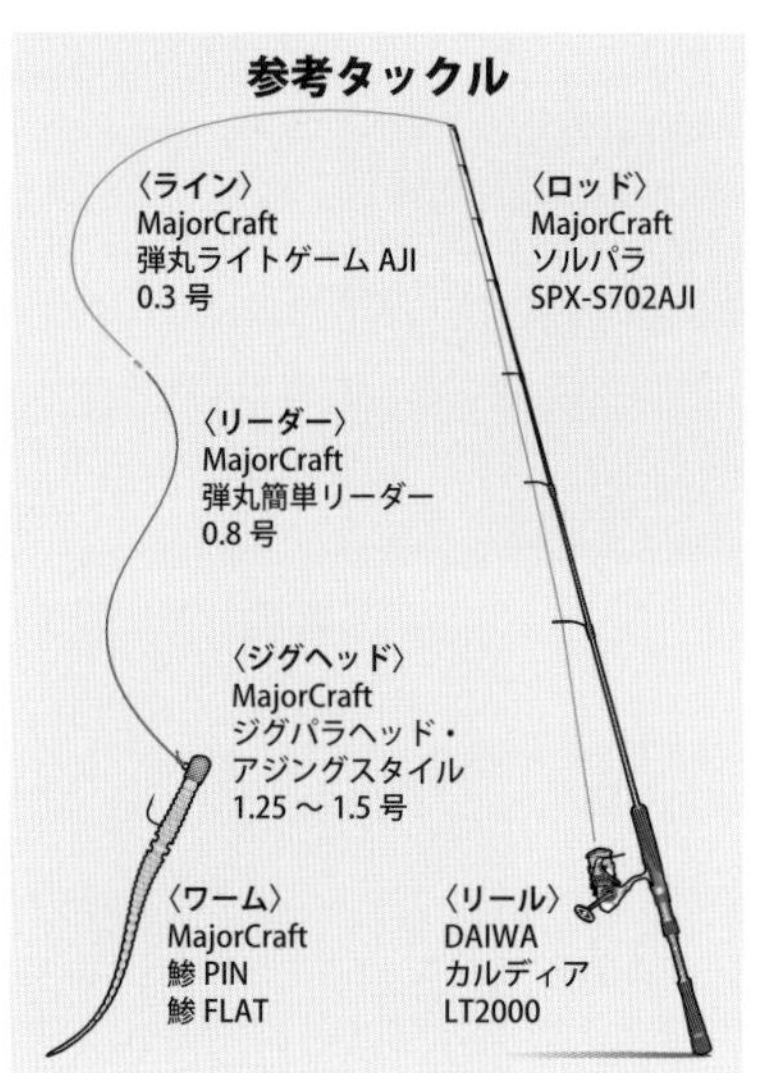

ジグヘッドの使い分け

ほかの季節同様、ジグヘッドは1g前後が基本となる。これを水深や風の強さ、潮の速さによって、サイズを上下して調整する。

ジグヘッドを選ぶ際は、アジング専用と銘打たれているものがオススメだ。フッキング性能を重視した広めのゲイプを持つモデルであれば、冬で多少かじかんだ指でもしっかりアタリを逃さず、確実にフッキングへ持ち込むことができるので、ぜひ使ってみたい。

冬の寒空の下、レンジを探し、ワームを使い分けた時点で、アングラーの集中力はかなりあやしくなってくる。フッキング性能に優れたジグヘッドを使うことで、この鈍った集中力をカバーできるというわけだ。これこそ、冬を乗り切るシンプル志向というものだ。

第6章

一歩進んだ こんなアジング

さまざまなスタイルやルアーで新たなアジングを切り開く

定番とされるルアーや釣り方のほかに、応用を利かせた釣りもたくさんあるのがアジング。ワームやジグヘッドの使い分け、メタルジグ・プラグを駆使したちょっと変わった釣り方など、奥の深いアジングの世界を見てみよう。

CONTENTS

01 ワームのタイプ別使い分け
02 表層のアジを重いジグヘッドで攻略しよう
03 アジングバラシゼロ計画
04 ヘビージグ単で大型アジを攻略する
05 メタルジグとサビキを足したらジグサビキ
06 プラグで狙う磯場の大型アジ
07 ベイトフィネスのアジング

01

ワームのタイプ別使い分け

まずはストレート系のワームで、その日のアジの活性やおおまかな数を把握するところからスタートだ。

釣り具店やWEB通販などでは、さまざまな形状のワームが並べられているが、どれを選んでいいか困ることもあるだろう。相性のいいリグや釣り方、狙うアジのタイプなどによるワームの使い分けをご紹介しよう。

アジがなにを食べているかスタートはそこからだ

◀マッチ・ザ・ベイトを極めた例がこちら。上はワームのスパーク40（アクアウェーブ）、下はアジが吐き出した、イワシ系と思われる小魚。

同じスーパージャコにも、これだけのカラーと長さのバリエーションがある。

マッチ・ザ・ベイトという鉄則

ルアーフィッシングにおいて、使うルアーを選ぶ際は、まず狙う魚がその場でなにを食べているのかを知り、そのエサに似た大きさ、動き、形、色といった要素を寄せていったルアーを使う必要がある。これを「マッチ・ザ・ベイト」と呼ぶ。アジングにかぎらず、あらゆるルアーフィッシングの鉄則である。

アジングで使うワームを選ぶにあたっても、やはりこのマッチ・ザ・ベイトに従うことになる。釣りに行ったその先にいるアジがなにを食べているのか？　そのエサに近いワーム、場合によってはメタルジグやプラグを使うというのが基本スタイルとなる。

シチュエーション別ワームセレクト①

その日最初に投げるときのワームは？

釣り場でその日最初に投げ、おおまかな状況や狙う魚の有無を確認するためのルアーを「パイロットルアー（ワーム）」と呼ぶ。アジングにおけるパイロットワームは、最も一般的であるアミパターンをベースに選ぼう。ピンテールやストレートタイプのワームを、ジグヘッド単体で使うのが基本だ。初めて入る釣り場であれば、少し小さなワームで、慎重にアプローチするという手もある。

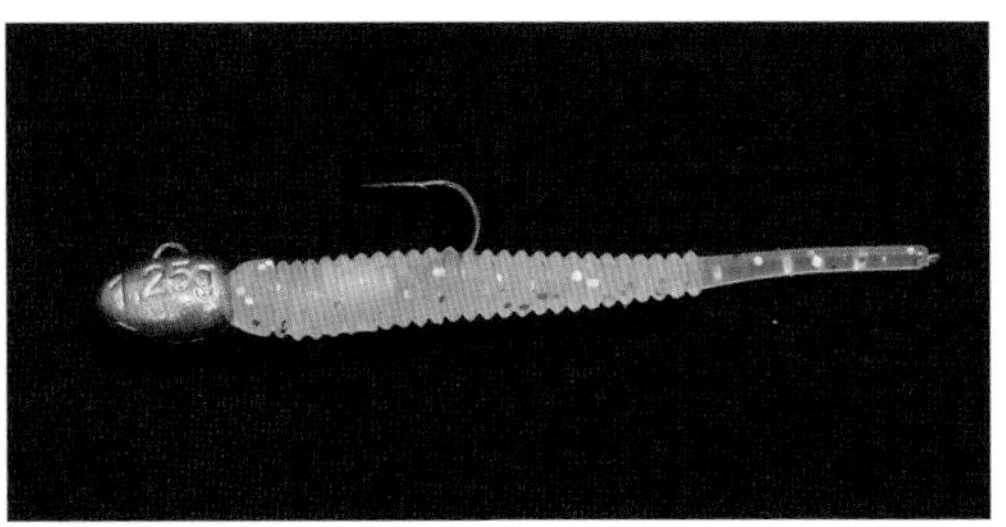

A.W.スイムヘッドにセットしたスーパージャコ 1.6インチ（ともにアクアウェーブ）。凹凸の少ないストレートな形状で、アミの細かい波動を再現できる。

シチュエーション別ワームセレクト②

小魚パターン用にはこんなワーム

小魚パターンであれば、強い波動とキビキビした泳ぎを出せるワームがオススメ。シャッドテールと呼ばれるワームが代表だ。「シャッド」とは、北アメリカに多く生息するニシンの仲間。このシャッドが名前に含まれたルアーは、おおむね小魚の動きを再現するためのものと思っていい。また、ストレート系やピンテールのワームを重めのジグヘッドにセットして速く動かすことで、小魚パターンに対応するという手もある。

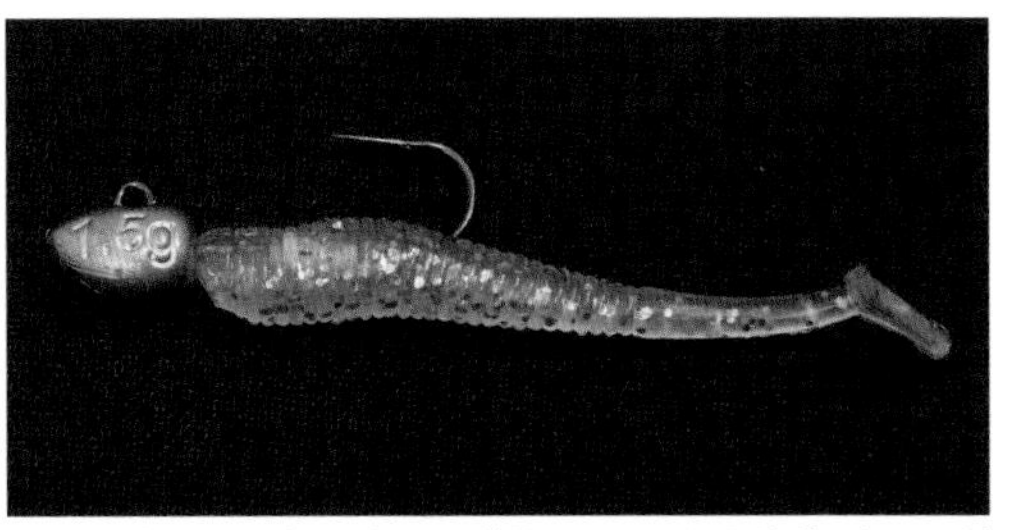

A.W.スイムヘッドに、シャッドテールワームのリグルシャッド（ともにアクアウェーブ）をセットした例。テールの先端が水流を受けると大きく動き、強烈な波動を発生させる。

基本はアミパターン

季節や地方を問わず、アジが最も好んで食べているのはプランクトンだ。なかでも一般的な「アミ」と呼ばれる小型の甲殻類は、あらゆるアジが食っているといっても過言ではない。このアミが真っ先に食われている状況を「アミパターン」と呼ぶ。本文中でしばしば触れた「水中のプランクトンが食われている状況」と、ほぼ同じ意味と思ってもらっていい。

このアミを再現するのに一番適したルアーは、やはりジグヘッドリグ単体だ。アジングの基本となる2インチ、ときには少し下げた1・5インチで、控えめな泳ぎを出せるワームが最適となる。尾部が細くなったピンテール、全体的に細く凹凸の少ない形状のストレートといったワームがこれに当てはまる。

シチュエーション別ワームセレクト③

カラーはどうやって選ぶ？

ワームのカラーは、常夜灯の色で決めると一番わかりやすい。蛍光灯やLEDなどの白色の光であれば寒色系、ナトリウム灯などのオレンジ色であれば暖色系と、常夜灯と同じ系統のカラーを最初に使うのが基本だ。釣りを続けていくうち、その日のアジの反応がわかってきたら、食い気があるなら派手なもの、食い気が弱ければ地味なものといった具合に変えていってもいいだろう。

蛍光灯の常夜灯に、海底は白っぽい砂。これはブルーや黄緑、白系などのカラーを使うべきだろう。

シチュエーション別ワームセレクト④

激流を泳ぎきれるワーム

港の出入り口や外洋に面した堤防、磯場といった流れの強い場所でワームを使う際は、水圧に負けずにきっちりと泳ぎきってくれるものを選びたい。この条件を満たすものであれば、ピンテールやストレート、シャッドテールなどの形状は問わない。重めのジグヘッド、場合によってはキャロリグやフロートリグといった補助の重量を足せるリグを使い、流れのなかでも浮かび上がらないようにしよう。

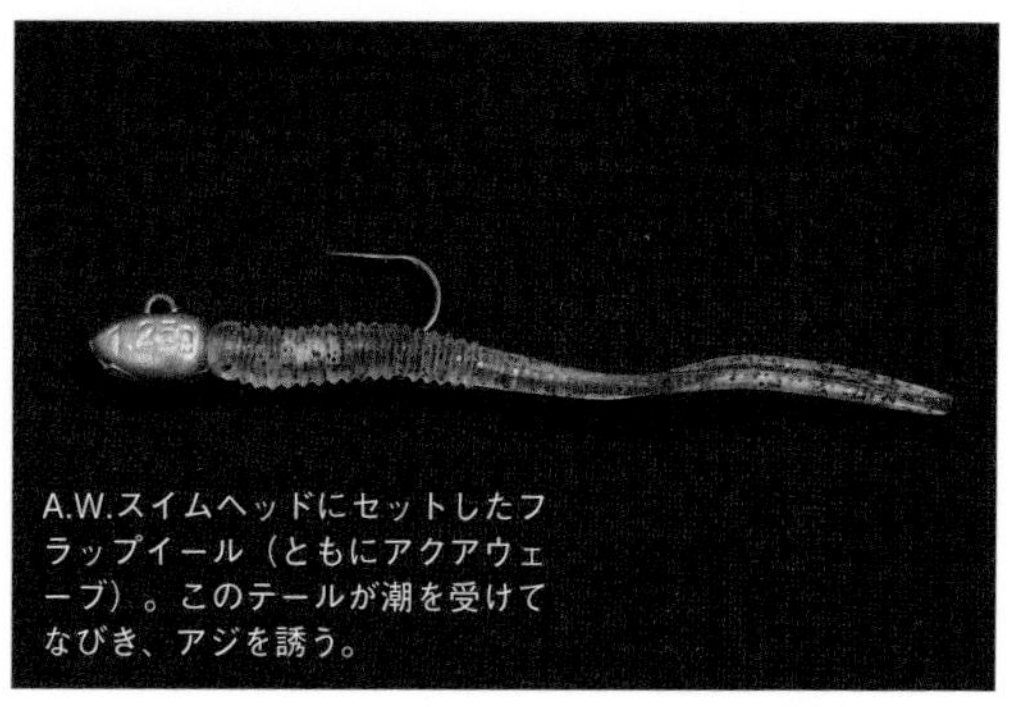
A.W.スイムヘッドにセットしたフラップイール（ともにアクアウェーブ）。このテールが潮を受けてなびき、アジを誘う。

アミパターンの応用

アミパターンの静かな動きはそのままに、もっとルアーをゆっくり沈ませたいというケースもある。この場合、ジグヘッドを軽くする、水の抵抗が高い形のワームを使うという選択肢がまず考えられるが、軽いジグヘッドでは遠投できないし、水の抵抗が高い形のワームでは水中でのアピールが強すぎ、アミの泳ぎが再現できない。

そこで、ピンテールやストレートといった形はそのままに、長さだけを1インチ程度伸ばしたワームの出番となる。アピールはそのままに沈む速さを抑え、なおかつ自重も増やすことで、少しでも飛距離が伸ばせるようになる。アジング用のワームで、妙に長いものがよく見られるのは、このアミパターンの応用で多用されるからだ。

オススメタックル

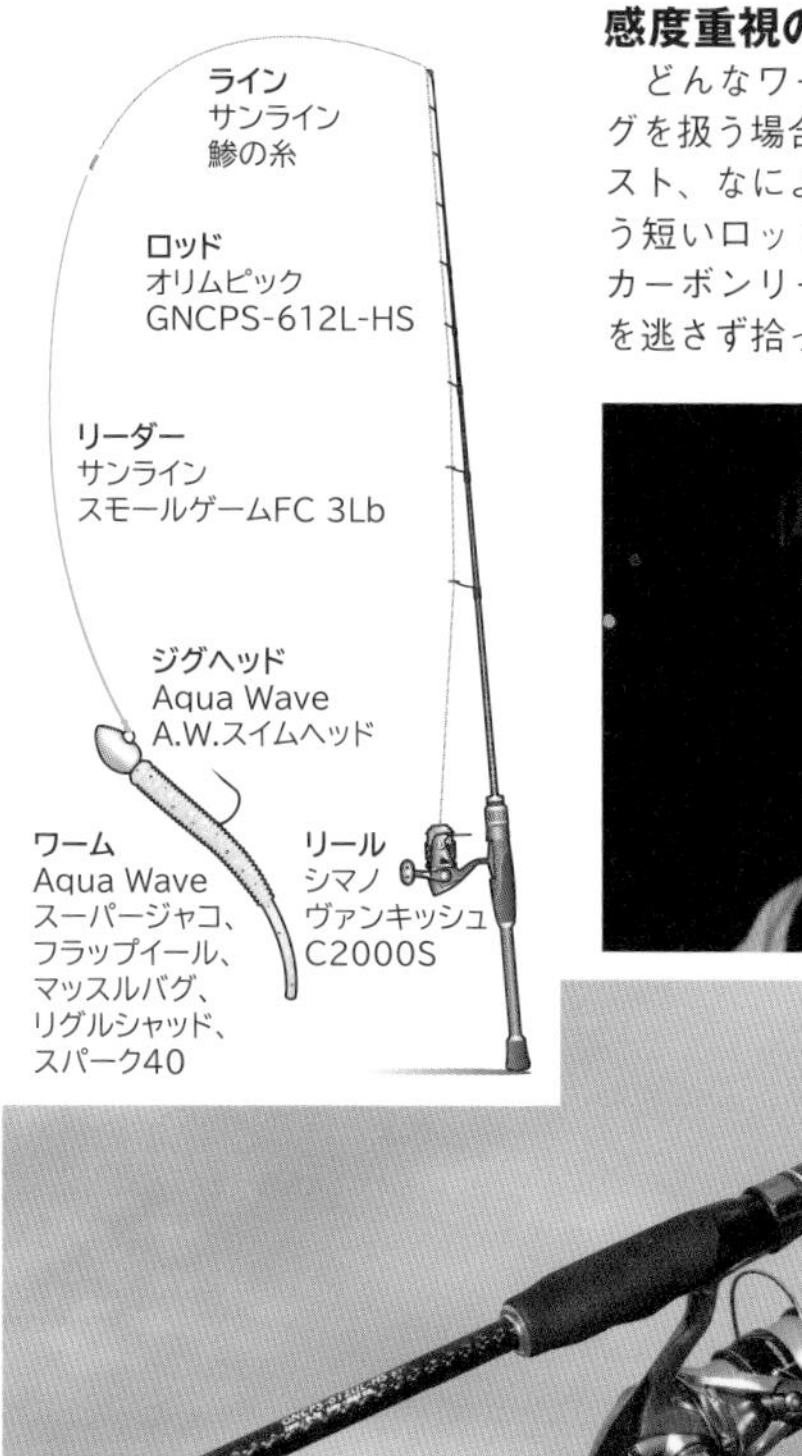

感度重視のジグ単用で

どんなワームを使うにせよ、アジングでジグヘッド単体リグを扱う場合は、感度を最優先したい。飛距離より正確なキャスト、なにより感度を優先した結果が、長くても6ft以内という短いロッドを用いたタックルだ。エステルラインとフロロカーボンリーダーという組み合わせで、繊細なアジのアタリを逃さず拾っていこう。

▲鋭い感度のタックルがあれば、さらなる釣果が期待できる。

感度と操作性を突き詰めた、ジグ単専用ロッドがオススメ。

小魚パターンもある

アミのようなプランクトンのほか、アジは動き回る小魚を追い回して食っているときもある。これを小魚パターン、地方によってはジャコ（雑魚）パターンと呼ぶ。

小魚は体やヒレを動かして活発に泳ぐため、アミとは違い水中に強烈な波動を出す。よって小魚パターンの際は、「リブ」と呼ばれるリング状の凹凸が大きく入ったものや、台所で使う「おたま」のような形をした尾部を持つ、シャッドテールと呼ばれるワームがよく使われる。

これらのワームは、小魚の素早い動きを出せる、少し重めのジグヘッドと相性がいい。アミパターンで使っているものの1・5〜2倍前後、通常1gであれば1・5g前後まで、ジグヘッドの重量を上げてみるといいだろう。

02

表層のアジを重いジグヘッドで攻略しよう

重いジグヘッドでも、セットするワームや動かし方次第で、自在に表層を探ることができる。

アジが表層で捕食しているときは、1g以下の軽いジグヘッドをセットして攻略するのが定石だが、ときとしてこの軽いジグヘッドでは太刀打ちできないシーンがあることも事実。では、どうやって対処すればいいのか？

重いジグヘッドでどうやって表層を探る⁉

◀ジグヘッドのパッケージには「TG」という謎のアルファベット。この秘密は次のページで明かそう。

ジグヘッドにかぎらず、重いルアーを沈めずに表層で動かしたい場合は、このようにロッドを立て気味に構えるのがコツだ。

アジは気まぐれな魚

アジという生き物は（魚はすべてそうかもしれないが）アングラーにとって、実に気まぐれの塊のような存在だ。今さっき釣れていたレンジを次のキャストで狙ってみてもアタリがない、なんてことはザラにある。

間違いなくいえることは、アジは常に自分が食べるベイトを追いかけて動いているということ。そして、潮の流れや風向きによってどんどん居場所を変えるということである。アジからすると、自分が居心地のいい場所、腹を満たして生きていける場所を常に探して行動しているだけなのだろう。その動きを気まぐれと感じるのは、あくまでも人間の勝手なのかもしれない。

表層アジング必勝法①

アジが表層を意識するタイミングは？

　一番分かりやすいのは、朝晩のマヅメ時だ。この時のアジは小魚を追いかけ回している確率が高く、活性も高い。また風に吹かれたプランクトンが溜まる場所では、アジは上を意識する場合が多いため、こちらも表層を狙ってみるといいだろう。加えて、港内の角などに吹いてくる風向きのときや、浅瀬に向かって吹く風のときは、表層を狙う価値が十分にあるといえる。

港内でいちばん奥まった場所でも、風が正面から当たっていれば、アジの爆釣ポイントになることがある。

タマヅメ、食い気が立ったであろう瞬間に食ってきたアジ。

表層アジング必勝法②

トゥイッチングの活用

　表層でのアクションの基本は、まず横の動きから始めることだ。タダ巻きでもいいが、巻きながらトゥイッチングを２～３回入れるといい。これはロッドティップを小刻みに動かしながらリールを巻くことで、表層のルアーが短いジグザグを描いて泳ぐようになる操作法だ。ジグザグを描いた直後、少しテンションが抜けるタイミングが、アジの食う「間」になる。ロッドを持った手とリールを巻く手が、それぞれ別方向に回転するような動きをイメージするとうまくいく。

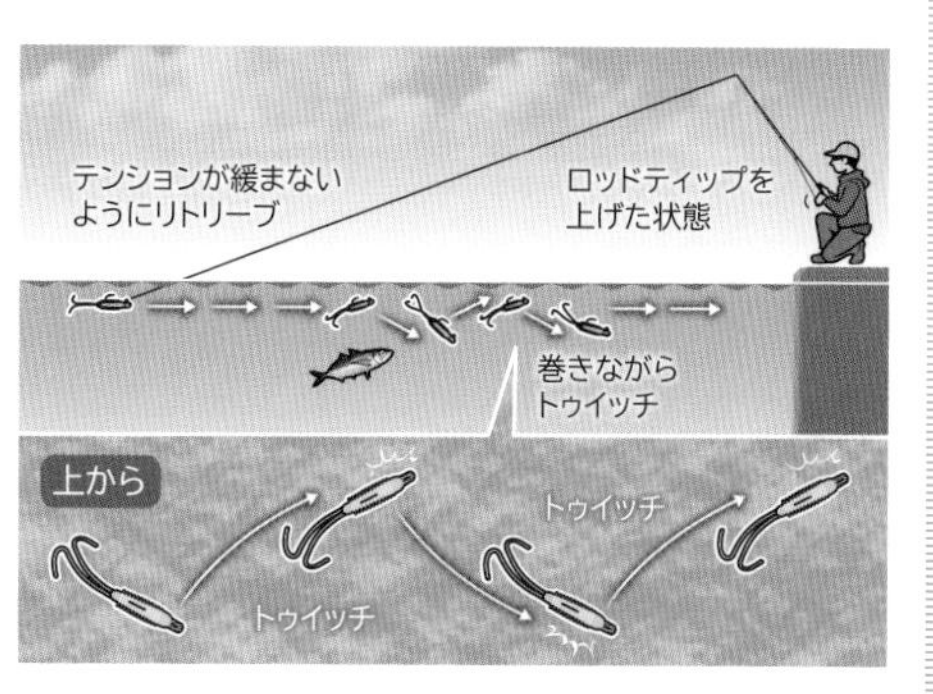

レンジ攻略の重要性

　気まぐれなアジは、居場所だけでなくレンジもコロコロと変える。そのレンジの変化を、アングラーは常に感じ、そしてそれに対応しなければならない。特にマヅメ以外、おもにプランクトンを捕食している時間帯のアジは風や流れに敏感だ。同じ漁港で釣りをしていて隣のアングラーは釣れているのに、自分にはまったくアタリがないという経験は誰しもあるだろう。

　こういった釣れる・釣れないの違いは、レンジ攻略ができているかどうかの違いであることが多い。逆にいうと、そのレンジ攻略ができていれば、ワームの種類やカラー、ジグヘッドのウエイトといったリグなどで少々のミスがあったとしても、アジの釣果は期待できるということだ。

表層アジング必勝法③

ジグヘッドの材質による特徴

鉛製ジグヘッドと比べ、タングステン製ジグヘッドはヘッドシルエットを小さくでき、風の抵抗を受けにくいので飛距離が出る。また鉛より硬く、フックを通じて伝わってきた情報をアングラーの手元により伝えやすいため、感度が上がるというメリットがある。タングステン製の1gを鉛製のジグヘッドでたとえると、飛距離は1.2g、操作感は1.5gを使用しているぐらいのイメージになる。同じ重量でも、ひとまわりも上のものを使用している操作感が得られるのも魅力だ。

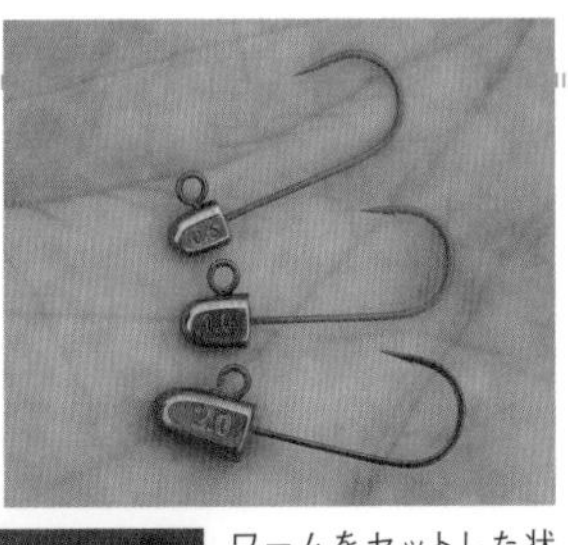

▶タングステン素材は高比重なのでヘッドサイズを小さくでき、鉛素材よりも飛距離、感度ともにアップする。

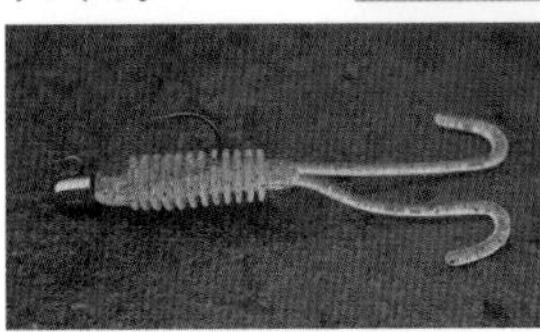

ワームをセットした状態。タングステンの速い沈下速度は、浮力のあるPEラインを使ったり、水の抵抗が強い形のワームを装着することで相殺することができる。

表層アジング必勝法④

オススメジグヘッドは？

ジャコヘッドTG（ジャングルジム）は、フォールでは素直に落ち、トゥイッチングにも敏感に反応するタングステン製ジグヘッドだ。ヘッドの素材だけでなく、フッ素コートを施し、刺さりが抜群になったフックにも注目したい。

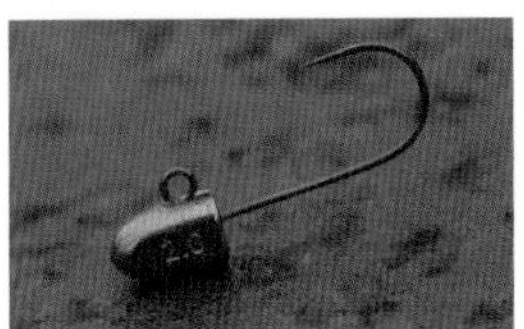

◀鉛製ジグヘッドと比べ、ヘッドの表面が鏡のようにピカピカと光っているのが、タングステン製ジグヘッドの特徴。

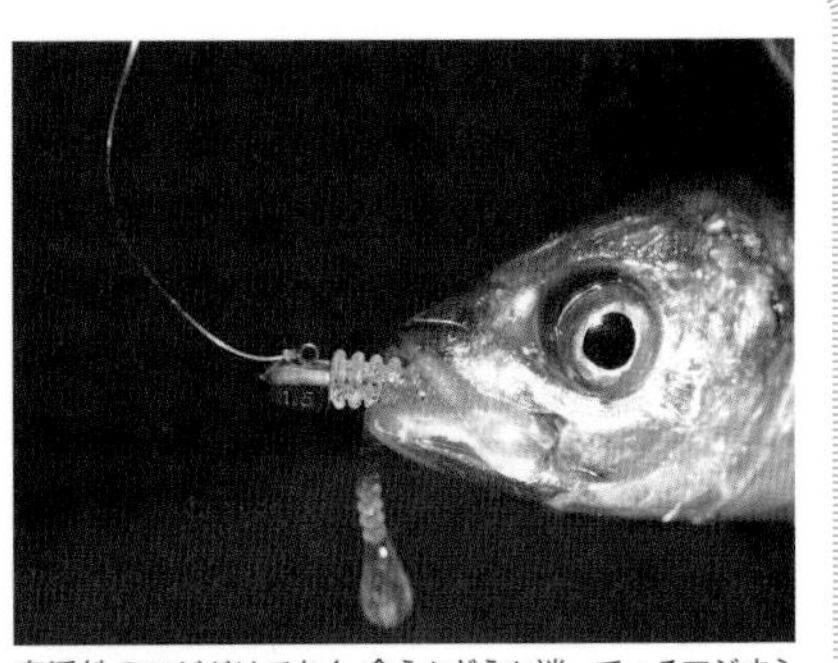

高活性のアジだけでなく、食うかどうか迷っているアジすらも絡め取るフッキング力が魅力の、ジャコヘッドTG。

表層を攻略したいが……

表層もまた、レンジ攻略の際に取り上げられる、非常におもしろく、かつ少し難しい要素のあるレンジだ。

水面のすぐ下を沈めることなく探りたい場合は、軽いジグヘッドで狙うという手が、まず思い浮かぶ。だが、風が強かったり、狙うポイントが遠かったりする場合、軽いジグヘッドでは届かなかったり、風に流されてあらぬ方向へ着水してしまう。

ここで次の手だ。表層には適さないといわれる、重めのジグヘッドをあえて使うのだ。よく使われるエステルラインより比重の軽いPEラインを使い、ロッドを立て気味にしてアクションを加えることで、重めのジグヘッドでも沈めることなく、表層を自在に探ることができるのだ。

重いジグヘッドを自在に操作できれば、昼間からこんな釣果に恵まれる。

表層アジング必勝法⑤

PE ラインを活用しよう

　レンジ攻略するうえでまずポイントとなるのが、ラインだ。水面攻略でオススメなのは、PE ラインとなる。浮力のあるPE ラインを使用することで、ジグヘッドが沈もうとする力を相殺してくれるためだ。PE ラインは風で取られるのが嫌だと思われる方もいるかもしれないが、ジグヘッドのウエイトを重めにすることで調整できるので、安心してほしい。

表層攻略をするうえで欠かすことのできないPEライン。浮力があるので、ウエイトの重いジグヘッドでも、容易に表層攻略が可能となる。

ロッド
ティクト
EXR-611S-Sis

ライン
東レ・モノフィラメント
ソルトライン スーパーライト
PE 0.3号

FGノットで接続

リーダー
東レ・モノフィラメント
パワーゲーム ルアーリーダー
4Lb

ジグヘッド
ジャングルジム
ジャコヘッドTG Sフック

リール
ダイワ
ルビアスFC
LT2000S

ワーム
ティクト
ピーカーブー

TGという選択肢

　ところで、ジグヘッドやメタルジグの型番や製品名に「TG」というアルファベットが入っているのを見たことはないだろうか。これは素材にTG、つまりタングステンを用いているという表記だ。オモリの素材としてよく使われる鉛よりはるかに比重の高いタングステンは、鉛製のジグヘッドに比べ、同じ重量でもさらに小さなサイズにできる。

　このタングステン製ジグヘッドを、前述したようなタックルとテクニックと組み合わせて表層を探ると、おそらくあらゆるジグヘッドリグのなかで最高と思われるスピード感のある釣りが楽しめる。活発に泳ぎ回る小魚の動きを再現できるこの動きは、やる気が最高潮に達したアジを狙うには最適だ。機会があれば、一度試してみるといいだろう。

03

アジング
バラシゼロ
計画

バラシの原因を現場でなんとか解明し、それを取り除くことで、ようやくこの釣果を手にすることができた。

夏から秋にかけてのアジングでは数釣りが楽しめるが、小型や中型狙いがメインとなるため、意外にフッキングが難しい。タックルセレクトも含めた、小型・中型をバラさずに数釣りするテクニックをご紹介しよう。

◀釣れる雰囲気満々の常夜灯まわりだが、ここにいるアジすべてが、きちんとワームを食ってきてくれるとは限らない。当然、バラシの可能性もある。

ワームのセッティングにも、バラシをなくす秘密が込められているのだ。

小型だからこそ本気で狙うのがおもしろい

小型でも立派な釣果

アジは多くの魚と違い、小型が釣れてもうれしく、また釣って楽しい。これは小型でもきちんと処理して持ち帰ることで、おいしくいただけるからだ。

　だが、いざ小型、そしてそれ以上に小さい豆アジを狙ってみると、なかなかハリ掛かりできず、意外と難しい面もあることに気づくだろう。同じ釣り場で釣果に差が出たりするなど、思わず熱くなる要素も詰まっている。掛け損なったりバラしたりというのも釣りの醍醐味といえるが、運が悪かったで済まさず、きちんとハリ掛かりさせてキャッチ率を高める意識を持つことで、見えてくることもたくさんあるのだ。

バラシゼロへの道①

さまざまな誘い方を試してみよう

巻きやレンジキープといった横方向の動きに反応するときでも、誘いの後に一瞬ラインテンションを緩めるタイミングを取ってみたり、はたまた完全フリーフォールさせて追わせることでしっかりと吸い込んでくれたりと、アジは釣り方ひとつで、ビックリするくらい反応が変わることがある。

▲いずれの場合も、アジの警戒心をなるべく低くしたままの状態を維持し、アジが安心して食ってくるような操作を心がけたい。

バラシゼロへの道②

手の力を抜いてアワセよう

せっかく出たアジのバイトをヒットへと導くためには、アワセが重要となるが、このアワセはロッドの「握り方」ひとつで、かなり変わる。一度握りしめたのち力を抜き、その状態で改めてロッドを握ってみるといいだろう。ぎゅっと強く握りしめたままアワセようとすると、アワセの動作が無駄に強く、そして大きくなってしまい、バイトを弾いてしまうこともある。

▶ロッドを軽く握り、アタリが出たら少し強めにロッドを握り直してあげるだけで、十分なアワセになる。

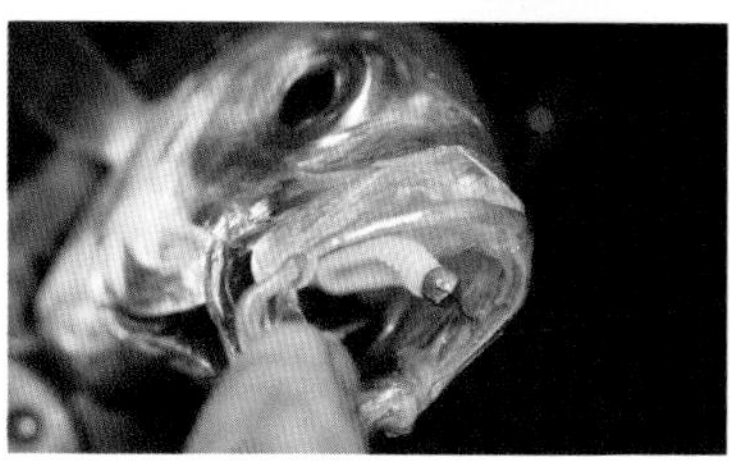

アジの口でいちばん硬いといわれている、上アゴ部分にフッキング。アワセがうまくいった証拠だ。

アワセのタイミングに注意

ラインテンションを張った状態でロッドを軽くあおり、水中でのプランクトンを再現している最中、アタリがあったとしよう。この際、もしバラシがよくあるようなら、アワセを入れるタイミングが合っていない可能性がある。一呼吸入れて、あえてラインテンションを一瞬だけ抜いてからアワセを入れるなどして、タイミングをうまく調整したい。

また、ロッドを握る手の力を抜き、手の震えなどの振動が、ルアーに伝わらないようにすることも重要だ。手の力をほどよく抜くことでより感度が上がり、さきほどまで見落としていたアタリを、改めて感知できる場合もある。あまりにバラシが多い場合は、まず深呼吸を入れ、動作のひとつひとつを落ち着いてこなしてみるのも手だ。

バラシゼロへの道③

ヒット後のやり取りも気を抜かない

せっかくフッキングにまで持ち込んでも、雑なやり取りをしていたのでは、バラシゼロは見込めない。アジとファイトする際は、アジの顔をこちらに向けさせ、あえてラインテンションが緩みかけるように泳がせてきたり、ロッド操作による回転運動でアジの走りをいなしながらランディングまで持ち込むなど、バラシや口切れを減らす工夫を、とことん盛り込んでいこう。

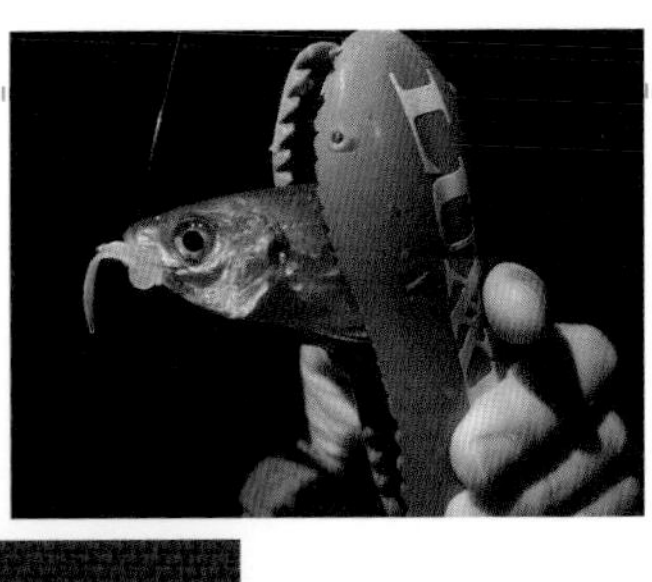

▶フィッシュグリップを使い、釣ったアジをガッチリと押さえておくこともお忘れなく。

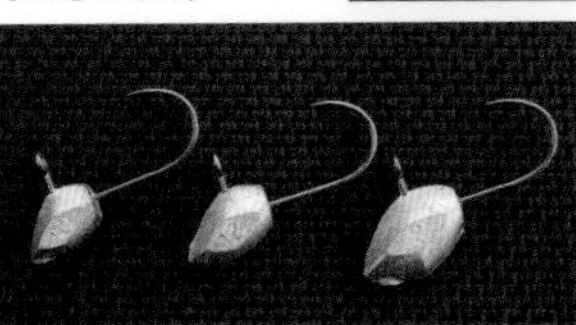

短めのシャンク、広めのゲイプを持つ宵姫 AJカスタム（がまかつ）。ジグヘッドの選び方も、バラシゼロのためには妥協したくない。

バラシゼロへの道④

ワームはまっすぐセッティング

ジグヘッドにワームをまっすぐ刺さないと、泳ぎが不安定になり、ワーム本来の誘いができなくなる。その結果アタリが遠のいたり、せっかくのアタリが浅いフッキングで終わってしまい、結果としてバラシが増えてしまう。バラシを減らすための勝負は、キャストの前、ワームのセッティング時からすでに始まっているのだ。

▶このトレモロAJ（がまかつ）のように、ワームのボディ縦方向にスリット（切れ目）が入ったものは、よりまっすぐセットしやすい。

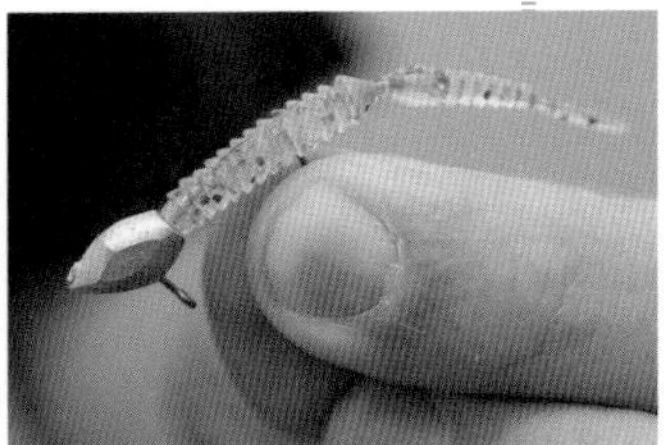

ワームの大きさや形、ジグヘッドの材質を問わず、まっすぐ刺すことは大原則だ。

タックルセッティングを見直す

バラシが連発するというときは、タックルセッティングが根本から間違っている可能性も疑ってみよう。

例えば、水深があり、流れの速いところで重いジグヘッドを使う必要に迫られたものの、手持ちのタックルは短く柔らかいロッドというケースは、まさに典型的なミスマッチといえる。段階を踏んで修正していこう。

まずはラインセレクト。伸びるナイロンやフロロラインより、PEやエステルなどの伸度の低いラインが有利となる。ボートアジングのようにより深くまでリグを落とし、そこで掛けていくという釣りであれば、PEラインが断然有利になる。

そしてワームは、細身のものや短いものに交換して、少しでも潮の抵抗を少なくするといいだろう。

バラシゼロへの道⑤

感度はすべてを解決する!?

感度のいいタックルは、アジのアタリを逃さず感じ取るだけでなく、アタリの前段階、アジが食おうとワームにちょっかいを出してきた時点で、水中での動きを感知することすら可能だ。またアワセも決めやすくなり、フッキングもより深く刺さるようになる。

タックルセッティングとテクニックの総合力で、バラシゼロをめざそう。

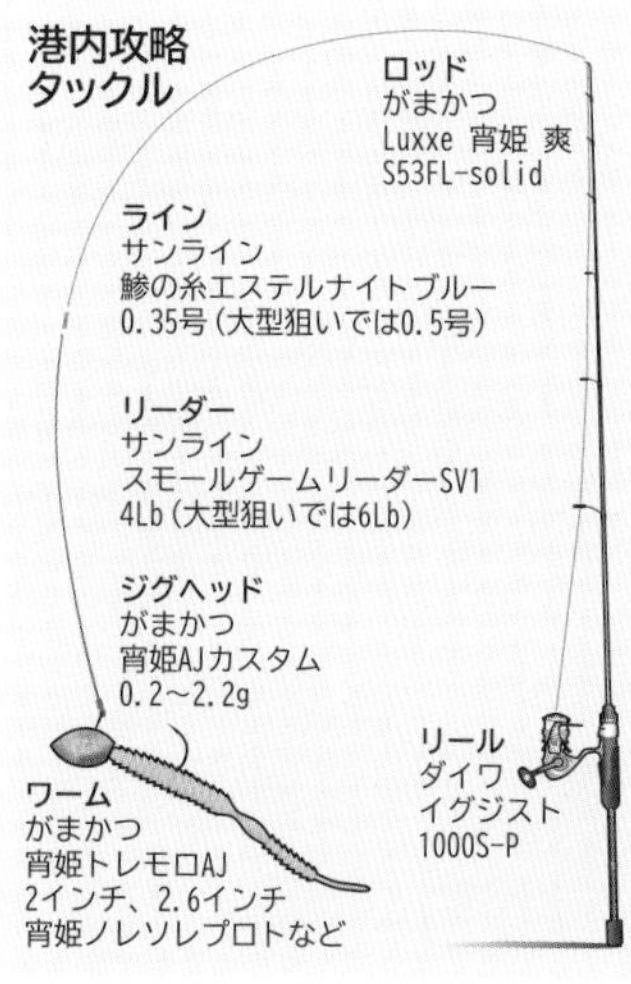

▲軽量ジグ単を得意とする宵姫 爽S53FL-solid（がまかつ）に、1000番のスピニングリールをセットした例。感度を追求すると、この組み合わせにたどり着く。

後方にあえて空白を設け、ロッドの下地をむき出しにした「セパレートタイプ」と呼ばれるグリップは、感度と操作性に優れている。

テクニックだけでも対処可能!?

手持ちのタックルセッティングをすぐに変えられれば話は早いが、換えのラインやジグヘッドがなく、今使っているタックルでどうにか対処する必要がある場合も少なくない。その場合は、ルアーの動かし方や流し方といったテクニックを工夫することで対処しよう。

例えば、沖の表層でアジが食っている場合。横の動きによく反応するが、手持ちのジグヘッドは1・5gとやや重めの、深場を探るためのもの。一見ミスマッチな組み合わせに思えるが、ルアーが着水したらロッドを立て気味にする、アワセはロッドではなく、リールのハンドルを巻く「巻きアワセ」を使うなど、セオリーとされることの反対となる動作をあえて使うことで、マイナスをプラスに持っていくことも可能だ。

04

ヘビージグ単で大型アジを攻略する

昼夜問わず、大型のアジは底近くに居座ってエサを待ち構えている。その目の前に、いかにルアーを送り込むか？　その答えが、重いジグヘッドだ。

アジングで使うジグヘッドは、軽ければ軽いほどいい……というのは、レギュラーサイズを狙うときの話。最低でも2g、ときには5gという重量級ジグヘッドを使いこなせば、昼間から大型アジを釣ることも可能だ。

◀左は、常夜灯まわりでのレギュラーサイズ用。右は、昼夜問わず大型を狙うための重量タイプ。同じタイプのジグヘッドでも、ここまで大きさが違う。

大型が潜む沖の深場に向けて遠投。重いジグヘッドなら、こんな芸当も可能だ。

重いジグヘッドを いっきに底まで沈めて勝負

軽いジグヘッドは先に食われる

アジは「レンジを釣れ」といわれる。アジの捕食レンジに、ルアーをいかに効率的に入れられるかは、アジングにおける釣果のカギとなっている。特に大型のアジは、百戦錬磨の賢い個体が多く、レンジには特にシビアになっているのは容易に想像がつく。

レギュラーサイズが表層から中層で群れを作り、大型が底近くから動かないというのは、アジングでもよく見られる光景だが、こういう状況でいつも使うような1g前後のジグヘッドを投げてしまうと、上のほうにいるレギュラーサイズが我先と食ってきて、大型のところまでルアーが届かない。

大型アジの狙い方①

日中は明暗を攻略

日中は船などの陰（シェード）と、日が当たっている箇所の明暗の境で、アジが捕食していることが多くなる。夜間にアジの実績があるポイントであれば、このような明暗の境を狙えば、日中でもアジからの反応を得ることができるはずだ。

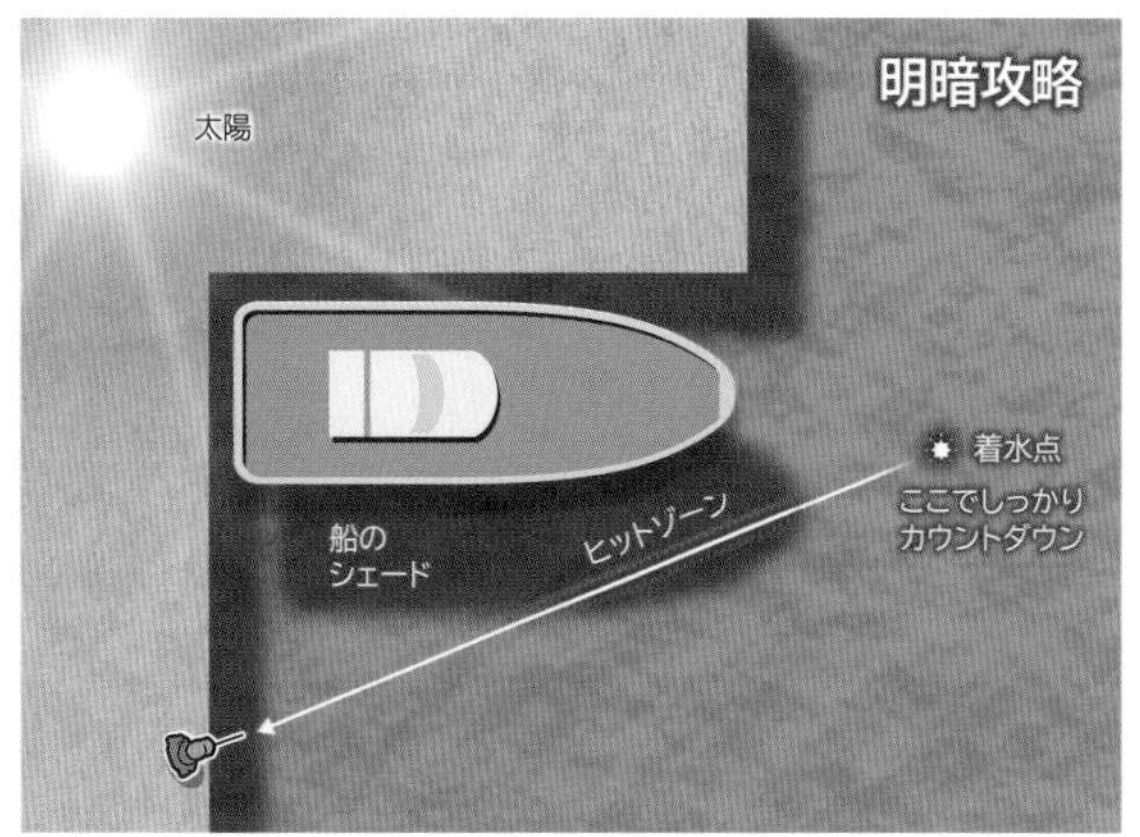

日中は、船や堤防の壁などが作り出す陰を狙う。ここに大型が潜んでいる。

大型アジの狙い方②

夜は沖のボトムをスローに

アジは産卵前の荒食いシーズンに入ると、岸沿いの海岸線に沿って回遊するようになるが、大型のアジほど、底付近を回遊することが多くなる。基本的には、ボトム付近のワインドアクションや、縦方向の強めのアクションに反応することが多いが、ベイトがアミ類の場合、強いアクションでは反応が悪いときがある。こんな場合はボトム（底）付近をスローにサビき、アジの目線に常にリグが入っている状況を作ってあげることで、ヒットに持ちこめる。

大型ほど小魚を好んで食べるようになるが、いつも小魚ばかり食べているわけではない。小魚らしいキビキビした動きに反応が悪ければ、底近くをフワフワと動かし、プランクトンの動きを再現してみよう。

春の産卵シーズンで有効

ここで出番となるのが、最低でも2g以上の重いジグヘッドだ。レギュラーサイズの追撃をかわすようなスピードで、大型が潜む底近くまでルアーをいっきに沈ませるのが、その役割である。

前述したような、レギュラーサイズと大型が泳層を分けて混在するような状況は、冬から春にかけてのアジの産卵シーズンでよく見られる。一年で最も大型が期待できるシーズンだが、釣り場にいるのは大型だけではない。そのなかから大型を選んで釣りたければ、なんらかの工夫をした仕掛けが必要となる。

その答えのひとつが、重いジグヘッドを使うという手だ。これで底近くまでルアーを素早く送り込み、底近くで捕食する大型を、ピンポイントで狙うことが可能になるのだ。

大型アジの狙い方③

ワームサイズはいつもどおり

ジグヘッドは重くしても、ワームはいつもと同じだ。アジングの基本である、2～2.5インチをそのまま使おう。細長いタイプならレンジキープしやすく、パイロット的に扱える。ジグヘッドは2gからスタートし、5g前後まで状況によって重くしていく。通常の鉛素材のほか、比重の軽いスズ素材のジグヘッドを用意しておくと、表層付近で反応がいいときにもすぐ対応可能だ。

▶写真左からアジングニードル、スティックスター、ビロードスター（すべてゼスタ）。1g前後のジグヘッドにセットすれば、そのままいつものアジングに使える、おなじみのサイズ。

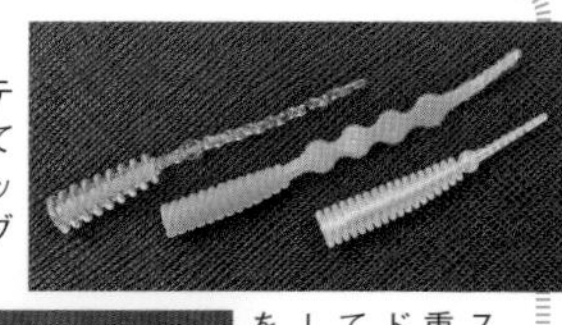

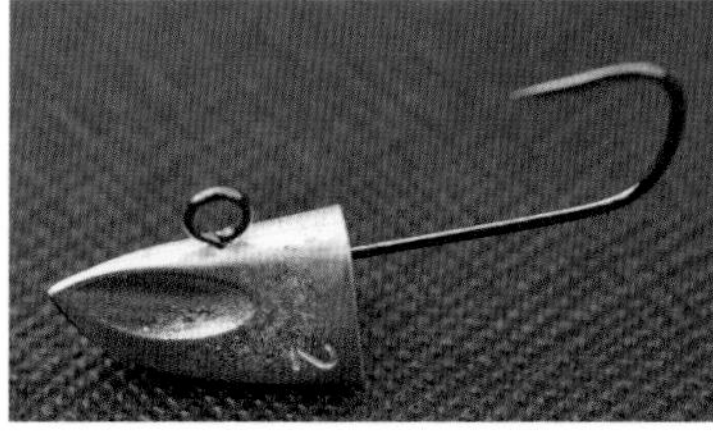

スローダウン（ゼスタ）。比重の軽いスズ素材のジグヘッド。表層付近でアジが捕食しているときや、スローなフォールに反応がいいときに威力を発揮する。

大型アジの狙い方④

スナップの重要性

飲み込んだ獲物を逃さずノドの奥に送り込むため、ヤスリのようなザラザラした歯が、アジの口にも生えている。レギュラーサイズであれば気にすることもないが、大型になると、細いリーダーがすり切れてしまうおそれも出てくる。そこで活用したいのがスナップだ。リーダーの先端にスナップを装着し、そこにジグヘッドを結ぶことで、アジにリグを飲まれても、口元の歯でラインやノットがすり切れずにすむ。こうすることでラインブレイクが極力抑えられ、キャッチ率も大きく向上する。また手軽にジグヘッドの脱着ができるため、一瞬の時合いも逃さない。

ライトロッククリップ（ゼスタ）を使い、ジグヘッドとリーダーを装着した例。リーダーと結び目が、アジの口から完全に出ている。これで歯に当たってすり切られることもない。

日中は陰を重点的に

重いジグヘッド単体リグを使うことで、昼間から大型を釣ることも可能だ。エサとなる小魚の群れが見られること、船や堤防などで日差しがさえぎられ、はっきりと暗くなった陰ができていること。このふたつの条件がそろえば、狙う価値はある。

陰の向こう側にルアーを着水させたら、重さにまかせていっきに底まで沈める。この際、底に到達するまでのアタリは一切無視しよう。いちいちかまっていると、レギュラーサイズが先に食ってきてしまうからだ。

底に着いたら、ロッドをゆっくりとサビくように動かし、ルアーの存在をアピールしながら引いてくる。そしてその引いてきたルアーが陰のなかにさしかかったあたりで、よくヒットする。

大型アジの狙い方⑤

ヘビージグ単用ロッドの条件

ヘビージグ単の釣りを成立させるためのロッドには、ある程度入るティップと、ベリー、バットでしっかりとアジの上アゴに貫通させるパワーが必要となる。しっかりフッキングできていないと、抜き上げ時にポロリしてしまう可能性が高くなってしまうからだ。適切なタックルセレクトを行なうことで、精度の高いゲームを展開できるようになる。タックルセレクトひとつひとつに妥協しないことが重要だ。

昼の大型狙いでは、ピンポイントにリグを撃ち込む、正確なキャスト精度が求められる。

小さなバイトでも瞬時にアワセが決まり、しっかりと上アゴを貫く「掛けしろ」がある、ブラックスターエクストラチューンド　S58LX-S（ゼスタ）。

グリップエンドを肉抜きすることで、感度アップを実現。

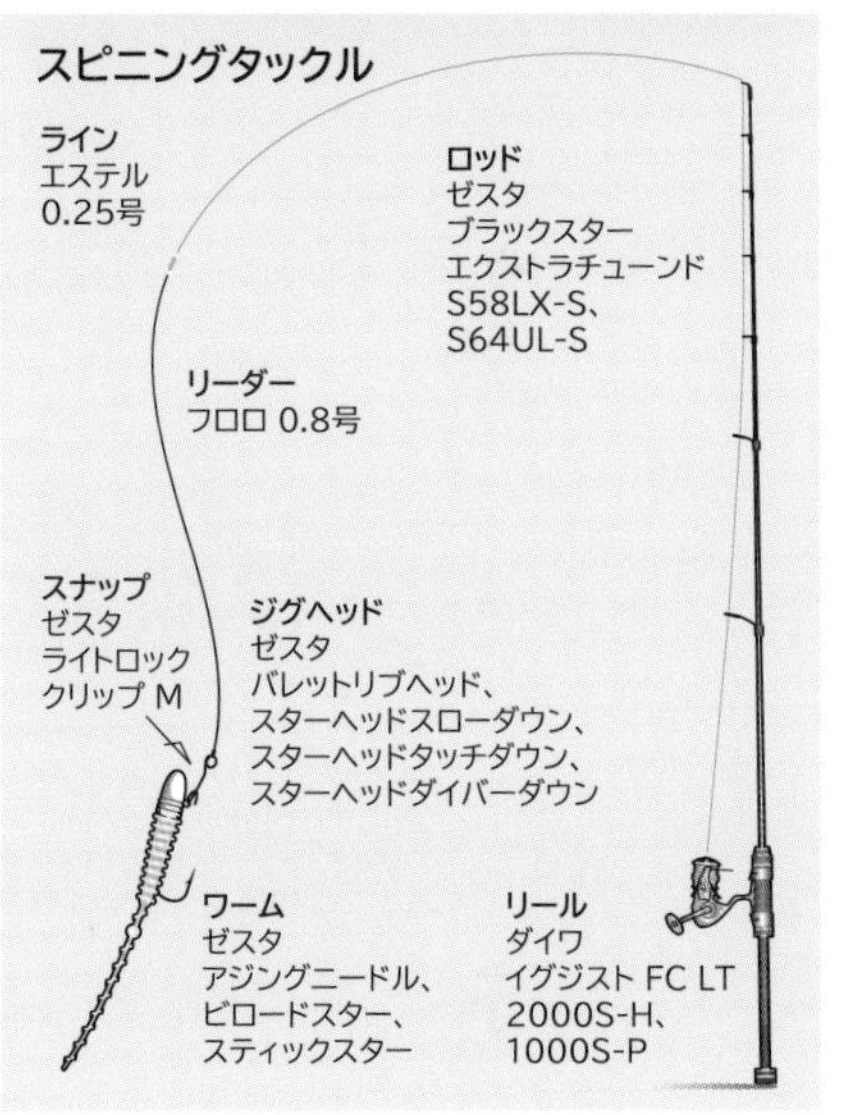

常夜灯は忘れるべき⁉

夜も同様に、底近くまでいっきに沈めて釣る。この際注意したいのは、常夜灯の有無にこだわらずにポイントを決めるということだ。常夜灯はたしかにアジングの定番スポットだが、大型だけに狙いを絞るには、実は向いていない。昼間以上に、レギュラーサイズが我先に食ってきてしまうからだ。

大型にこだわるなら、いったん常夜灯の存在は忘れよう。常夜灯が照らす範囲の外側に、真っ暗になっている静かな水面があったら、そこにルアーを投げてみるのだ。あきらかに周囲より深くなっているようなら、そこが狙い目だ。夜の大型は、こういった暗い海の、そのまたさらに暗い深場に身を潜めているからだ。昼と同様、ルアーが底に着く前のアタリは無視するのがコツだ。

05 メタルジグとサビキを足したらジグサビキ

ただでさえ釣れるマイクロメタルジグに、もっと釣れるサビキを合わせたら、これはもう反則級の釣れっぷりというしかない。

アジングでメタルジグが多用されるのは、小魚を食べるようになった大型を狙うときだ。では、メタルジグではレギュラーサイズの数釣りはできないのか？実は、メタルジグにちょっとした仕掛けを足すことで、サイズを問わない万能リグができあがるのだ。

通常のサビキ釣り同様、サビキ仕掛けを堤防の壁沿いで上下に動かして誘う。

反応がなければ、テンポよく移動して別の場所を探る。このあたりはサビキ釣りというより、マイクロショアジギングの動き方だ。

メタルジグは「ハリのついたオモリ」でもある

ジグサビキってなに？

サビキ釣りというと、エサを使ったアジ釣りでも最も手軽な釣りとして、ファミリーフィッシングなどでも親しまれているおなじみの釣り方だ。アミエビを入れたコマセカゴをオモリがわりにしてサビキ仕掛けを水中に入れ、上下に動かして釣るのが基本だが、ここでコマセカゴを用いず、メタルジグをオモリがわりに使う、ジグサビキという釣り方がある。

元々はジギング乗合船で、本命の大型青物のほか、お土産の中型・小型の青物を確保するための釣り方だったが、これは岸からの釣りでも可能だ。もちろん、アジングにもうってつけである。

実践！ ジグサビキ①

まずはサビキ仕掛けを調達

通常のサビキ仕掛けは、長さ４～５ｍの磯竿で使うことを前提とされているため、ルアーロッドで使うためには長すぎる。よってそれらの仕掛けを流用する際は、長さを調整するというひと手間がかかることになる。これがジグサビキ専用仕掛けであれば、ルアーロッドの長さに最初から合わせてあるので、すぐ使える。オモリの役割を果たすメタルジグとセットで販売されているものであれば、さらに手間を省くことができる。

仕掛けの全長が35㎝と、ルアーロッドで扱うのに最適な長さのナノアジサビキ（メジャークラフト）。これはサビキ仕掛け単体のパッケージだが、メタルジグとセットのものもある。

実践！ ジグサビキ②

なにはなくともメタルジグ

サビキ仕掛けの次は、オモリの役割をはたし、それ自体も食わせの原動力となるメタルジグだ。１～５ｇのものであれば、アジング用タックルでも十分扱える。なお当然の話だが、サビキ仕掛けなしのメタルジグ単体でも十分釣れる。ジグサビキよりさらにスピーディーな釣りが可能なので、気分転換にも最適だ。上下、左右どちらの動きにも対応する、やや太めで前方に重心があるタイプがオススメ。

ナノアジメタル（メジャークラフト）。ジグサビキのお供に最適なメタルジグだが、これだけ持っていっても、デイゲームは成立する。

ナノアジメタルは、最小の0.6ｇから最大の5ｇまで、全8サイズをラインナップ。アジングをはじめとするライトゲームにぴったりのサイズ。

メタルジグの発展型!?

まずは、小型のメタルジグを扱えるようなタックルを用意しよう。アジング用のほか、メバル用、ライトゲーム汎用と銘打たれているものならなんでもいい。

PEラインにリーダーを装着するところまでは、通常のメタルジグの釣りと同じだ。違うのは、メタルジグとリーダーの間に、サビキ仕掛けをはさむことだ。最終的には、メタルジグを装着するリーダーから、サビキ仕掛けが枝分かれするような形になる。

ここで使うサビキ仕掛けは、ジグサビキ専用に最初から作られたものがオススメだ。ルアーロッドの長さに合わせて作られたものなので、長すぎる仕掛けをカットする必要もなく、パッケージから出してすぐ使える。

実践！ ジグサビキ③

上から順に探っていこう

一番簡単なのは、足元の壁際狙いだ。まずは水深30㎝付近、サビキ仕掛け全体が水没するぎりぎりの浅さから、チョンチョンとアクションを入れたあと仕掛けを沈め、アタリを取る。いきなり底まで沈めてしまうと、上のほうにいた魚も一緒に沈んでしまうので注意しよう。

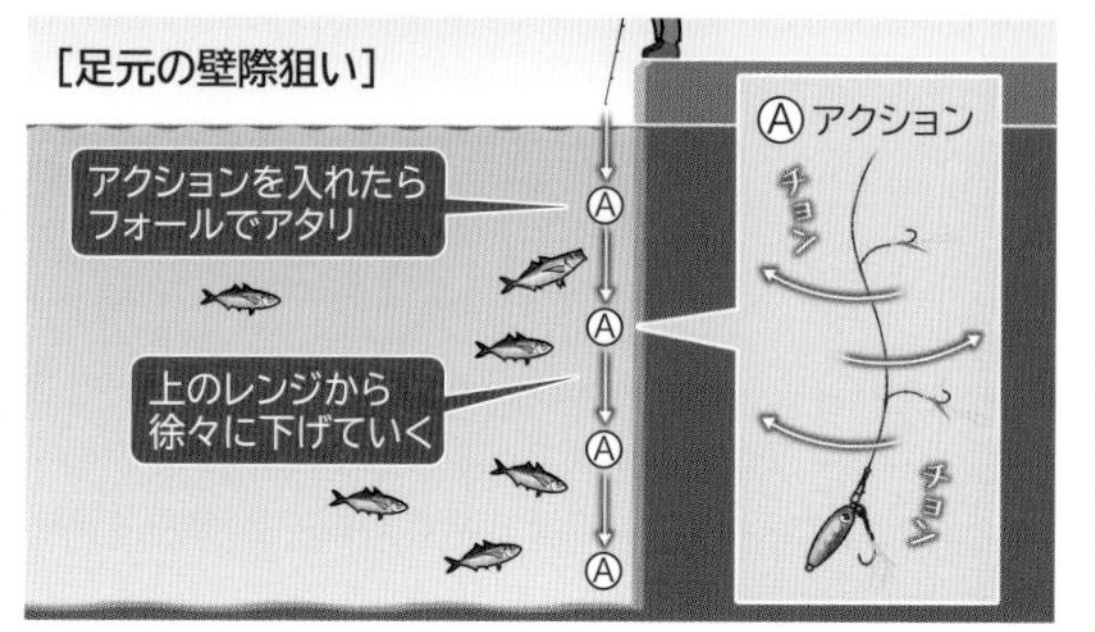

実践！ ジグサビキ④

隙間にアジが隠れてる!?

細心の注意を払って狙ってほしいポイントが、停泊中の船と岸壁との間にできた隙間だ。ここを狙う際は、絶対にロープに引っ掛けないようにしよう。引っ掛かりそうなところは、最初から狙わないのも手だ。この隙間には、魚が高確率で着いている。一見地味な釣りだが、意外な良型が釣れることもあるので、ぜひ探ってみたい。

船と岸壁の隙間を狙う際は、ロープに引っ掛けないよう注意しよう。

橋脚などの建造物と岸壁の間にできた隙間も狙い目だ。

上から順に探っていく

足元から深くなった堤防の壁際は、ジグサビキが得意とするポイントだ。壁に沿ってメタルジグとサビキ仕掛けを上下に動かし、アジをはじめとするさまざまな魚を狙おう。

この際、いきなりポイントの真上に立って、下をのぞきこまないよう注意したい。また、メタルジグがよく沈むからといって、いきなり底まで沈めるのも避けたい。まずはサビキ仕掛けが全部水没するぎりぎり付近の、上のほうから探っていこう。反応がなければ、徐々にレンジを下げていく。

壁際の魚は、上から落ちてくるものに興味を持つ。水面にこちらの姿が映らないよう注意したうえで、警戒心を抱かせずにメタルジグを頭上に落としてやれば、それに高確率で食ってくる。

実践！ ジグサビキ⑤

汎用性の高い チューブラーティップで

ロッドは、アジングでよく用いられるソリッドティップより、チューブラーティップのほうが、キビキビとしたアクションがつけやすい。チューブラーティップのアジングロッドは汎用性が高いので、アジング以外のライトゲームでも、オールラウンダーとして重宝する。ラインはPE0.3号、これに短めに切ったフロロカーボンのリーダーを結んだのち、サビキのスイベルに接続するか、メタルジグに直結する。

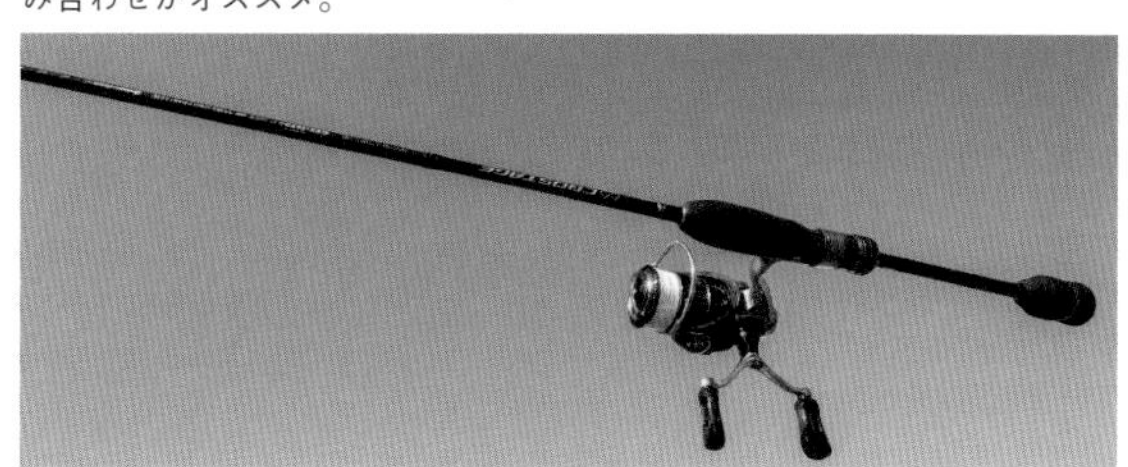
汎用性に優れた、チューブラーティップロッド＋小型スピニングという組み合わせがオススメ。

弾丸ブレイド・ライトゲームスペシャル（メジャークラフト）。一般的なマイクロショアジギングと同様、0.3～0.4号のPEラインを使う。

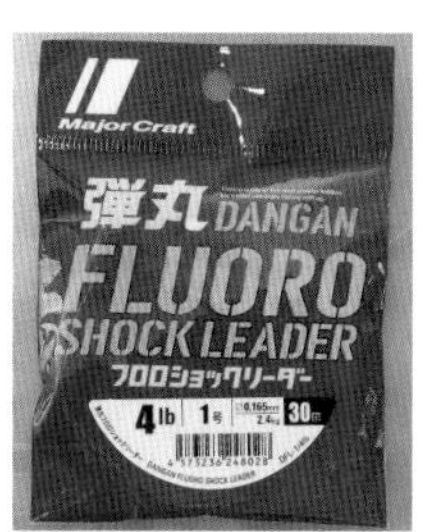

弾丸フロロショックリーダー1号（メジャークラフト）。0.3号のPEラインに合わせたセッティング。

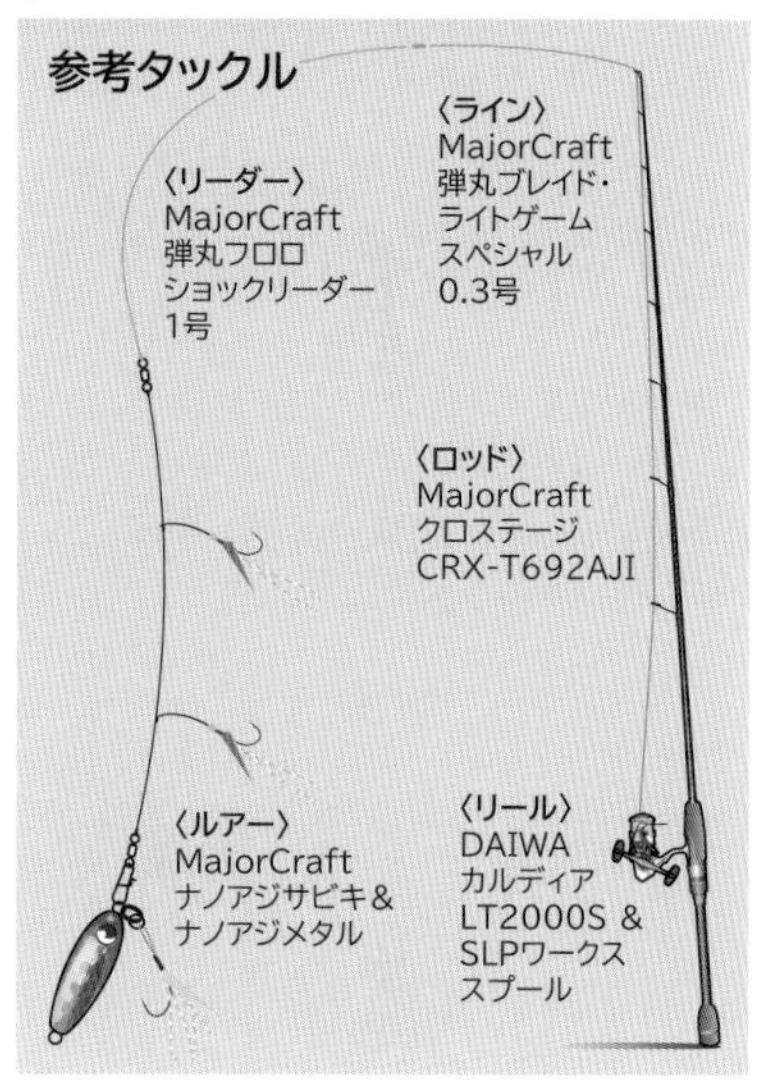

釣れすぎ注意⁉

高活性の個体がいれば、1投目からでも反応がある。底まで探って反応がなかったら、テンポよく移動して広範囲を探ろう。特に晩秋から冬にかけての寒い時期は、ここで移動して体を温めておくと、次のポイントでもスムーズに動けるようになる。

最後になるが、うれしいというべきか、残念というべきか、このジグサビキには避けて通れない課題があることをお知らせしておこう。それは、釣れすぎることだ。正確には、アジ以外の魚、メバル、カマス、カサゴ、ベラといった、堤防にいる魚ほぼすべてが釣れてしまうのだ。一方で、釣れればなんでも楽しい、アジにはこだわらないという方には、これほどぴったりな釣り方はないこともお断りしておく。

06

プラグで狙う磯場の大型アジ

プラグで釣れるアジは最低でも20㎝台、ときには30㎝を超える。大型を狙って釣るための選択肢のひとつともいえる。

磯場は潮通しもよく、エサも豊富なうえ、身を隠す場所も多いことから、大型のアジが好んで寄りつくポイントだ。小魚の群れが見られるようなら、アジはそれを食っている可能性が高い。そこで、プラグの出番となる。

磯場のほか、堤防の先端など潮通しがいい場所で狙ってもいい。この場合、ジグヘッド単体の釣りと違い、常夜灯の存在はそれほど重要ではない。小魚の群れがいるかどうかがカギとなる。

プラグは本体の形のほか、先端に取りつけられた「リップ」と呼ばれる部分の大きさや形によって、泳ぐスピードや潜る深さが違ってくる。リップのない「ペンシルベイト」というタイプもある。

ジグヘッドとメタルジグ両方のいいとこ取り!?

スピード感と汎用性に優れる

金属と中身が詰まった軟質プラスチックでできたジグヘッドリグ、金属が詰まったメタルジグに対し、中空のプラスチックにオモリを入れて比重や重心を調整したルアーを総称してプラグと呼ぶ。

なかに入れるオモリの重量や個数で、水に浮く・沈むを自由に設定できるのが、ジグヘッドやメタルジグとの一番の違いだ。また形状の違いで、ゆっくり引いても泳ぐもの、超高速で引いても水面から飛び出さないもの、巻くスピードで動きの質を変えるものといった具合に、どのような味つけをするかも自由に決められる。スピード感と汎用性のどちらにも優れたルアーといえる。

プラッキングでアジを釣る！①

ワームと一緒に使ってもいい

　アジングで使うプラグは、全長３〜５㎝前後、重さは１〜７ｇと、ヘビージグ単やフロートリグ用のアジングロッドにぴったり合う重量だ。タックルはそのままに、プラグ・メタルジグ・ヘビージグ単・フロートやキャロと、次々に仕掛けやルアーを付け替えていってもいい。最初は手堅くジグヘッドでアジの有無やおおまかな居場所を探り、小魚の回遊が見られたらプラグに変えて狙うというのもいいだろう。ロッドの適合範囲内であれば、つけるルアーはなんでもいいのだ。

7ft台のロッドにラインはPE0.3号前後、リーダーは3〜4Lbのタックルを用意しておくと、プラグからジグヘッド単体、キャロリグやメタルジグと応用が効く。

プラッキングでアジを釣る！②

プラグで釣れるこんな魚

　アジがプラグでも釣れることが判明したのは、実はかなり最近のことだ。それ以前は、プラグといえばシーバスやメバル、ヒラメや青物といった、口の大きな肉食魚を釣るためのルアーという認識だった。プラグでアジが釣れるようになってからも、こういった「特別ゲスト」が、先にプラグを食ってきてしまうことはよくある。磯場ではさらに、シーバスのなかでも特にレアな「ヒラスズキ」という種類が釣れることすらある。

生息域や季節、サイズやエサの好みがアジと重なるメバルは、プラグだけでなくワームでもよく釣れてくる。

通常のシーバス（マルスズキ）より体高があり、より野性味のある外見のヒラスズキ。磯場や外洋に近い漁港などで、アジより先にプラグを食ってくることもある。

浅い磯場に最適

　プラグの強みが発揮されるのが、広くて浅い場所に多数の障害物が隠れた、磯場のようなポイントだ。こういった場所では、ジグヘッドではポイントまで届かなかったり、メタルジグでは速く沈みすぎて根掛かりしてしまうことが多いが、適切なプラグを使うことで、飛距離を確保しつつ水面に浮く、あるいはほどよいスピードで沈むといった調整が可能になる。またフロートリグと違って、仕掛けのセットはリーダーの先端にプラグを装着するだけで完了と、きわめてシンプルなものだ。

　大型アジが期待できるシーズン、磯場や磯場が隣接した漁港で小魚が回遊していたら、プラグを投げるという手も試してみよう。アジだけでなく、メバルやシーバス、各種青物も釣れる。

06

ベイトフィネスのアジング

重めのジグヘッドを遠投、水中をキビキビ動かすことで、昼間からアジを釣る。ベイトフィネスタックルなら、こんな芸当が可能だ。

ルアー用のタックルには、ベイトタックルと呼ばれるものもある。かつては重いルアーを使うだけのものだったが、ベイトフィネスという新たなタックルの登場により、軽いルアーを使って楽しく釣れるようになった。

おなじみのスピニングタックルとは、見た目から違うベイトフィネスタックル。慣れると、これほど楽しい釣り方がないとすら思えるようになる。

ハンドルの動きを直接スプールに伝えて回転させ、ラインを巻き取るベイトリール。構造上、必ず直角にラインが曲がる箇所があるスピニングリールと違って、ラインは常に直線になるよう伸びていく。

必須ではないがあれば確実に楽しくなる

ベイトタックルってなに?

ベールを回してスプールにラインを巻き取るスピニングリールと違い、スプールを直接回転させてラインを出し入れするのがベイトリールだ。スピニングリールと違って、ラインが常に直線になるよう伸びていくこと、キャストから巻き取りへの移り変わりがスピニングリールよりはるかに早いこと、そして巻き取りのパワーが段違いに強いことから、大きく重いルアーを使うのに適している。

このベイトリールを使ったタックルを、ベイトタックルと呼ぶ。淡水のバス釣り、海のジギングといった釣りでは、スピニング以上の人気をほこる。

ベイトフィネスでアジング！①

ジグヘッド単体リグの操作法

タックルこそ違うが、ジグヘッドリグの基本的な動かし方は、小魚の動きを再現したキビキビしたものという、いつもの釣りと同じでいい。水中を漂わせるのではなく泳ぎ回らせる動きがメインになるため、重めのジグヘッドのほうがかえって都合がいい。ベイトフィネスとも相性がぴったりの釣り方だ。

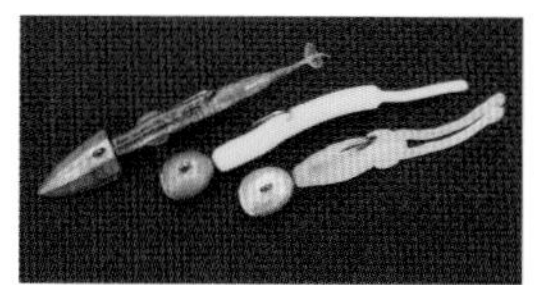

メバート＋Sフィッシュ（左）、ふわゆら＋ベビーサーディン（中）、ふわゆら＋ベビースクイッド（右、すべてバークレイ）。ワームのサイズはおなじみの2インチ前後のまま、ジグヘッドの重量だけ若干アップさせる。

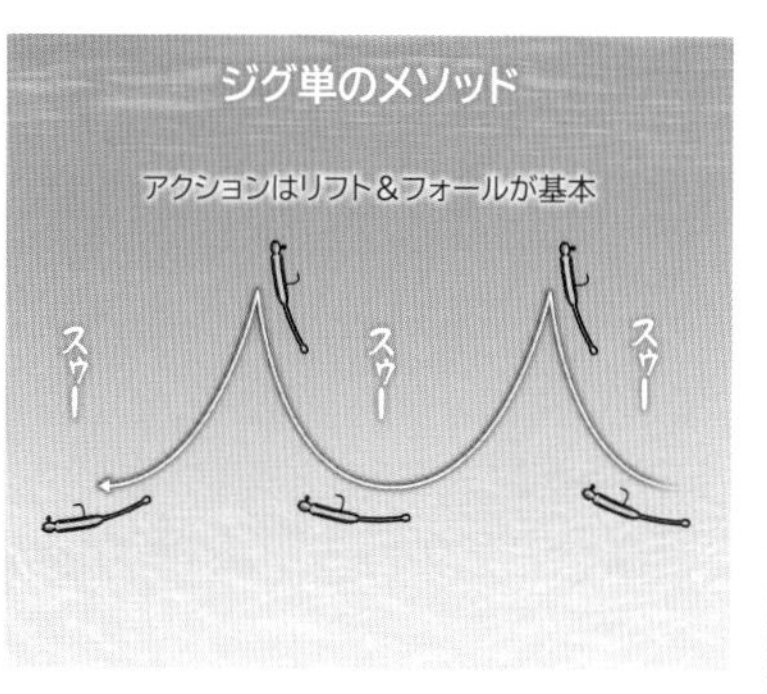

ベイトフィネスでアジング！②

プラグの操作法

バイブレーションやシンキングペンシル、ミノーといったプラグは、広い場所を素早く探るのに適している。初めての場所で、アジの居場所やポイントの地形をおおまかに知りたいときに使おう。

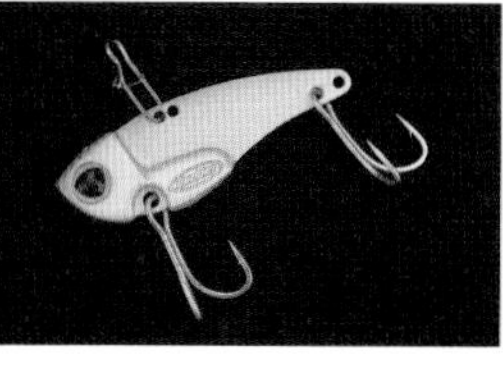

DEX MVメタルバイブレーション44（バークレイ）。メタルジグの飛距離とプラグの泳ぎを兼ね備えた、メタルバイブと呼ばれるプラグの一種。

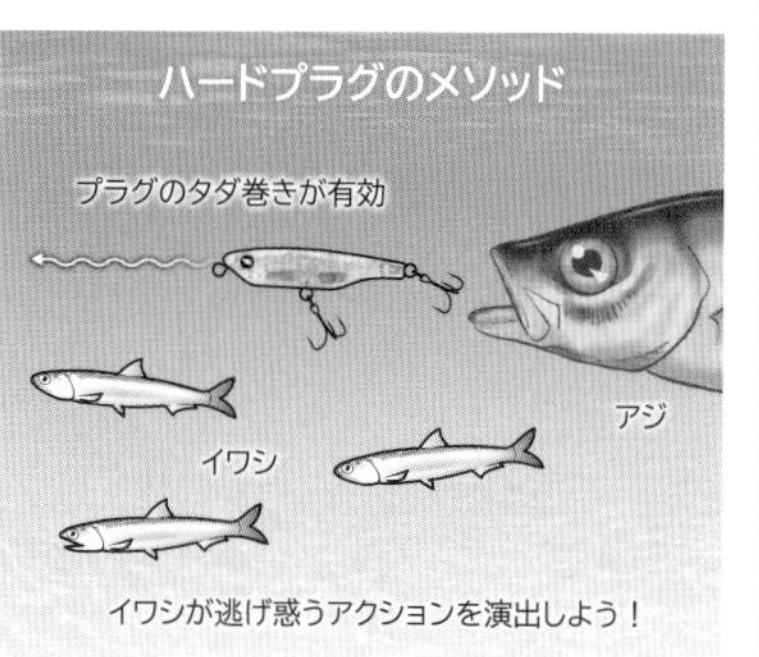

アジングで使えるの？

このベイトタックルだが、ひとつだけ難点がある。それは、軽いルアーを扱うのに向いていないことだ。

軽いルアーは、キャストの際にどうしても空気抵抗がかかってしまい、飛ぶスピードが伸びない。そのいっぽうで、ベイトリールのスプールは回転を止めず、ラインを放出し続ける。ラインの放出がルアーの飛ぶスピードを上回ってしまうと、行き場のなくなったラインはスプール付近で目詰まりを起こし、深刻なトラブルになりかねない。

この「バックラッシュ」と呼ばれる現象のため、アジングのように小さく軽いルアーがメインの釣りでは、ベイトタックルが使われることはほとんどなかった。この状況を変えたのが、ベイトフィネスと呼ばれる新しいベイトタックルである。

ベイトフィネスでアジング！③

メタルジグの操作法

よく飛びよく沈むメタルジグと、素早い巻き取りが可能なベイトフィネスの組み合わせで、広いレンジを逃さず探るという釣り方が可能になる。釣り場に着いた直後、様子見を兼ねて、まずはメタルジグを投げてみよう。

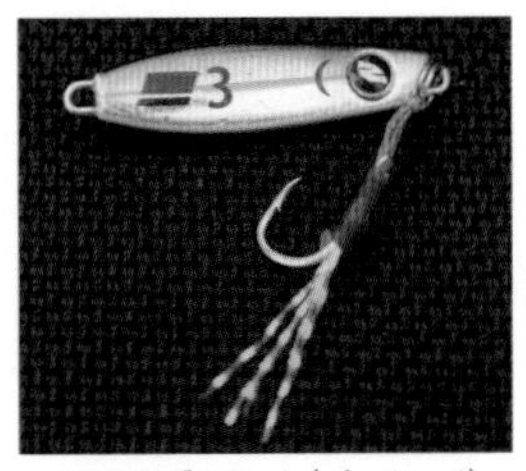

マイクロジグフラット（バークレイ）。アジをはじめとした堤防のライトゲーム専用に作られたメタルジグ。ベイトフィネスはもちろん、スピニングで使っても本領を発揮する。

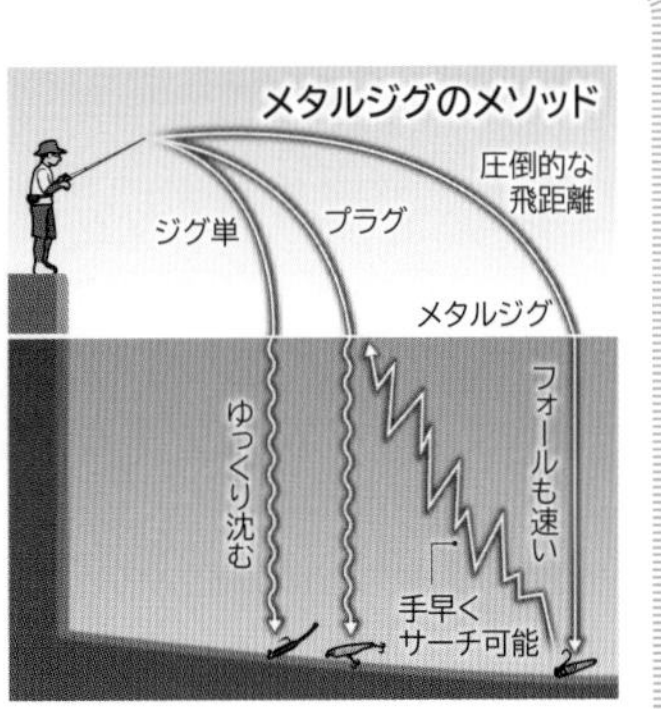

ベイトフィネスでアジング！④

太いラインで強気に攻める

スピニングタックルではためらってしまうような海藻帯周辺や消波ブロックの穴でも、積極的に撃っていけるのが、ベイトフィネスの強みだ。これは、ベイトタックルが得意とする、太いラインとリーダーによるものである。障害物に強いだけでなく、不意の大物が掛かったときでも、アングラー主導でやり取りすることができる。スピニングを使っているときより、ポイント・アジのサイズともに、強気に攻めてみよう。

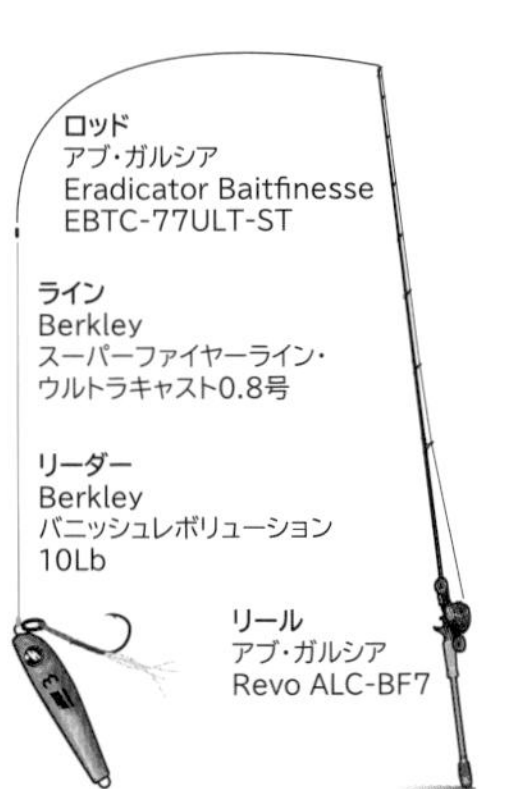

ベイトフィネスがオススメ

ベイトタックルならではの巻き取りパワー、スピーディな操作性などはそのままに、より小さく軽いルアー、多彩なターゲットに対応するように調整したタックルを「ベイトフィネス」と呼ぶ。フィネスとは繊細、緻密といった意味だ。

通常のベイトタックルであれば、10g以上のルアーがおもに使われるが、ベイトフィネスで使うルアーは1～7gと、少し強めのアジングロッドの適合重量とほぼ同じ。つまり、ヘビージグ単やメタルジグ、フロートリグなどを、いつもどおりの感覚で使えるということだ。

必須ではないが、使えば必ず楽しくなれるベイトフィネスタックルがあれば、アジングがさらに多彩なゲームになることは間違いない。ぜひ一度手にとってみてほしい。

第7章

覚えておきたい
アジング用語

知らなければ悩みは続くが知れば即座に解決する！

釣りの例にもれず、アジングもまた日常では使わない用語をよく使う。知っているつもりの用語が、実は違う意味だったという可能性もある。というわけで、アジングでよく使われる各種用語を、五十音順にまとめてみた。

●あ行

【青物】サバやブリなどに代表される、背中が青い回遊魚。その多くがフィッシュイーターであり、ルアーフィッシングの好ターゲット。ただしアジの天敵でもあるため、青物が現れると、アジの釣況は悪くなることが多い。また、釣り場ガイドや釣果情報によっては、アジもこの青物に含まれることもある。

【アゲインスト】向かい風。釣りづらいが、横風よりも期待は持てる。また魚側からアングラーが見えにくくなる、ベイトフィッシュを岸近くまで寄せられるといった効果もあり、結果として釣況がよくなることも多い。

【朝マヅメ】夜明けのいっとき。日の出前の薄明かりから日の出までの時間。日の入りから日没直後の暗闇までを「タマヅメ」という。双方ともに、魚の移動やエサの捕食が活発となり、釣りをするうえでベストな時間帯とされている。

【アシストフック】フロントアイに装着するシングルフック。元々リアのトリプルフックをアシストする役目を担っていたが、近年は単独で使用されることが多い。ケブラーやワイヤーなどを介してルアーに装着されるため可動範囲が広く、魚が首を振る際の衝撃をうまく吸収するため、結果としてバラシを軽減させる効果を持つ。アジングで使われるメタルジグのほとんどは、このアシストフックがつけられている。

【アプローチ】釣り場までの行程、またはポイントにエギをキャストする行為。

【アマモ】砂地底に根付く細長い海藻。沖に生えているものは、アジの

岸から釣るアジングのほか、釣り船に乗ってアジを狙うオフショアのアジングもある。

隠れ場にもなる。

【編み込み式ノット】PEラインとリーダーの結び方のひとつ。PEラインをリーダーに編み込み、その摩擦力を生かした結び。ミッドノットやFGノットなどが、これに該当する。ラインの強度を大幅に下げる「結び目」が存在しないため、メインライン本来の強度を生かしきれる。ただし、結束の難易度はやや高め。

【アワセ】ロッドを大きくあおって、魚の口にハリに掛ける動作。

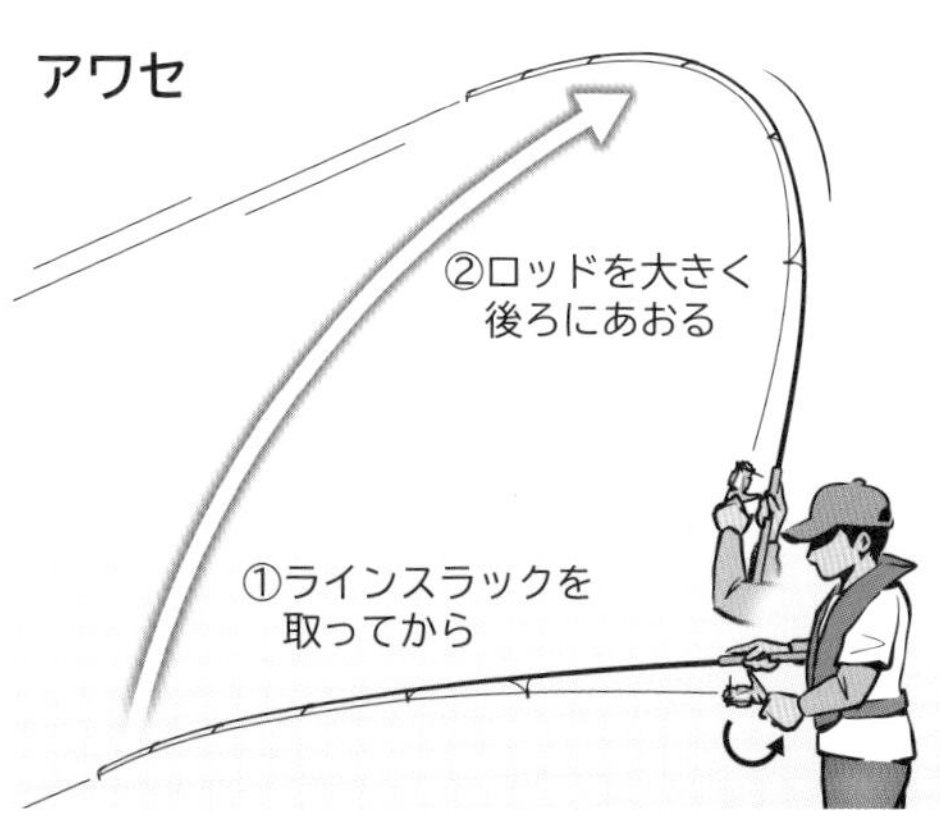

【ウイード】藻のこと。海の場合は、ホンダワラやアマモなど、海藻全般を差す。

【ウイードエッジ】海藻帯の切れ目。

【ウォブリング】ルアーを上から見たときに、リア部分が左右にお尻を振るように動く状態。活発に泳ぎ回る小魚の動きを再現するのに最適。

朝マズメ。朝焼けのオレンジ色の空が青くなるまでがチャンスだ。

【SiCガイド】「エスアイシーガイド」と読む。富士工業製の、非常に硬度の高いガイドリング。

【オフショア】ショアではないところ。いわゆる海上のこと。また、船に乗る釣りの総称。

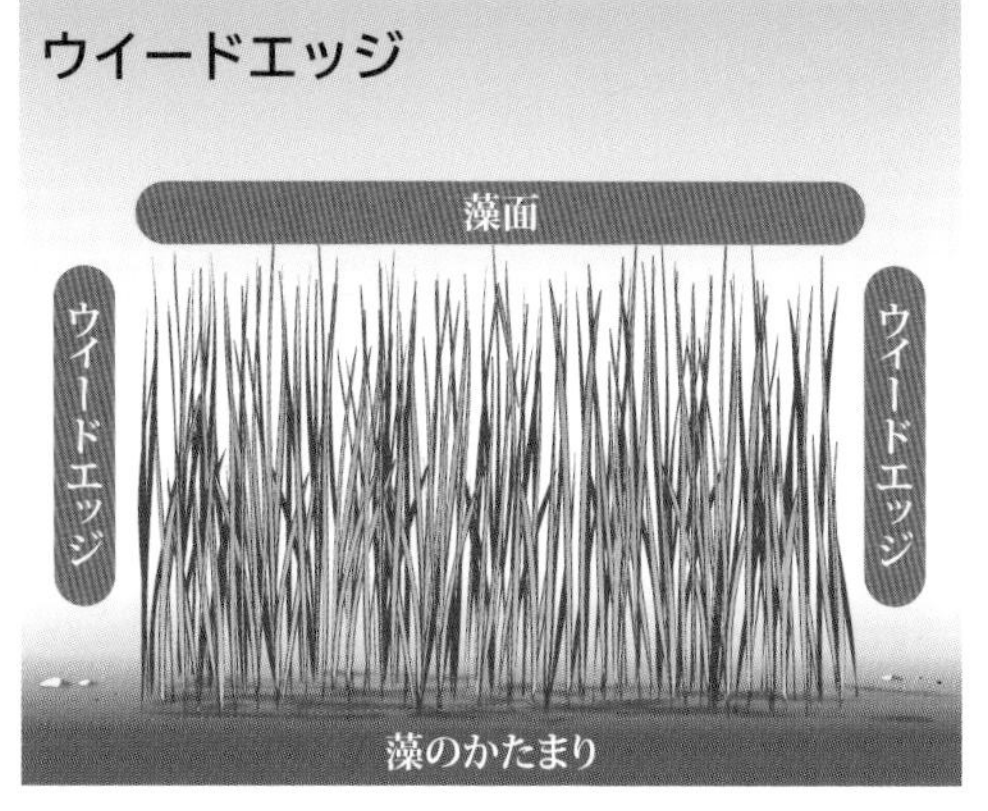

ロッドをしならせてのキャストは、アジングに欠かせない基本動作だ。

係留された船やスロープ、堤防、常夜灯と、アジをはじめとするさまざまな魚を寄せる要素が集まった漁港。

●か行

【カーブフォール】ラインテンションを残したまま、カーブ軌道でフォールさせること。テンションが残っているため、ラインの挙動でアタリが取れる利点がある。テンションを残さないで、完全に重力の支配するままに自由落下させることを「フリーフォール」と呼ぶ。

【カウントダウン】シンキングルアーを沈み込ませるときに、水深の目安として秒数を数えること。レンジを正確に刻む必要があるアジングでは必須といえる動作。カウントダウンの最中にアタリがあったり、ラインの挙動に変化があった場合は、次のキャストで同じ秒数を数えることにより、特定の水深を重点的に攻めることができる。秒数といっても、ストップウォッチなどで厳密に数える必要はないが、それでもなるべく同じ間隔で数えるよう努力しよう。

【活性】アジなど、釣る対象の元気度。一日のうちでも、潮の具合や水中光量の変化で活性の高さは変わる。

【干潮】潮位が最も低く下がった状態。一日に2回、約12時間後に回ってくる。ソコリともいう。潮位が低いため、満潮時は海中に沈んでいる所が露出する。通常は歩けないような場所でも進めるため、行動範囲は格段に増すが、一方で普段釣っているポイントが完全に陸上になり、釣りにならない場合もある。干潮の時間帯や潮位変化の大小は、海で釣りをする際には必ず押さえておくべき最重要事項といえる。

【キャスト】ルアーを投げること。

【キャッチ&リリース】資源保護のために、釣り上げた魚を元気なうちにリリースすること。ただしアジの場合は、資源保護を考える必要がないほど数が多いこと、魚体が小さいため傷つけずに逃がすことが難しいことから、慣れないうちはすべて持って帰ることをおすすめする。持ち帰ることを「キープ」とも呼ぶ。

【漁港】漁業設備のある船着き場や堤防施設。アジングの好ポイントだが、あくまで漁業施設ということを意識してマナーを守ろう。

【グローカラー】夜光カラー、蓄光カラーの総称。強い光を照射すると、その光を内部に溜め込み、長時間発光し続ける。アジが好むオキアミやゴカイ類は水中で発光するため、これらのエサ生物に似せる手段として有効。また、水中でルアーの存在を明確にアピールする、という目的で用いられることもある。水面直下や水上での挙動や位置がわかりやすいため、ナイトゲームで好んで使うアングラーも多い。

【Kガイド】富士工業製の、自動解除システム搭載の傾斜ガイド。PEラインの飛距離を損なうことなく、ラインが絡みにくくなっている。

【ケイムラ】ケイムライトの略。通常、普通色は可視光線によって発色しているが、ケイムライトは紫外線に反応して蛍光色を発する。

【小磯】サーフなどに隣接する小規模な岩場。沖は砂地底の場合もある。磯、サーフ、堤防、消波ブロックといったさまざまなポイントの要素が小規模にまとまっていることから、移動なしでいろいろな釣りやターゲットを楽しめる利点がある。

【ゴリ巻き】大物が掛かっても、フルドラグにしてラインを出さず、ゴリゴリと力任せにリールを巻くこと。ロッドやライン、リーダーに絶対の自信がある場合、あるいは少しでも早く魚を取り込みたい状況で用いる。

●さ行

【サーフ】浜。砂浜。ゴロタ浜はゴロタサーフとも呼ぶ。一般的にはキスの投げ釣りや、ヒラメ・マゴチのルアー釣りにいいとされるが、海底に岩礁帯や藻場があれば、アジングのポイントにもなる。

【サーフェス】水面を含めた表層のこと。サーフェスまで出てきた魚はたいてい活性が高いため、ルアーで狙う際の好ターゲットとなる。

波が静かで、家族連れでも磯遊びができそうな安全な小磯は、アジングにも最適のポイントだ。

シェードの例。堤防の手前が、昼間なのに極端に暗くなっている。

【サイトフィッシング】 魚を見つけてルアーをキャストする釣り方。アオリイカやメバルなどを釣るときよく使うが、明るい常夜灯まわりで表層に出てきたアジを釣るときでも使える。また、釣りたいターゲットそのものではなく、ターゲットが好むとされているナブラやトリ山、エサの群れを狙ってルアーをキャストすることも、広義ではサイトフィッシングとされている。

ジャーク

ロッドを強く後方にあおる

【潮目】 流れの方向が異なる潮や、速度が異なる潮がぶつかったときにできる、潮の境目。好ポイントのひとつ。

【シェード】 陰の部分。魚やイカが寄っていることが多い。

【ジャーク】 ロッドをグイッと強くあおるアクション。プラグやメタルジグに使うことで、水中で強烈なアピールを発揮できる。

常夜灯は漁港アジングには欠かせない。これは大きなものだが、小さなものでも周囲にほかの常夜灯がなければ効果は絶大。

【シャロー】 浅場のこと。また、プラグやジグヘッドで「シャロータイプ」と銘打ったものは、浅い水深でよく泳ぐ、または浅い水深までしか潜ったり沈んだりしない仕様になっている。

【シャロースプール】 アジやメバル用

に開発された浅溝スプール。細いラインは、浅い溝のスプールでも十分な量を巻ける。溝が浅いほうが、キャストのときの抵抗が少なくなり、ルアーがよく飛ぶようになる。

【ショア】オフショアに対してのオンショアの略。岸という意味で使用する。

【ショアライン】延々と続く海岸線。

【ジョイント】ロッドやジョイントルアーの継ぎ目。

【常夜灯】漁港などにある外灯のこと。プランクトンはこの常夜灯の光に集まり、それを狙ったアジも集まってくる。夜の漁港や堤防でアジを釣る際は、ほぼ必須といえる施設。

【スイベル】ヨリモドシ、サルカンのこと。メタルジグなどの重いルアーを接続したり、フロートリグやジグサビキなど、いくつかのセクションに分かれた仕掛けを作る際に使用する。

【ストップ&ゴー】止めて、進めてを繰り返すリトリーブアクション。ルアー本来の泳ぎや水の抵抗と相まって、水中で泳いで方向転換、一瞬止まってまた泳ぎだす小魚の動きを演出できる。

【ストラクチャー】釣りのポイントとなる障害物。天然・人工、恒常的・一時的の4つのファクターで分類される。カケアガリや沈み根といった天然で恒常的なもの、常夜灯や橋脚といった人工で恒常的なもの、潮目やナブラなど天然で一時的なもの、係留船や温排水の放出など人工で一時的なものが挙げられる。

スナップを使ってリーダーとジグヘッドを接続することで、アジの口には金属のパーツだけが入る形となり、歯ですり切られることもなくなる。

【ストレートリトリーブ】ロッドアクションをつけずに、一定のスピードで巻いてくるリトリーブアクション。タダ巻きともいう。アジングでは、ジグヘッド単体、プラグともによく使う。

【スナップ】リーダー（ライン）にルアーやエギを結びつける接続器具。ルアーの交換がワンタッチで行なえる。また、アジにルアーを飲み込まれた際、リーダーや結び目がアジの歯ですり切れるのを防ぐ役割もある。

【ズル引き】海底をずるずると引きずるリトリーブアクション。重いジグヘッドを使い、底にべったりと張り付いた大型アジを狙う際に使う。

第7章

【スレる】釣り人の多い釣り場の魚が、次々に飛んでくるルアーをどんどん学習し、なかなか釣れなくなること。または、魚の場合は、口以外のところにフッキングすること。

【センターバランス】ウエイトの重心がセンター付近にあるメタルジグ。ダートもウォブリングも得意とする。泳がせても落としても使える万能タイプ。

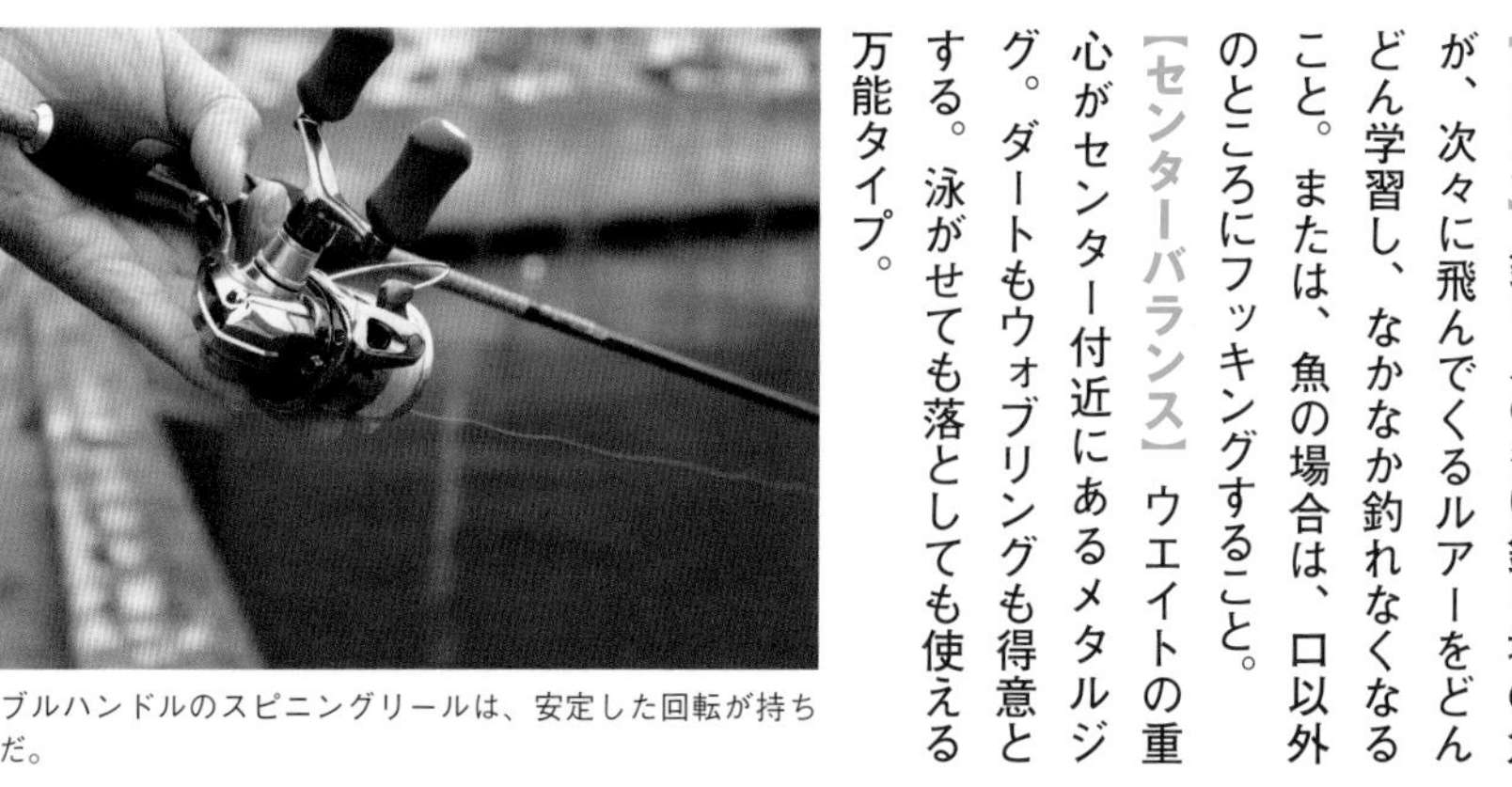
ダブルハンドルのスピニングリールは、安定した回転が持ち味だ。

●た・な行

【ダートアクション】横滑りするようなルアーのアクション。なかでも、横方向への細かい「ブレ」を伴うものをこう呼ぶ。ブレを伴わない場合は「スライドアクション」と呼ぶこともある。

【高切れ】ハリ掛かりしたターゲットにラインを切られたときや、根掛かりしたときにラインの途中で切れること。

ティップ。ロッドの先端であり、アタリを最初に感じ取る重要なパーツでもある。

【タダ巻き】ストレートリトリーブのこと。速度変化をつけず、ノーアクションで引いてくること。

【ダブルハンドル】ハンドルノブが2本あるハンドル。ハンドルの重さで勝手に回転しないので、アジングでも安定した回転スピードを出したいときによく使われる。

【チューニング】ルアーやロッドの簡単な改造。フックの種類や数を変える、市販のカラーシートを貼るといった簡単なものから、ロッドのグリップを切り詰める、ガイドを交換するといった高度なものまでさまざま。最近の市販品はマニアのニーズに応えてラインナップも細やかになったため、あえてチューニングを施す必要は少なくなった。

【ディープ】深場のこと。ウエイトを重くして着底を早めたルアーをディープと呼ぶ。

【ティップ】 ロッドティップ。竿先のこと。

【テンションフォール】 ラインにテンションを残したままフォールさせること。カーブフォールと同義語で使われることが多い。

【トゥイッチング】 ロッドティップを小刻みにシャクリ続けるアクション。ジグヘッドリグやプラグが、左右に首を振りながら泳ぐようになる。

【トップウォーター】 水面上のこと。

【ドラグ】 リールのスプールにテンションをかけながら空回りさせる、ライン切れ防止機構。

【ナブラ】 小魚の群れをフィッシュイーターが追い回している状態。

【根（ね）】 海底の地形変化や隠れ岩といった、障害物の総称。流れの変化が生まれやすく、小魚や甲殻類などのベイトが集まることから、釣りの好ポイントになる。

【ノット】 ラインを結ぶこと。または結び方。

●は行

【バーチカル】 垂直方向。「バーチカルジギング」といった具合に、釣り方とセットで使われることが多い。アジングにも「バーチカル・コンタクト（略してバチコン）」と呼ばれる、真下に仕掛けを沈める釣り方がある。

【バット】 ロッドのパワーバランスを左右する腰の部分にあたるところ。グリップの上の部分。

【反転流】 潮の本流に引かれたり、本流脇でヨレたりする本流とは逆に流れる流れ。

釣り公園のように足元から深い釣り場では、仕掛けをバーチカル（垂直）に沈めてアジを誘う、バーチカル・コンタクトという釣り方も可能だ。

ロッドの持ち手から、一番手前のガイドに差し掛かる根元部分がバット。ロッドの最終的なパワーはここで決まる。

【干潟（ひがた）】満潮と干潮の潮位差が大きいサーフエリア。砂泥地底の場所が多いが、泥のない砂地メインのものは、アジングの好ポイントとなる。

【引き潮】満潮から干潮にかけて、潮位が下がっていくときの潮の動き。

【ヒラ打ち】メタルジグやルアーに急激なアクションをつけて、ボディをギラリと反射させること。小魚を好んで食べる大型アジに効果的。

干潟。底が砂地でできていれば、アジの有望ポイントになる。

【フィネスドラグ】ドラグマックスの設定を低く抑えることによって、微調整ができるようにしたドラグ。

【フォール】アクション中のルアーを沈み込ませること。浮くルアーについたリップで水を受けて潜らせることは「ダイブ」と呼ぶ。

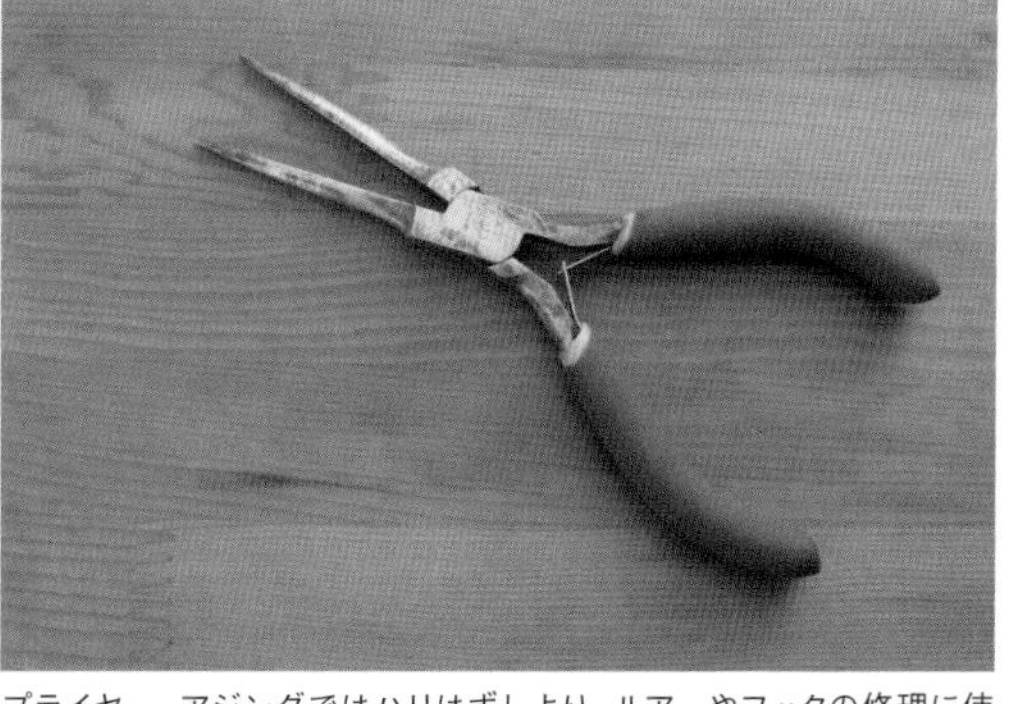
プライヤー。アジングではハリはずしより、ルアーやフックの修理に使うことが多い。

【フォロー】追い風。ルアーの飛距離が格段に増すため、有利な状況とされている。

【フォローベイト】アタリがあったのに掛けそこなったとき、次にキャストするルアーのこと。なるべく掛けやすくなるよう、動きが地味なもの、サイズが一回り小さいものがよく使われる。

【フッキング】アタリがあったときにハリを掛ける動作。

【プライヤー】先の長いペンチ。ルアー釣りでは、おもにハリ外しに使用するが、アジの口に入らないことも多いため、アジングでは専用のハリ外し器具を使うことのほうが多い。

【フラットフィッシュ】扁平な形の魚たち。おもに、水底に身を潜めて上を通る小魚を奇襲するヒラメやマゴチのことをこう呼ぶ。アジの天敵でもあるため、これらが多いポイント

偏光グラス。ファッションではなく、水中の様子がよく見えるという実用性のために着用する。

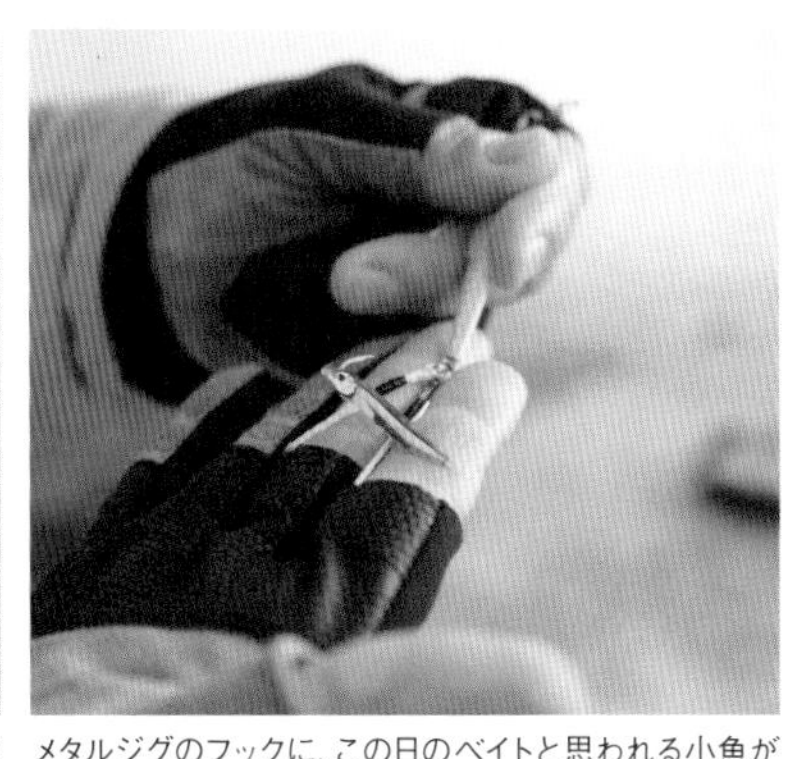
メタルジグのフックに、この日のベイトと思われる小魚が引っかかってきた。

ではアジが警戒することも多い。

【フロントバランス】ウエイトの重心がフロント寄りにあるメタルジグ。スライドダートを得意とする。

【フリーフォール】ラインをフリーにしたまま、垂直にルアーをフォールさせること。

【ブレイク】カケアガリのこと。傾斜地の途中で、急角度になるところ。

【ベイト】エサ全般のこと。またはルアーのこと。ベイトフィッシュとは、エサとなる小魚。

【ベリー】ロッドのアクションを決定づける胴（中間）の部分。

【偏光グラス】水面からの乱反射をカットして、水中を見やすくするサングラス。紫外線もカットしてくれる。

【ボイル】青物などのフィッシュイーターに追われた小魚が、水面が沸騰したようにざわつく様子。近くにアジの天敵である青物がいる印なので、ボイルが起こっているときは、アジは避難していることが多い。

【ポーズ】アクションの途中で、一時的にルアーの動きをストップさせること。長時間とどめておくことはステイと呼ぶ。

【ポケット】藻の塊と塊の隙間。

【ボトム】海底のこと。ボトムフィッシングとは、ルアーを海底から離さずに釣ること。

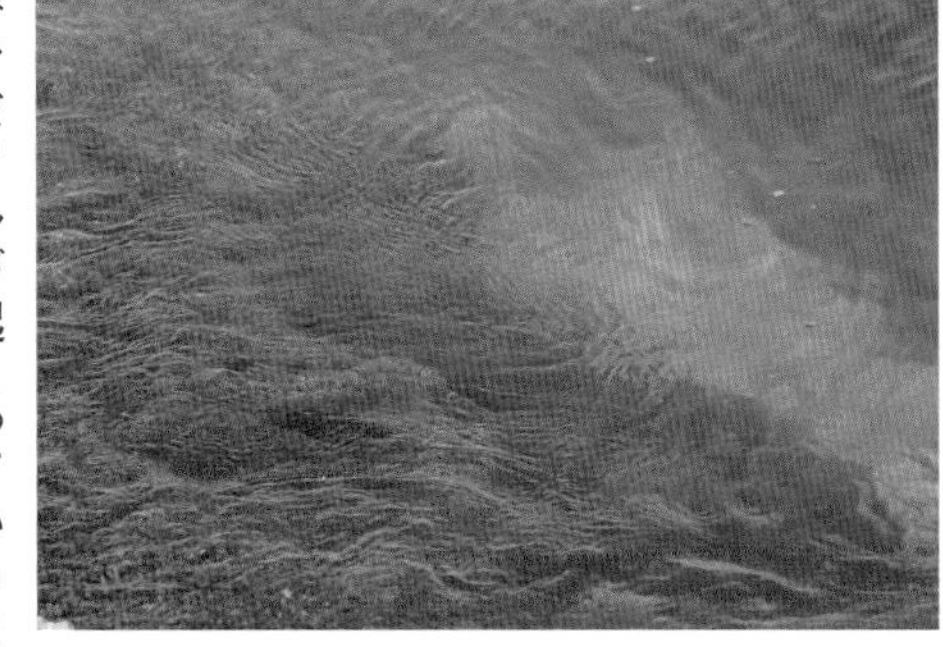
磯際に大量に生える海藻帯には、ところどころポケットと呼ばれる隙間が生じる。アジをはじめとする多くの魚がここに隠れる。

第7章

【ホンダワラ】石に根付く海藻。さまざまな魚やイカの産卵場にもなる。

【ポンドテスト】ライン強度のこと。「Lb」という単位を用いる。仮に4Lbなら、4ポンドの負荷がかかるまでは切れずに耐えられるという目安。1ポンドは約450g。

【ポンピング】リールが巻けないような大物が掛かったときに、ロッドを起こしたぶんだけラインを巻き取る、やり取りのテクニック。

満潮になり、足元近くまで海面が迫ってきた。海の釣りならではの光景だ。

●ま・や・ら・わ行

【満潮】潮位がもっとも高くまで上がった状態。一日に2回、約12時間ごとに回ってくる。

【ミオ筋】漁港内などにある船の通り道で、海底が周囲より深くなっているところ。

【満ち潮】干潮から満潮に掛けて、潮位が高くなっていくときの潮の動き。

【メタルルアー】金属製のルアーのこと。メタルジグ、スプーン、テールスピンジグ、メタルバイブレーションなどがある。

【藻面】モヅラ。絨毯状に広がった海藻の上の面。

【タマヅメ】夕方のいっとき。日の入り直後から薄明かりが残る時間帯のこと。

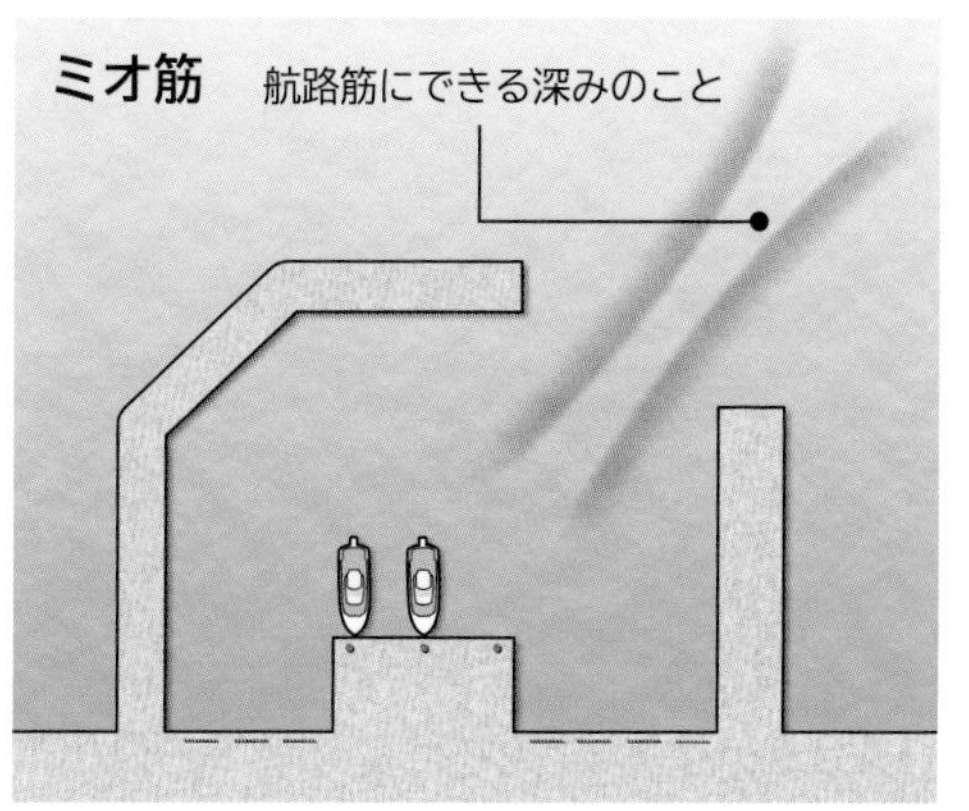

【ライズ】フィッシュイーターが小魚を捕食したときに、水面に波紋ができたり、水面が割れたりする様子。食い気のある魚が表層に集まっているという、またとないチャンスの兆候とされる。

【ライン】ルアー釣りで使用する道糸のこと。

ラインを摩擦から守り、ときにはランディングの原動力ともなるリーダー。

アジのランディングは、リーダーをつかんで水面から引き上げたのち、フィッシュグリップなどでつかんで完了。

【ラインアイ】ルアーの先端にある、ラインを結ぶ（スナップを掛ける）金具部分。

【ラインスラック】キャスト時やアクション時にできる糸フケのこと。

【ラインブレイク】根掛かりや魚の引きでラインが切れてしまうこと。

【ランディング】手元まで寄せてきたターゲットを最終的に取り込むこと。

【リーダー】ラインの先に結ぶ、耐摩耗性に優れた先糸。ショックリーダーともいう。

【リードワイヤー】糸オモリのこと。

【リアクションバイト】素早く動くものや、光るものに魚が反射的に食いつくこと。必ずしもエサと間違えて食いついているわけではない。

【リアバランス】ウエイトの重心がリア側にあるルアー。遠投性に優れる。

【離岸流】岸にぶつかった潮流が、沖に向かって払い出す流れ。サーフの好ポイントのひとつ。

【リトリーブ】ラインを巻き取ること。ルアーにアクションをつけるリーリングのこと。

【リフト&フォール】ルアーを持ち上げてから沈み込ませるアクション。

【レンジ】ルアーの泳層やターゲットの泳層を表すときの、層という意味。「タナ」ともいう。

【レンジトレース】一定の層をキープしながら、リトリーブを続けること。

【ロスト】ルアーを根掛かりなどによって失うこと。

【ロッドティップ】竿先の部分。感度やフッキング効率を左右する。

【ロングステイ】ルアーを海底付近で30秒～1分ほど、そのままにしておくこと。食い渋りに有効な方法。

【ワンド】磯やサーフなどで、入り江状になっている部分。

ゼロから始める アジング入門

2021年10月28日　初版発行

STAFF

監　　修	中村正樹	執筆取材協力	秋丸美帆	萩原　徹
編　　集	菅田正信		石崎理絵	馬上憲太朗
	関　正則		岩崎林太郎	桧垣大輔
カバー&デザイン	田村たつき		奥津　剛	広瀬達樹
イラスト	冨岡　武		金丸竜児	深瀬弘幸
	廣田雅之		木村壮大	藤原真一郎
			清水智一	家邊克己
			鈴原ありさ	脇田政男
			富永　敦	渡邉長士

編集人／佐々木正和
発行人／杉原葉子
発行所／株式会社コスミック出版
〒154-0002　東京都世田谷区下馬6-15-4
代　表　TEL 03-5432-7081　FAX 03-5432-7088
振替口座：00110-8-611382
http://www.cosmicpub.com/
印刷・製本／株式会社 光邦
ISBN　978-4-7747-9242-2　C0076

乱丁・落丁本は、小社へ直接お送りください。
送料は小社負担にてお取替えいたします。